전공을 선택하지 않을 용기

자유전공 진로상담 가이드

신철균

박영story

이 저서는 2024년도 강원대학교 대학회계의 지원을 받아 수행한 연구임.

서문

어느 날, 내가 존경하는 고등학교 선생님에게 전화가 왔다. 그 선생님은 학생들에게 열정적인 관심으로 그들을 성장시키고자 노력하는 참 교사이자, 고3 입시지도 경험이 많은 선생님이다. 그런데 자유전공을 도대체 모르겠다는 것이다. 학생에게 자유전공학부를 지원하라고 해야 할지, 대학 선택의 기준은 무엇으로 삼아야 할지, 자유전공은 어떻게 선발하는지 등 마구 질문을 쏟아냈다. 이렇게 경험 많은 교사도 모르겠다고 하니 일선 고등학교에서 진로와 입학 상담을 하는 수많은 교사들은 얼마나 어려움이 클까? 특히 수험생과 학부모는 답답함이 더욱 클 것이라는 생각이 들었다.

자유전공은 새롭게 뜨는 전공이지만, 여전히 복잡한 미지의 전공이다. 물론 유튜브나 블로그, 기사 등에 단편적인 자유전공 설명 자료들이 있다. 그런데 정확하지 않은 내용도 많고, 지나치게 자유전공을 비판하거나 모든 전공 선택이 가능하다는 희망 고문을 하는 경우도 있었다. 학생과 학부모, 그리고 교사는 자유전공을 잘 모른 채 자유전공을 권하고 선택하며, 때로는 회피한다. 이런 문제의식을 갖고, 나는 자유전공을 창립하고 발전시킨 경험을 토대로 학생과 교사에게 정확한 정보를 전달해야겠다는 생각을 하였다.

그런데 글을 쓰면서 나는 학생들에게 정보뿐만 아니라 다른 무엇인가를 주고 싶었다. 바로 '용기'이다. 미래를 고민하며 자신의 길을 걸어가고자 하는 학생들에게 힘을 실어 주고 싶었다. 학생들이 입학 시 전공을 선택하지 않는 것은 큰 용기가 필요하다는 것을 느꼈다.

'전공을 선택하지 않을 용기'란 아직 정해지지 않은 길 위에 서서 스스로의 항로를 그려나가겠다는 고요한 다짐이다. 자유전공학부에 들어선 학생은 입학과 동시에 전공을 확정하는 수많은 또래들과는 다른 길을 걷는다. 정해진 울타리 속에 삶을 맞춰가는 대신, 비워진 공간을 두려움 없이 받아들이고, 그 안에서 차근차근 자신에게 맞는 길을 설계해 나간다. 남들보다 늦게 전공을 정한다는 것은 결코 뒤처짐이 아니라, 더 깊이 탐구하고 더 멀리 바라볼 수 있는 시간을 스스로에게 선물하는 일이다.

인기 전공의 화려한 불빛을 뒤로하고, 그 누구도 걸어가지 않은 나만의 길을 향해 나아가는 이 선택은 분명 쉽지 않다. 그러나 그 불확실성 속에서 진정한 배움이 시작된다. 바다의 깊고 거친 물결 속을 자유롭게 유영하는 고래처럼, 정해진 항로 없이도 우리는 자신만의 속도로 물결을 가르며 나아간다. 때로는 파도에 흔들리고, 때로는 깊은 심연 앞에서 숨이 막히기도 하지만, 그 여정 속에서 우리는 결국 가장 나다운 전공과 삶의 방향을 만나게 된다.

전공을 선택하지 않을 용기란, 바로 이 자유로움 속에서 스스로의 길을 묻고, 발견하고, 걸어가는 힘이다. 이 책은 그 길 위에 선 이들의 작은 등불이 되어, 여전히 답을 찾아 헤매는 우리 모두에게 바다와 같은 넉넉한 위로와 응원을 건네고자 한다.

이 책은 크게 5개 장으로 구성되어 있다. 1장에서는 자유전공의 운영 모델과 특징을 소개한다. 2장에서는 자유전공에서 무엇을 배우고 어떻게 학업 경로를 밟아가는지를 안내하고 있다. 3장에서는 자유전공 학생들의 전공 선택에 대한 고민과 전공 적응 등 학교 생활을 담고 있다. 4장에서는 자유전공에 입학하기 위한 합격 전략과 대학 선택 기준에 대한 정보를 제공한다. 마지막 5장에서는 자유전공 국내외 대학 사례와 그 의미를 풀어내고 있다.

이 책이 발간되기까지 많은 분들의 도움이 있었다. 자신의 성장 스토리를 솔직하게 써준 각 대학의 자유전공 학생들 덕분에 이 책이 생생한 사례를 담아 풍성해질 수 있었다. 원고를 꼼꼼하게 읽고 검토해준 분들이 있었기에 이 책이 조금이나마 내용이 단단해질 수 있었다. 함께 자유전공을 일궈온 강원대 자유전공학부 동료 교수와 교양교육원의 교직원, 그리고 자랑스러운 자유전공 학생들이 있었기에 자유전공학부 교수라는 자부심을 가지며 책을 집필할 수 있었다. 마지막으로 늘 든든한 우군인 아내와 두 딸 정윤, 주영의 응원 덕분에 이 책을 끝낼 수 있었다.

이 모든 이들 덕분에 내가 '저서 집필의 용기'를 낼 수 있었다. 이들에게 진 빚을 앞으로 교육과 연구, 그리고 삶 속에서 꾸준히 보답해 나가겠다.

추천사

통섭의 시대, 세상을 바라보는 방법에 대한 용기를 일깨우는 책

유은혜(전 부총리 겸 교육부장관, 현 경기교육이음포럼 공동대표)

글이 곧 사람이라는 말에 저절로 고개를 끄덕이게 하는 책입니다. 저자인 신철균 교수의 학자적 냉철함과 교육자의 다정함이 책을 관통합니다.

'전공을 선택하지 않을 용기'는, 언제나 무엇이든 빨리 결정하고 결과를 만들어내야만 하는 학생을 비롯한 우리 사회의 강박에 대해 '그러지 않아도 괜찮다'고, 스스로를 믿고 자유롭게 도전하고 모험을 즐기는 '용기'가 더 중요한 덕목이라고 차분하게 말을 겁니다.

우리나라는 입시중심 교육과 학벌사회의 강고한 틀 속에서 수시로 바뀌는 교육제도에 대한 불신과 불안이 큰 사회입니다. 저자는 이 점을 염두에 두면서, 입학 시 특정 전공을 선택하지 않고 일정 기간 탐색과정을 거쳐 전공을 결정하는 이 '새로운 자유전공 제도'에 대해 정확하고 친절하게 안내합니다.

하버드대를 비롯한 미국 명문대 대부분이 신입생을 전공 미결정 상태의 자유전공으로 모집하고 이후에 전공을 결정하고 변경하는 것이 유연하고 자유롭다는 설명도 덧붙이면서 '용기'를 주문합니다. 따라서 이 책을 따라가다 보면 불안이 서서히 가라앉고 도전의 용기가 생겨날 것입니다.

모든 학생들은 '흔들리며 피는 꽃'이라는 저자의 이야기에 공감합니다. 매 순간이 불안정한 갈림길에서 선택을 해야 하는 때입니다. 그 어려운 순간에서 남의 시선에 아랑곳하지 않는 일은 생각보다 훨씬 더 힘든 일입니다. 저자는 '흔들림'의 다양한 사례를 들어 그 여정 또한 자신의 삶의 서사를 만드는 소중한 순간이라고 말합니다. 자유전공을 통해 '자신 있게 스스로의 길을 걸어가도 된다'고 말합니다. 나아가 이런 용기를 가진 학생들이 우리의 미래이자 희망이라고 단언합니다.

바야흐로 연결과 통섭의 시대입니다. 한 우물만 파는 시대가 저물었습니다. 지금은 특정 분야에 매몰되지 않고 다양한 분야에 걸쳐 폭넓은 소양을 갖춘 통합형, 통섭형 인재가 필요한 때입니다. 학문을 한다는 것은 세상을 바라보고 삶을 이해하는 방법론을 탐구하는 일이므로, 이 책에서 말하는 '자유전공' 또한 이 시대적 흐름과 궤를 같이할 것입니다.

학생뿐 아니라 부모와 교사들도 함께 읽으면서, 우리가 놓치고 있는 공부의 목적과 자유롭고 주도적인 삶의 의미를 성찰했으면 좋겠습니다.

아직 모름을 끌어안는 용기

김상균(인지과학자, 경희대학교 교수)

우리는 늘 '빨리 정해라, 정답을 찾으라'는 말을 들으며 자라왔다. 하지만 세상은 점점 더 복잡해지고, 하루가 다르게 낯선 지식이 쏟아지고 있다. 이런 세상에서, 무엇을 전공하느냐보다 어떻게 탐험하느냐가 훨씬 더 중요해졌다.

"전공을 선택하지 않을 용기"는 이런 시대의 변화 앞에서 가장 인간적인 답을 건네는 책이다. 이 책은 전공을 미루는 학생을 위한 변명이 아니다. 오히려, 아직 모름을 받아들이는 용기, '내가 진짜 원하는 것은 무엇일까?'라는 질문 앞에 서는 정직함을 보여준다.

저자는 교육정책과 대학 현장을 모두 경험한 교육자답게, 자유전공이라는 제도를 단순한 입시 전략이 아니라, 한 인간이 자신만의 방향을 탐험하는 배움의 과정으로 바라본다.

나는 이 책을 읽으며 공부의 본질을 다시 생각하게 되었다. 공부란 누군가의 길을 복제하는 것, 그저 따라 걷는 것이 아니라, 나만의 길을 발견하기 위한 느리고 오랜 여정이다. 그 여정 속에서 우리는 실수를 통해 배우고, 우연 속에서 자신을 알아간다. 자유전공은 바로 그런 여정을 위한 선물과도 같다.

빨리 정하지 않아도 괜찮다고, 방향이 늦어도 그만큼 깊어질 수 있다고, 이 책은 조용하지만 단단하게 말한다. 무엇보다 이 책은 따뜻하다. 학생과 학부모, 그리고 교사를 향한 저자의 시선에는 정답을 강요하지 않는 존중과 신뢰가 깃들어 있다.

저자는 전공을 선택하지 않는 용기를 자신의 삶을 스스로 선택하는 용기로 확장하며, 지금의 청년들이 불확실성 속에서도 자신을 믿고 나아가길 응원한다.

이 책은 한 개인을 위한 진로 안내서이자, 한국 교육이 잃어버린 탐험의 정신을 되찾자는 선언문에 가깝다.

이 책은 우리에게 묻는다. "당신은 지금, 얼마나 자유롭게 배우고 있는가?" 정해진 길에서 벗어나, 나만의 길을 만들어가는 이들에게 이 책은 의미 있는 나침반이 되어준다. 이 책을 덮는 순간, 당신은 조금 더 천천히, 그러나 더 깊게, 자신의 인생을 공부하고 싶어질 것이다.

자유로운 영혼을 위하여

양일모(서울대학교 학부대학 자유전공학부 교수)

2019년 12월 20일, 서울역 4층 대회의실에서 전국 자유전공학부 협의회가 처음으로 개최되었다. 각 대학의 자유전공 운영 담당자들이 사례를 발표하고, '전국 자유전공학부교육 협의회' 구성을 약속했다. 그러나 이듬해 코로나19 확산으로 대학의 교육 활동이 위축되면서 자유전공학부의 조직화라는 원대한 꿈도 불가피하게 연기되었다. 그때 이 책의 저자 신철균 교수를 만난 것은 한국의 대학사에 큰 행운이었다. 그로부터 약 4년 뒤인 2023년 11월 30일, 강원대학교가 속초에서 개최한 포럼에서 국내외 학자들이 교양교육과 자유전공학부의 혁신 방향을 활발하게 논의했다. 포럼이 끝난 뒤, 자유전공 교육의 기틀을 구축한 신 교수야말로 앞으로 자유전공학부 협의회 구성 계획을 실현할 적임자라고 격려했다. 신 교수는 그 일에 앞서 이 책의 추천사를 부탁했다.

지난해 1월 교육부가 공고한 「대학혁신지원사업 및 국립대학육성사업 기본계획」은 대학에서 전공을 정하지 않고 입학한 후 전공을 선택하는 '무전공' 방식의 교육을 권장했다. 이러한 정책으로 올해 황급하게 자유전공 제도를 도입한 대학이 늘어났고, 내년에는 신입생의 약 30%가 자유전공으로 선발될 것으로 예상된다. 자유전공 방식의 교육이 한국에 도입된 지 30여 년이 지났지만 여전히 전공 쏠림 등 구조적 문제가 드러나고 있다. 이 제도의 허와 실을 통찰하는 혜안을 갖추어야만 대학교육의 질적 변화와 학생 중심 교육이라는 본래의 목표에 도달할 수 있을 것이다. 자유전공에 관한 핵심을 다루는 이 책이 교육부의 정책보다 앞서 나오지 못한 점은 아쉽지만, 지금이라도 이 책을 통해 자유전공에 대해 숙의할 수 있게 된 것은 다행스러운 일이다.

원고를 받아 재미있게 통독했다. 이 책은 10여 년 이상 자유전공학부 운영에 참여하고 여러 대학의 자유전공학부 설립을 자문해 온 내가 그동안 궁금해하던 문제를 거의 망라하고 있었다. "자유전공학부가 무엇이며 어떻게 운영할 것인가"라는 기본 문제뿐 아니라, "왜 한국 대학에 자유전공학부라는 제도가 필요한가"라는 근본 문제를 다루었다. "전공을 정하지 않은 상태로 입학한 학생을 어떻게 가르치고 학생의 전공 선택을 어떻게 도울까" 하는 교육 설계는 우리나라에서는 이색적이다. 이는 계열별·광역모집 같은 입학 전형의 문제를 넘어, 기존의 교육 방식을 전환하는 새로운 패러다임이기 때문이다. 직접 자유전공학부를 운영하면서 동료·학생들과 고민한 경험을 토대로 낯선 제도를 알기 쉽게 안내하는 서술은 저자의 탁월한 역량을 보여준다.

한국에서 자유전공 교육의 옹호자는 대체로 서양의 Liberal Arts College 모델을 지향한다. 자유학예대학은 인문학과 자연과학을 중심으로 한 교양교육을 강조하며, 일반적으로 대학원과 구별되는 '학부' 그 자체이다. 한국에서 이러한 제도를 단순히 '자유전공'으로 이해하는 것은 유럽의 교육철학적 맥락을 놓칠 위험이 있다. '자유전공'이 전공을 자유롭게 선택한다는 의미의 '자유'로만 이해되는 것 또한 전공 중심 교육 방식에서 벗어나고자 하는 한국적 염원의 표현이다. 그럼에도 한국 대학에서 자유전공 교육은 서양의 자유학예대학 모델을 참고하지 않을 수 없다. 이 책은 한국에서 전개된 자유전공 교육의 사례를 검토하고 해외 대학의 제도와 비교함으로써 이러한 난제의 해법을 모색하고 있다.

'수능 카츠'라는 불온한 언어가 횡행하고 있다. 전공 선택과 인생의 항로가 시험 점수로만 결정되는 현실은 비극적이다. 자신의 삶을 기획하고, 학문을 연마하며, 인간적으로 성숙하는 길을 찾는 것이야말로 이상적 교육일 것이다. 그렇지만 한국에서 교육과 관련한 논의는 대학입시와 밀접하게 얽혀 있다. 따라서 저자는 자유전공 교육의 안착을 위해 대학입시 전략을 방편으로 동원하고 있다. 특히 "자유전공학부는 어떤 학생을 원하며, 학생은 어떻게 자유전공학부에 합격할 수 있는가"라는 구체적 질문에 답한 설명은 교수와 교사, 학부모와 학생 모두에게 실질적 지침이 될 것이다. 저자는 자유전공을 위한 진로상담의 관점에서 이 책을 집필하면서 "전공을 선택하지 않을 용기"라는 제목을 붙였다. 물론 이 책은 단순한 진로 안내서가 아니다. 학생과 교수, 더 나아가 대학이 함께 어떤 '자유'를 모색해야 하는지 묻는 시대적 제안서이다. 자유전공 제도에 대한 비판적 시선이 곱지 않은 한국의 풍토에서, 이 책을 세상에 선보인 저자의 용기와 노고에 진심으로 박수를 보낸다. 대학에서 학생이 자율적으로 삶을 성찰하고, 교수는 학생의 자유로운 영혼을 인도하는 본연의 역할을 다하는 그날을 그려본다.

자유전공, 전공 선택 '유예'가 아닌 '개척'의 공간

김덕년(생태교육연구소장, 『주도성과 진로교육』 저자)

'자유전공'이란 무엇일까? 최근 대학 입시에서 주요 대학을 중심으로 전공 자율 선택 확대(자유전공, 무전공) 정책이 적용되면서 그 규모가 확대되고 있다. 수도권 대학 및 국립대 등 총 73개교를 대상으로 전체 모집인원의 15% 이상을 자유전공(유형1, 유형2)으로 선발하도록 권고하고 있다. 선발 비중이 만만치 않지만 그 누구도 정확하게 일러주지 않은 '자유전공'에 대한 학생, 학부모, 교사의 고민은 깊어지고 있다.

이 책은 교육 현장의 '트라이앵글(학교-교육부-대학)'을 모두 경험한 저자의 전문적인 통찰이 집약된, 가장 시의적절하고 실제적인 가이드이다.

저자는 말한다. '자유전공은 단순히 전공 선택을 '유예'하는 곳이 아니라, 폭넓은 탐색과 융합적 사고를 통해 자신만의 길을 주체적으로 개척하는 공간'이라고. 자유전공의 진정한 교육적 목표와 가치를 제시하며, 창의·융합적 인재로 성장할 '자기 주도성'을 기르는 법을 안내한다.

이 책은 자유전공의 개념, 운영 방식(유형1, 2), 역사적 변천 과정부터, 교육과정, 비교과 프로그램, 그리고 구체적인 합격 전략과 진로 설정 팁까지 모든 궁금증을 해소할 수 있다.

"전공을 선택하지 않을 용기"를 통해 더 넓은 미래를 꿈꾸는 모든 학생과 특히 현장 대입지도교사들에게 일독을 강력히 권한다.

차례

PART

I

자유전공 의미와 특징

1 자유전공이 뭐예요? (자유전공 개념)

"자유전공이 뭐예요?"

이런 반응이 일반인들의 자유전공에 대한 일반적 반응이었다. 전공이 자유전공이라고 하면 대부분 사람들은 묻는다. '자유전공? 자유전공이 뭐하는 곳이에요?' 자유전공이 무슨 과인지 아는 사람은 적다. 자유전공 소속의 학생뿐만 아니라 교수도 자유전공에 대해 사람들에게 설명하는 게 고충이다. 하지만 점점 자유전공이 사람들에게 알려지고 있다.

자유전공 학생들이 몰려온다. 2025~2026학년도 대학입시에서 가장 주목받는 사항 중 하나가 자유전공이다. 자유전공이 기존에도 존재했지만 대학 입시에서 큰 영향력이 없고 관심이 높지 않았었다. 자유전공은 이제까지 소수에 불과했다. 그런데 자유전공 설치 학교가 늘어나고 모집 인원수가 대폭 확대되면서 학생, 학부모의 관심이 집중되었다.

교육부는 2025년 대입에서 수도권 대학과 국립대 총 73개교가 3만 7,953명을 자유전공으로 모집한다고 밝혔다. 전체 대학 모집 인원의 28.6%에 해당하는 엄청난 규모이다. 2026학년도 자유전공 모집 인원은 더 늘어났다. 한국대학교육협의회의 자료에 의하면 전국 대학의 2026학년도 자유전공 모집인원은 41,299명에 달한다.[1] 대학에 따라 신입생의 자유전공 선발 비율은 적게는 5%에서 많게는 30%까지 있고, 전체 신입생을 모두 자유전공으로 선발하는 학교도 있다. 자유전공 학생들의 기대가 커지고, 그만큼 자유전공의 역할은 중요해지고 있다.

'나에게 맞지 않는 전공을 빨리 정하는 것이 좋은가, 아니면 나에게 맞는 전공을 천천히 정하는 것이 좋은가?'

물론 '적합한' 전공을 '빨리' 정하는 게 좋을 수 있다. 하지만 탐색과 공부 없이 진로를 일찍 결정하는 것은 어렵다. 많은 이들이 얘기하듯이 '속도'보다는 '방향'이 중요하다. 학생들에게는 진로에 대한 정보도 필요하고 진로를 탐색할 수 있는 시간이 필요하다. 이를 위한 공간이 바로 자유전공이다.

자유전공은 다양한 이름으로 불린다. 자유전공, 자율전공, 무전공 등 대학별로 조금씩 모집 단위 명칭이 다르다. 이 중에서 가장 많은 모집 단위의 명칭은 '자유전공'이다. 대표적으로 서울대, 고려대, 성균관대, 세종대, 강원대 등이 있다. 이름은 달라도 입학 시 특정 전공을 선택하지 않고, 입학 후 일정 기간 전공 탐색과정을 거쳐 전공을 결정하는 것은 동일하다.

교육부는 학생이 무전공으로 입학하여 다양한 전공을 탐색할 수 있는 체제를 전공자율선택제로 칭하고 있다. 전공자율선택제는 "학생들이 대학 입학 후 체계적인 지원하에서 각자 흥미·적성에 맞는 다양한 진로를 탐색하고 전공을 자유롭게 선택하는 제도"이다.[2]

자유전공은 전공 선택을 유예하는 그 이상의 의미가 있다. 자유전공은 폭넓은 탐색과 융합적 사고를 통해 자신만의 길을 주체적으로 개척하는 교육적 공간이다. '요즘 학생들은 돌다리를 두드리고도, 누군가 건너가야만 건너간다'는 우스갯소리를 들었다. 남들이 하는 것을 따라 하려고만 하는 안전 지상주의 모습을 비판하는 쓴웃음이 나오는 얘기이다. 좋은 인재로 성장한다는 의미는 무얼까? 결국 스스로 고민하며, 어려움과 좌절을 겪더라도 다시 일어설 수 있는 힘을 지닌 사람이 된다는 의미 아닐까.

자유전공은 학생을 미성숙하고 보호받아야 하는 대상으로 보는 것이 아니라 스스로 해결하고 성장할 수 있는 잠재력을 지닌 존재로 본다. '짜인 것을 그대로 밟아 나가는' 것 대신에 '모르는 게 나와도 질문하며 스스로 찾아 나가는' 역량을 길러 준다. 즉 학생들이 열린 세상 속에서 나의 전공과 미래를 고민하고, 질문하고, 찾아 나서도록 발판을 마련해 준다.

자유전공은 학생들에게 '빨리 정하지 않아도 괜찮다'고, '자신 있게 너의 길을 걸어가도 된다'는 용기와 희망을 주는 곳이다. '전공을 선택하지 않는 용기'를 넘어서서 자신의 '삶을 스스로 선택하는 용기'를 학생들이 가질 수 있도록 격려한다. 왜냐하면 '무엇을 전공하는가'를 넘어서 '어떻게 인생을 디자인하며 탐험해나갈 것인가'가 더 중요한 시기이기 때문이다.

'남'이 아닌 '내'가 그 과정을 선택하여 뚜벅뚜벅 걸어가고, 그 여정이 축적되면 나만의 서사(Narrative)가 된다. 과열경쟁의 입시 현실 속에서 박탈당한 학생 개인의 서사를 다시금 형성하고 만들어갈 수 있도록 도와주는 곳이 바로 자유전공이다.

2 자유전공의 운영 방식, 어떻게 다른가? (자유전공 운영 모델)

자유전공은 일반 전공이나 학과와 운영 방식이 많이 다르다. 일반 전공은 입학 시부터 전공을 결정하고 입학하지만, 자유전공은 입학 후 2학년 진급 시 결정하는 것이 가장 큰 차이점이다.

전공선택 범위: 유형1(대학 전체 자유전공), 유형2(계열 · 단과대 자유전공)

자유전공은 입학 단계에서 크게 두 가지로 구분된다. '대학 전체 자유전공'과 '계열·단과대 자유전공'으로 칭할 수 있다. '대학 전체 자유전공'은 '대학 내의 모든 전공(대학 내 보건의료, 사범계열 등을 제외)을 자율적으로 선택하는 전공'이다. [그림 I -1]과 같이 대학 내 모든 전공을 선택할 수 있다. 교육부에서는 이러한 자유전공을 '유형1'로 칭하였다.

한편 '계열·단과대 자유전공'은 해당 계열과 단과대 모집 단위에서 전공을 선택한다. [그림 I -2]와 같으며 '유형2'에 해당한다. '유형2'의 경우 계열·단과대 내 전공·학과를 일부 분리모집하기도 하며, 학과별 정원의 150% 이상 범위 내 전공 선택도 가능하다. 예를 들면 A대학의 인문대학 단과대에 국문, 영문, 중문, 일문전공이 있고 사학, 철학, 미학전공이 있다. 7개 전공을 모두 통합하여 자유전공학부를 선발할 수도 있지만 국문, 영문, 중문, 일문 전공을 '어문' 자유전공학부로 하고, 사학, 철학, 미학전공을 '사상' 자유전공학부로 분리하여 모집할 수 있다는 의미이다.

유형1과 유형2는 전공 선택권 보장에서 큰 차이점이 있다. 유형1 자유전공은 학점 제한 없이 100% 학생의 전공 선택권을 보장하지만, 유형2는 학과 정원 150% 이내로 제한을 둘 수 있다. 그래서 유형2의 경우 지원 인원이 전공별 정원의 150%를 초과할 경우 성적 및 학점 취득 등의 전공 배정 기준에 따라 전공 배정을 결정한다. 학생 자신이 희망하는 학과를 선택하지 못할 수도 있다.

A학생이 유형2에 해당하는 '○○대학 경영대학 자유전공학과(무전공)'에 입학하였다고 가정해보자. A학생은 경영대학 입학 후 회계학 전공에 진학할 생각이었다. 그런데, 2학년 진학 시 회계학 전공 지원자가 회계학 전공 정원의 150%를 초과하여 모든 지원자가 회계학 전공을 진학할 수 없는 상황이 발생하였다. 유형2의 해당 대학에서는

지원자가 전공별 정원의 150%를 초과할 경우 1학년 1학기, 2학기 학점 평균과 총 27학점 이상의 학점 취득 기준으로 전공 배정의 우선 순위를 정한다. A학생의 1학년 학점 평균이 지원자의 상위 150% 이내에 포함되지 못하거나 이수 학점이 기준보다 낮으면 회계학 전공에 진학할 수 없는 상황이 발생한다. 그러면 본인이 희망했던 회계학 전공이 아닌 경영대학 내의 다른 전공을 진학해야 하는 상황이 발생한다. 다행히 경영대학의 다른 전공(예. 무역학, 경제학)에 진학을 해도 무방하다면 큰 문제가 없지만 회계학 전공만을 염두에 두었다면 A학생은 전공 선택 시 큰 고민에 빠질 수밖에 없다. 유형2의 전공배정기준은 대학별로 조금씩 차이기 있기 때문에 대학 홈페이지를 통해 명확히 파악하는 것이 필요하다. 유형1과 유형2의 자유전공 모집과 전공선택 구조는 다음의 그림과 같다.

▶ 그림 Ⅰ-1 '유형1' 자유전공 모집 및 전공선택 구조

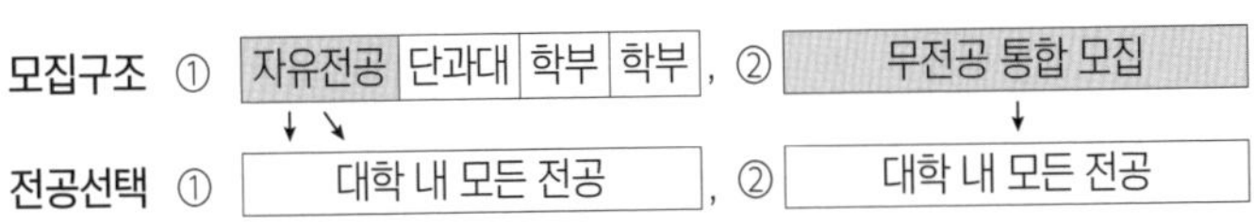

- 대학 내 모든 전공(보건의료, 사범계열 등 제외) 100% 자율 선택

출처: 교육부(2024)[3]

▶ 그림 Ⅰ-2 '유형2' 자유전공 모집 및 전공선택 구조[4]

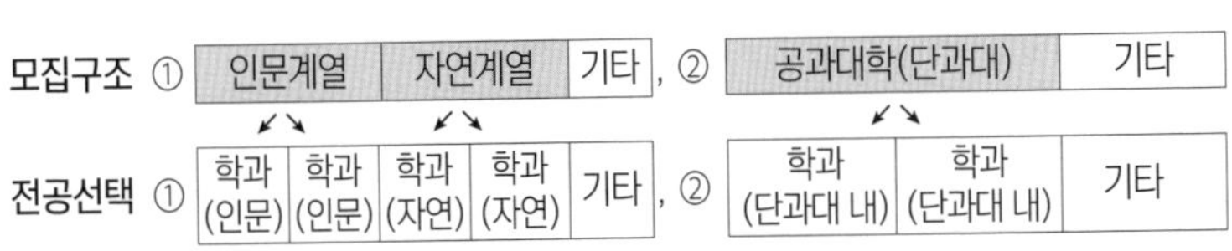

- 계열 · 단과대 내 모든 전공 100% 자율 선택 또는 학과 정원의 150% 이상 범위 내 전공선택

출처: 교육부(2024)[5]

자유전공 소속 이동 여부: 1년제, 4년제, 병행 모델

자유전공에 입학 후 1년이 지나면 소속이 이동되는가, 이동되지 않는가? 최근에 생긴 자유전공 운영 대학은 대부분 2학년 진급 시 소속을 배정 전공으로 이동한다. 하지만 소속이 이동되지 않고 그대로 자유전공학부에 유지될 수도 있다. 자유전공의 학과 소속 이동 여부에 따라 크게 세 가지로 나눠볼 수 있다.

▶ **표 Ⅰ-1 자유전공 학과 소속 이동 여부**

구분	학과 소속 이동 여부
1년제 모델 (건국대 등 많은 대학)	이동
4년제 모델 (서울대, 전남대)	이동 없음
1, 4년제 병행 모델 (강원대)	타과 진학 희망 학생은 이동, 자유전공 유지 희망 학생은 이동 없음

이 모델들의 가장 큰 차이점은 학과 소속 이동 여부이다. 1년제 모델은 희망 학과로 배정되면 해당 학과로 소속이 이동된다. 반면에 4년제 모델은 타 학과로 소속 이동 없이 자유전공의 소속을 유지하며 졸업까지 이어진다. 병행 모델은 타과 진학을 희망하는 학생들은 타과로 소속이 이동되고, 자유전공에 남기를 희망하는 학생은 학생설계 전공으로 이수하며 자유전공 소속을 유지한다.

모델별로 학생들은 조금씩 다른 경로를 밟는다. 입학 시 자유전공으로 입학하는 것은 모두 동일하다. 하지만 차이점을 설명하면 다음과 같다.

첫째, 1년제 운영 모델이다. 가장 많은 대학이 1년제 운영 모델을 운영한다. 무전공인 자유전공으로 입학하여, 1학년 말에 희망전공을 배정받는다. 2학년에 희망전공으로 학적 이동 후 해당 전공에서 졸업하는 경로이다. 졸업장은 해당 전공으로 명기된다. 자유전공에서 경제학과로 진학한 경우 '○○대학교 사회과학대학 경제학전공(경제학사)' 졸업장을 받는다.

둘째, 4년제 운영 모델이다. 자유롭게 부·복수전공을 이수하고 학생설계전공을 만들어 이수할 수 있으나, 자유전공 소속이 유지되고 자유전공 소속으로 졸업한다. 서울대와 전남대가 대표적으로 이러한 운영 체제를 사용하고 있다. 물론 서울대와 전남대에서도 4년제와 1년제를 구분하여 별도 모집군으로 입학 선발을 하고 있다. 졸업장은 서울대의 경우 일반 전공을 택하면 일반 전공명을, 학생설계전공을 택하면 학생설계전공명을 졸업장에 명기한다. 예를 들면, 자유전공에서 컴퓨터공학을 택한 경우 "자유전공학부 컴퓨터공학전공(공학사)"이 된다. 자유전공에서 학생설계전공으로 생물공학을 택한 경우는 "자유전공학부 생물공학전공(공학사)" 학위가 된다.

셋째, 1년제와 4년제 병행 모델이다. 대부분 학생들이 희망전공을 배정받아 이동하지만, 일부 학생들은 자유전공에 남아 학생설계전공을 구성하여 이수한다. 대표적으로 강원대는 '희망 전공 선택 이동'과 '학생설계전공 선택 이수'를 제도적으로 갖춰놓고 운영하고 있다. 자유전공에 입학해 일반 전공으로 진학하는 학과진학형(1년제) 학생들은 선택한 해당 전공 학위의 졸업장을 받는다. 한편, 자유전공에 남아 학생설계전공을 이수하는 학생설계전공형(4년제) 학생들은 학생설계전공명이 명기된 학위를 받는다. 예를 들면, 강원대 자유전공학부로 입학하여 경영학전공으로 진학한 학생은 졸업 시 '강원대학교 경영대학 경영학전공(경영학사)' 학위를 받는다. 한편 강원대 자유전공으로 입학해 4년제 모델로 '마케팅전략과 빅데이터' 학생설계전공을 이수한 학생은 '강원대 글로벌미래융합대학 자유전공학부 마케팅전략과 빅데이터전공(경영학사)' 학위를 받는다. 여러 전공을 이수하며 'N전공러'로 생활하는 자유전공 학생의 전공 탐색 과정을 살펴보면 대략적인 자유전공의 운영 모습을 파악할 수 있을 것이다.

▸ **표 Ⅰ-2 자유전공학생의 전공 탐색 과정 사례**

N전공러

전남대학교 자율전공학부 3학년 ○○○

저는 자율전공학부 2학년까지 사회학과 수업과 행정학과 수업, 경영학과 수업, 법학대학 수업 등 다양한 수업을 들었습니다. 이를 통해 두 가지 이상의 전공의 조화로운 융합을 고려하여 제가 흥미 있어 하는 분야의 공통부분을 찾으려고 노력했습니다. 그 결과 저는 공익이라는 사회적 가치와 법에 대한 지식을 배우고 싶어 한다는 것을 알게 되었고 저의 전공명을 '공익과 법'으로 정하게 되었습니다.

전공명을 정한 후 제가 앞으로 듣고 싶은 수업을 찾아보고 직접 저의 이수과목을 계획하였습니다. 전공명을 정할 때에는 다른 학과 전공과 달리 두 가지 이상의 관심 있는 분야의 융합을 도모해야 하는데, 이를 설계할 때에도 동기들과 교수님, 조교님들의 적극적인 도움으로 순조롭게 설정할 수 있었습니다.

자율전공을 알기 전 저는 대학에 진학하여 한 가지의 전공을 이수하고 앞으로 이 전공이 나를 설명하는 수식어 중에 하나가 되는 것이니 신중하게 선택해야 한다는 부담이 있었습니다. 그러나 자율전공학부를 통해 나의 전공은 어느 한 가지가 아니라 내가 관심 있어 하고 배우고 싶어 하는 모든 분야를 나의 전공으로 삼을 수 있다는 것을 깨달았습니다. 아무리 다른 분야의 전공 수업을 수강한다 하더라도 이것이 나의 전공이라는 생각과 책임을 가지고 누구보다 진심으로 수업에 임하게 되었습니다.

자율전공학부에 재학하면서 저와 같이 정말 하고 싶은 공부, 과목, 전공이 하나로 좁혀지지 않는 사람들이 많다는 것을 알게 되었습니다. 그렇기에 반드시 자율전공학부 학생이 아니더라도 다른 전공을 가진 사람과 소통할 때 그 사람을 전공이라는 프레임을 씌워 판단하기보다 그 사람이 흥미로워하는 다른 분야에 대하여 이야기하려는 태도도 가지게 되었습니다.

진로를 고민할 때에도 한 가지 전공에 집중해 직업을 살피기보다 다양한 분야의 직업을 살피고 어떤 분야의 직업을 가지든 잘 해낼 수 있을거라는 자신감을 가지게 되었습니다. 예를 들어 IT 분야의 기업에 관심이 있다면 반드시 공과대학의 지식이 있어야 하니까 포기하기보다는 그 안에서 마케팅, 디자인, 법과 같이 다양한 분야의 역할을 생각하고 도전하게 되는 것입니다. 진로를 생각할 때에는 물론이고 세상을 바라보는 시각이 훨씬 넓고 광범위해졌습니다. 이렇듯 자율전공학부는 단지 전공으로서 저에게 영향을 준 것이 아니라 저의 인생과 미래를 설계하는 데에 큰 영향을 끼쳤습니다.

3 자유전공은 어떻게 변화되어 왔는가? (자유전공 역사의 변천)

한국의 자유전공 체제는 우여곡절을 겪어 왔다. 전공을 강조하는 학과제 체제로 출발해서 통합선발을 하는 계열별 모집과 학부제 선발을 거치며 현재의 자유전공 체제까지 이르렀다. 자유전공 체제는 광역 단위의 통합선발체제란 의미를 기본적으로 담고 있다. 엄밀히 말해서 자유전공과 학부제는 다른 의미이지만, 통합선발이란 차원에서 혼재되어 사용되고 있다. 따라서 자유전공 역사를 논할 때 학부제는 함께 다뤄질 수밖에 없다. 자유전공 체제라는 의미는 대학 입시에서 통합선발을 하며 학부교육을 강화하려 시도했던 계열화, 학부제를 포괄한다고 볼 수 있다. 자유전공과 학부제 역사에 대해서 서울대학교 자유전공학부 양일모 교수가 학술 연구를 통해 발표하였고, 이를 토대로 시대별 특징을 재정리하였다.[6]

1950년대 우리나라는 학과제(department) 체제로 출발하였다. 분과 학문 보호와 전공 교육의 장점을 지니고 있는 단과대학과 학과 체제의 골격이었다.

이후 1970년대에는 계열별 모집 체제로 전환하였다. 교육부는 1972년에 '고등교육에 관한 장기 종합 계획안'과 1973년 '실험대학' 정책을 통해 기존의 학과제 체제의 변화를 시도하였다. 특히 '실험대학'은 용어가 의미하는 것처럼 기존의 학과 중심 대입 선발 방식에서 대학별, 학부별, 계열별로 선발 방식을 다변화하는 실험적 시도였다. 하지만 이러한 시도는 오래가지 못했다.

1980년대에서는 계열별 모집에 대한 비판의 목소리가 커졌다. 대학 내 선호 전공은 여전했기 때문에 학생들을 광역 단위로 모집했지만, 입학 후 인기 전공으로 쏠림이 심화되었다. 이러한 문제로 결국 1985년에 학과제로 복귀하였다.

1990년대에는 학부제로 전환되었다. 기존의 전공이 지나치게 세분화되며 그 한계점이 드러났기 때문이다. 교육부의 1994년 '학과 통합 추진 계획'과 '5.31개혁안'의 학부제 제안이 변화를 이끌었다. 1997년에 '고등교육법 시행령' 개정을 통해 '21세기의 새로운 변화에 대비하는 학부제'를 제안하였다. 기존 체제가 학과와 전공이 세분되어 학문 발전에 장애를 가져온다는 비판 속에 학생에게 전공 선택의 기회를 확대해야 한다는 주장에 힘이 실렸다. 1995년 개교한 한동대학교는 전공 구분 없이 신입생을 선발하는 학교 전체 자유전공 교육 및 선발 체제로 운영되기 시작하였다.

2000년대에는 학부제가 대부분의 대학에서 실시되었다. 초기에는 단과대학 차원의 계열별 학생 모집을 하였으나 점차 단과대학 내부에 일부 학과가 모인 작은 학부단위의 모집 방식으로 다변화되었다. 2007년에는 이화여대의 스크랜튼학부가, 2009년에는 서울대학교의 자유전공학부가 설립되며 신입생을 전공 구분 없이 통합 선발하였다.

또한 2009년은 법학전문대학원 폐지로 자유전공 설치가 촉발된 시기였다. 역설적이게, 2009년 자유전공 제도 도입 시기는 학부제에서 학과제로 되돌아가는 추세였다.

2010년대에 들어서서는 자유전공 확대와 폐지가 혼재되었다. 법학과가 로스쿨로 변경되며 많은 대학에서 법학과의 남는 학부 정원을 자유전공으로 전환시키며 여러 대학에서 자유전공이 설립되었다. 하지만 그 당시 로스쿨 운영 대학은 25개교였고 자유전공 운영(유지 및 신설) 대학은 47교를 넘었기에[7] 로스쿨 설치 대학에서만 자유전공 제도가 도입된 것이 아님을 알 수 있다.[8] 여러 대학에서 자유전공이 설치되었지만, 자유전공의 취지를 살리지 못하고 임시방편적으로 학부 정원 전환을 추진하였기에 서울의 주요 대학들은 자유전공을 폐지하기 시작하였다. 교육 목표의 부재와 운영상 미숙이 맞물린 결과였다.[9] 성균관대는 2010년에 자유전공학부를 폐지하고 글로벌 리더학부를 설립하였고, 연세대와 한국외대는 자유전공학부를 폐지하고 글로벌융학부 등 새로운 학부로 통합 신설하였다. 고려대를 비롯한 여러 대학은 자유전공학부가 유지되긴 했지만, 교양교육 강조와 융합교육의 방향성이 상실된 로스쿨 준비반의 성격으로 변질되었다.[10] 조사에 따르면 자유전공이 2017년에는 37교에서 유지되었고, 10교에서는 신설되었으며, 한편 25교에서는 폐지되었다.[11]

2020년대 들어서서 자유전공은 다시 부상하게 된다. 2023년 교육부의 대학혁신사업, 국립대학육성사업을 발표하며 자유전공 확대와 재정지원사업을 연계하였고, 이에 많은 대학은 자유전공을 새롭게 설치하거나 선발 정원을 확대하였다. 2024년에는 73교의 9,924명 선발에서, 2025년은 73교 37,935명 선발로 대입 선발인원이 3.8배가량 급속하게 증대하였다.

▶ 표 Ⅰ-3 자유전공 체제의 역사적 변천

시기	주요 특징	구체적 상황
1950년대	한국 대학에서 학과제(department) 출발, 정착	• 단과대학, 학과 체제 골격. 분과학문 보호와 교육 장점
1970년대	계열별 모집 - 학과제 한계 극복 위한 선발 방식 다변화	• (1972) '고등교육에 관한 장기 종합 계획안' • (1973) '실험대학'(학생 선발 방식을 학과 중심에서 벗어나 대학별, 학부별, 계열별 다변화)
1980년대	전공 학과제로 복귀 - 선호학과 쏠림과 경쟁 문제	• (1985) 인기학과 발생 구조적 문제로 학과제 복귀
1990년대	학부제 추진(학과 통합 계획) - 전공 세분화 한계 제기	• (1994~95) 학과 통합 정책 추진 계획. 5.31개혁안 학부제 제안 • (1995) 한동대 개교. 1996년부터 무전공 신입생 선발
2000년대	자유전공제 도입	• (2007) 이화여대 스크랜튼학부(전공설계형) 설립 • (2009) 서울대 자유전공학부 설립 • (2009) 법학전문대학원 폐지로 자유전공 설치 계기 촉발
2010년대	자유전공 확대와 폐지(혼재) - 법대 정원 전환으로 자유전공 신설 확대 - 서울의 여러 대학 자유전공학부 폐지	• (2010~2013) 성균관대, 연세대 등 자유전공 폐지와 변경 • (2017) 자유전공 47개교 운영
2020년대	자유전공 전면 확대 - 입학정원 대비 대학별 25% 이상의 자유전공 확대	• (2023) 교육부 대학혁신사업, 국립대육성사업의 연계로 확대 • (2024) 73교 9,924명 선발 • (2025) 73교 37,935명 선발

우리나라 대학의 학사 제도 변화를 한마디로 정리하면 '전공교육 체제'와 '학부교육(자유전공) 체제'의 대립과 반목의 역사이다. '전공교육 체제'는 전공 단위별 입시 선발 방식과 전공별 교육 및 관리 방식을 중요하게 생각하는 것이다. 한편, '학부교육 체제' 혹은 '자유전공 체제'는 광역 단위의 통합 선발 방식을 통한 학생 희망에 따른 전공 선택과 다학제적 융합교육, 교양교육(Liberal Arts)을 강조한다.

시대별로 살펴봤을 때 대학 학사 체제 변화의 주요 방향은 학문의 분절화를 넘어 통합화였다. 전공 간 벽을 넘어 학문의 경계를 넘나드는 다학제적 교육이자 횡단형 학습을 지향한다. 즉 세부 전공 체제가 지닌 한계점을 넘어 통합교육과 융합교육의 방향이다. 사회의 문제는 복잡해지고 다변화되는데 하나의 전공 체제에서 머물러 교육하는 방식으로는 한계가 있다는 위기의식이 시대별로 존재했다.

하지만 근본적인 교육철학과 교육방식의 혁신으로는 연결되지 못하였다. 대학의 학사 구조 변화 양상은 대학 입학 선발 방식의 변화에만 그쳤다. 근본적이고 주요 목적이 되어야 하는 교육 철학과 방식의 변화를 달성하지 못했다. 그래서 70년대의 계열별 모집, 90년대의 학부제 모집이 결국 실패했다는 평가를 받고 있다.

학부제 모집이 실패했다는 평가를 받는 이유는 다양한 학문과 분야를 경험하며 학문적 호기심을 넓히고, 폭넓은 교양교육을 통해 비판적으로 질문하고 탐구하는 자세를 갖도록 하는 교육 철학이 진지하게 논의되지 못했기 때문이다. 또한 지식 전달식 강의와 좁은 학문 세계에 갇힌 분절적 강의 체제에서 벗어나지 못하였다. 여러 학문을 연결하고 통합하는 다학제적 탐구 수업, 문제 발견과 해결의 프로젝트형 수업, 비판적 사고를 기르는 토의·토론수업이 대학에서 보편화되지 못하고 있다. 교육철학과 교육방식 혁신에 대한 심도 있는 논의와 성찰이 부족한 채 입시 선발 방식에만 초점이 맞춰져 왔다. 그래서 통합선발과 자유학예교육(Liberal Arts)이 지닌 장점은 얼마 안 돼 기존의 전공단위 선발과 관리 방식으로 다시 회귀하기 일쑤였다. 대학 운영 방식에서 기존의 전공 체제가 완고하였고, 전공 체제가 지닌 학생 관리와 조기 전공 진입의 장점이 있기에 학부교육 방식과 통합선발은 뿌리내리지 못하였다. 또한 학부제 선발 방식은 대학 1학년 시기의 학점 경쟁과 인기학과 구조를 뚫지 못하였다. 따라서 우리나라 대학에서 전공 체제가 이어온 역사적 경로는 쉽게 변경되지 못했다.

과연 새롭게 펼쳐지고 있는 자유전공 체제는 이러한 역사적 경로를 바꾸어 새로운 길을 열 수 있을까? 2020년대의 자유전공 전면 확대 역시 대학 내부의 자율적 선택과 결정이라기보다는 교육부의 영향과 압력 때문이라고 볼 수 있다. 하지만 학생 수 감소, 지역 소멸과 같은 요인과 AI 디지털 기술의 변화와 고용 시장의 변화 등 대학이 처한 환경이 예전 같지는 않기에 자유전공 체제로의 변화가 더욱 요구되고 있다. 그리고 사회는 도전 정신과 창의·융합적 사고를 지닌 인재를 원하고 있다. 그래서 이전보다 훨씬 더 자유전공이 앞으로 걸어갈 길에 대한 관심이 쏠리고 있다.

사회의 문제는 하나의 전공으로만 해결될 수 없다. 다양한 분야와 학문이 협업해야 하고 다학제적으로 사고해야 한다. 또한 기존의 경로와 정답을 답습하는 것을 넘어서 새로운 경로를 만들고 질문을 제기하는 자세가 있을 때 사회적 난제를 해결할 수 있다. 자유전공은 교육철학과 교육방식의 혁신을 담아내고자 시도하고 있다. 자유전공은 이러한 변화를 선도적으로 이끌 필요가 있다. 그래야 기존의 계열화와 학부제 실패를 극복할 수 있다. 대학 교육이 걸어가야 할 교육 철학과 목표의 방향성을 대학 내에서 끊임없이 논의해야 한다.

학생의 전공 선택은 단순한 선택권 부여라는 의미 이상으로, 선택하는 주체인 학생의 자율성과 탐구정신을 배양하는 것을 교육의 목표로 설정할 필요가 있다. 즉, 자유전공 체제는 학생 선택과 자율적 탐구를 존중하는 광역 단위의 모집 선발과 학부교육의 정신이 함께 어우러져야 빛을 발할 수 있다. 향후 자유전공이 단순한 입시 선발 방식만의 변화가 아니라 미래 교육 체제로 전환된다면 자유전공은 대학교육 역사의 새로운 길을 만들어 낼 수 있을 것이다.

4 자유전공은 왜 확대되고 있는가? (자유전공 확대 배경)[12]

"자유교육은 많은 것을 조금씩 알고, 또 어떤 것은 잘 아는 사람을 길러내는 것"(Liberal education should produce "men who know a little of everything and something well")

- 애벗 로렌스 로웰(Abbott Lawrence Lowell), 전 하버드대 총장

'하나만 잘하는 사람?'과 '두루두루 폭넓게 아는 사람?'. 어떤 유형이 미래형 인재인지에 대한 논쟁은 현재 진행 중이다. 전 하버드 총장인 로렌스 로웰은 '여러 가지 분야에 두루 관심 가지고 알면서도 특정 분야에 대해서는 잘 아는 사람'을 양성하는 것이 필요하다고 강조하였다. 대학 학부 때만큼은 자유롭게 여러 분야에 관심을 가지며 지적 호기심을 키우는 것이 중요하다는 의미이다.

세부 전공 전문가 양성이 불필요한 것은 아니지만, 앞으로의 융복합 시대에 그것만으로는 한계가 있다. 학부과정부터 지나치게 세분

화, 파편화된 전공과 학문에 갇히면 세상을 보는 시야는 좁아질 수밖에 없다. 숨 가쁘게 변화하는 시대에 '닫힌 전공관'을 가지고 사회에 진출했을 때, 그 전공의 유행이 지나가면 새로운 지식에 대한 재교육과 학습에 곤란함을 겪을 수 있다. 복잡화, 불확실화된 시대의 사회적 난제를 풀어가려면 여러 지식을 연결하고 분야 간 '열린 학습관'을 갖는 것이 필요하다. 따라서 다양한 전공과 학문을 두드리며 그 특징을 살피고, 나에게 맞는 전공을 고민하는 것은 학문 간 소통과 협력의 첫걸음이다. 내가 관심 있고 잘할 수 있는 분야를 찾고, 여러 전공 간 상호 관계성을 느끼는 과정을 경험해나가는 것이 필요하다. 자유전공은 그 기초적 태도와 관점을 갖는 출발점이다.

미국 대학은 전공 선택에 유연성이 높다. 대부분의 미국 대학은 전공을 확정하지 않고 입학해도 되며, 심지어 대학 입학 후에도 전공을 자유롭게 바꿀 수 있다. 그런데 우리나라는 어떠한가? 지금까지는 대학 입학 전에 무조건 전공을 결정해야 했다. 그리고 입학 후에도 전공 변경이 쉽지 않고, 전공이 나에게 맞지 않아도 그냥 전공을 유지하며 졸업장을 따는 것이 다반사였다.

그런데 지금 사회는 달라지고 있고 노동시장 구조는 급격하게 변하고 있다. 분리되고 고립된 학문 구조보다는 함께 협력하며 다양한 지식을 종합하고 새롭게 창출하는 교육으로의 패러다임 전환이 요구되고 있다. 디지털 전환과 사회적 난제가 증대하는 시대이기에 복잡한 시스템을 통찰할 수 있는 창의적 인재 양성에 대한 요구가 더욱 커지고 있다.

디지털 기술 발전과 사회적 난제 해결 필요

세계경제포럼이 발표한 보고서 「Jobs of Tomorrow Mapping

Opportunity in the New Economy」에서는 미래 신성장 직업으로 인공지능 전문가, 데이터 사이언티스트 등을 제시하고 있다.[13] 또한 전 세계적으로 기후변화와 각종 재난 등이 복합적으로 작용하는 위험사회가 가속화되고 있다.[14] 이럴수록 사회적 난제의 구조적 원인을 규명하기 위한 다학제적이고 융복합적 접근이 필요하다.[15]

노동 시장 변화 및 융복합 교육 전환

기술의 혁신과 복잡화는 직업 구조와 일자리 변화로 이어진다. 새로운 일자리가 창출되기도 하고 많은 직업이 소멸되기도 하며, 일자리 이동이 빈번해지고 평생직장은 사라져 가고 있다. 다음의 [그림 Ⅰ-3]은 일자리와 직무 변화 추세를 잘 보여 주고 있는데, 고정된 업무를 반복적으로 요구하는 직무에서 벗어나 다양하고 창의적인 역량을 원하는 직무로 노동 시장이 변화되고 있음을 확인할 수 있다. 1960~1970년대에는 반복적 사무 직무, 반복적 육체 직무 유형의 비율이 높았으나 1980년대를 기점으로 해당 일자리는 급격히 감소하였다. 반면에 창의적 커뮤니케이션과 비구조화된 문제 해결을 요하는 일자리는 2000년대에 가장 높은 비율을 차지하고 있다.

디지털 기술의 발전으로 직업 및 일자리 구조가 과거와 달라지고 있으며, 이에 유연하게 대응할 수 있는 것이 자유전공 체제이다. 대학의 교육 환경이 변화함에 따라 자유전공은 확대되고 있다. 이러한 대학 교육 환경과 시대의 변화에 따라 대학은 '전공 중심'의 체제에서 전공을 넘나드는 '융합 중심' 교육 체제로 전환되고 있다. 전공 칸막이가 높아 '단일 전공'만 이수하던 시대에서 벗어나 전공의 벽을 허물고 다양한 복수·부전공과 학생 주도적인 학생설계전공(Student Designed Major)을 선택하는 '융복합전공' 시대가 되고 있다. "이제 세상은 세대와 상관없이 경계를 뛰어넘고, 새로운 관점을 기르며, 하나의 분야에 만 머물러서는 안 되는 시대가 되었다. 세상을 종합적으로 이해하고 확장된 세계관에서 길을 잃지 않기 위해서는 경계를 넘나들며 나의 세계를 확장시킬 수 있는 사고가 필요하다."[16]

▶ **그림 Ⅰ-3** 기술 발전에 따른 일자리 직무의 변화 추세(미국, 1960~2009) -

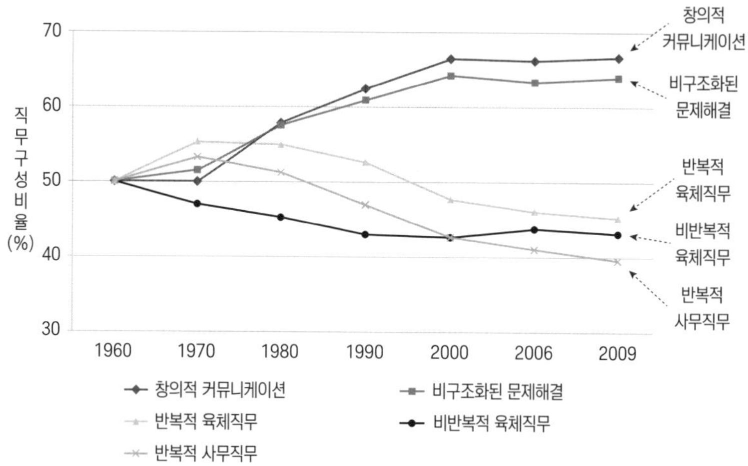

출처: Autor et al. (2013)[17]

교육부의 정책 변화

학생의 교육적 요구가 다양해지고 사회는 급변하는 상황에 걸맞게 교육부는 정책적 드라이브를 걸었다. 교육부는 자유전공 확대 추진에 앞서 대학 운영의 자율화를 골자로 하는 고등교육법 시행령 개정안 입법 예고를 발표하였다.[18] 이 시행령에서는 1952년 교육법 시행령 이후 견고하게 유지되어 온 학과(부) 운영 원칙을 폐지하고 대학 자율로 이를 결정하도록 변경하였는데, 이를 통해 학사 구조 유연화와 학생들의 전공선택 변경, 자유전공 입학이 용이해졌다.[19] 이러한 내용을 담은 고등교육법 시행령은 2024년 2월 20일 확정 발표를 거쳐 2024년 8월 21일부터 본격적으로 시행되었다.[20] '대학 내 벽 허물기 촉진' 관련한 고등교육법 시행령 개정의 주요 내용은 다음 <표 Ⅰ-4>와 같다.

교육부는 "학생 전공이 입학 시 결정되어 졸업까지 이어지는 단선 구조 등 기존 교육체계로는 다양한 학문에 기반한 융합역량을 함양하기 어려운 상황"이라고 진단하며 융합인재 양성을 강조하고 있다.[21] 교육부 '대학혁신지원사업' 문서에 따르면 산업·사회 변화에 대한 능동적 대응의 필요성에 맞춰 학생의 다양한 전공선택권을 확대하고 전공 간 연계·융합을 통해 융합형 인재를 양성하고자 하는 것이 자유전공의 배경이다.

▶ **표 Ⅰ-4 고등교육법 시행령 개정 주요 내용**

'대학 내 벽 허물기 촉진'		
구분	**개정 전**	**개정 후**
학과·학부 칸막이 해소	학과·학부 조직 원칙	학과, 학부 등 자율 운영 (융합전공 신설, 자유전공 확대, 학생 통합 선발 등)
학생 전공선택권 확대	1학년 학생 전과 금지	전 학년 전과 가능

출처: 교육부(2023)[22]

PART II

자유전공 교육과정과 학업 경로

1 자유전공에서는 무엇을 배우나? (교육과정)

사람들의 의견이 분분하다. 자유전공은 어차피 다른 전공으로 이동하기 때문에 1학년 때 교양 수업만 들으면 된다고 하는 사람이 있다. 혹은 2학년 때 진입할 전공을 미리 선이수하면 된다는 사람도 있다. 자유전공에서는 교양만 듣는 것도 아니고, 전공만을 선이수하는 것도 아니다.

자유전공은 기본적 커리큘럼이 있다. 자유전공 개설 수업, 기초교양 수업이 있다. 여기에 학생 개인별로 4~6학점 내외의 자유선택수업으로 구성된다. 자유전공 개설 수업과 학생 개인별 자유선택수업은 일반 학과와의 차이점이라 할 수 있다.

이해를 돕기 위해 자유전공에 입학한 A학생의 시간표 구성을 살펴보겠다. 한 학기 시간표를 잘 구성하는 것은 학생의 한 학기 생활을

▶ **표 Ⅱ-1** 자유전공 신입생의 1학년 1학기 학점 구성 예시

영역	필수교양수업	선택교양수업	희망전공수업	'자유전공학부' 수업
학점 (총 18학점)	6학점	3학점	6학점	3학점
필수/선택	필수	선택	선택	필수
과목 예시	- 글쓰기 - 영어 스피킹	- 댄스와 레저 스포츠	- 기초화학(화학과) - 전자공학 회로의 이해(전기전자공학과)	- 대학생활과 진로탐색 - 미래도전과 리더십

좌우한다. 그래서 수강 신청 기간에 학생들은 사활을 걸고 '광클'(빛처럼 빠른 클릭)을 통해 수강 신청을 한다. A학생은 1학년 1학기에 <표 Ⅱ-1>과 같이 18학점을 신청하였다.

신입생은 기본적으로 필수교양 수업을 듣는다. 이는 모든 학생들이 듣는 공통적 기초 교양 성격의 과목이다. 대표적으로 글쓰기, 영어 수업을 듣고 요즘은 AI 기술에 대한 디지털 리터러시도 기초교양 필수로 포함된 경우가 많다. 선택교양(자유교양)은 대학 가서 듣고 싶었던 교양 수업을 신청해서 들을 수 있다. 이 학생은 '댄스'에 관심이 많아서 '댄스와 레저 스포츠' 수업을 신청하였다.

이렇게 교양 학점을 구성한 후, 진학을 희망하는 몇몇 전공 과목 수업을 듣는다. 전공 기초 성격의 과목이다. A학생은 고등학교 때부터 화학에 관심이 많아 화학과에서 공부하는 것을 염두에 두고 있다. 다른 한편으로, 취업을 고려해서 반도체와 관련 있는 전기전자공학과에 진학하는 것이 낫겠다는 생각을 하였다. 그래서 자연대 화학과의 '기초 화학' 수업과 공학대학 전기전자공학과의 '전자공학 회로의 이해'라는 전공 기초 수업을 신청하였다.

이제 자유전공 수업이 남아 있다. 자유전공 수업은 필수적으로 들어야 하는 경우가 많다. 한 학기에 적게는 1학점에서 많게는 4학점까지 편성되어 있다. 자유전공에서 개설한 수업은 어떤 내용인가? 대학별로 차이는 있지만, 대부분 1학년 1학기엔 기초적인 대학생활과 진로탐색 수업을 듣는다. '대학생활과 진로탐색' 수업은 학교 신입생 전체가 공통적으로 이수하는 교양 필수 과목으로 지정된 경우도 많다. 다양한 전공에 대해 해당 학과와 선배가 강의에 직접 와서 설명하고 질의응답을 받는다. 그리고 미래 사회 변화와 직업 시장 변화에 대한 외부 강사의 진로특강이 함께 곁들여진다.

1학년 2학기엔 '전공설계' 수업이 편성된 경우가 많다. 1학기엔 일반적이고 광범위한 진로와 전공 설명이었다면, 2학기엔 좀 더 구체적이고 집중적인 전공탐색과 설계에 대한 내용으로 구성된다. '부스형 전공설명회'처럼 전공별 부스를 설치해놓고 학생들은 희망하는 전공 부스에서 집중적으로 질의응답을 하며 전공에 대한 구체적 안내를 받는다. '다전공 교육과정 디자인' 워크숍도 진행하는데 내가 진학하고자 하는 제1전공뿐만 아니라 복수전공, 학생설계전공을 생각해보고 교육과정을 구성함과 동시에 미래의 진로디자인을 직접 작성해 보기도 한다.

그리고 자유전공학부에서는 자기주도적으로 세상의 경계를 넘나들며 횡단형으로 학습하고 도전하는 리더가 되는 것을 강조한다. '미래도전과 리더십' 과목을 통해 내가 도전해왔고, 앞으로 도전할 과제와 세상에 대해 생각해본다. 각 분야의 훌륭한 리더와 청년 창업자들을 초청해 내가 만들어갈 직업과 미래에 대해 듣고 토의하는 수업을 갖는다.

서울대 자유전공학부의 커리큘럼을 살펴보자. 서울대는 자유전공학부 중 가장 오랜 역사를 자랑하는 만큼 교육과정과 비교과 프로그램을 체계적이고 풍부하게 운영한다. 커리큘럼이 특성별로 문이과통합, 창의융합, 자기주도형, 현장, 글로벌 5개로 분류된다. 전공선택 전에는 자기주도형 방식의 전공설계 1, 2와 문이과 통합형 방식의 주제탐구세미나, 고전탐구세미나를 듣는다. 전공선택 후에는 창의융합형 방식의 인문예술융합세미나, 자연과학융합세미나, 창의융합프로젝트를 이수한다. 또한 현장형 방식의 현장학습과 사회공헌프로젝트를 듣고, 글로벌형 방식의 글로벌융합세미나를 이수할 수 있도록 구성되어 있다.

▶ **표 Ⅱ-2 서울대 자유전공학부 교육과정**

계별/특성별		문이과통합	창의융합	자기 주도형	현장 /비교과	글로벌
전공선택前	Foundations 머릿돌	주제탐구세미나1 고전탐구세미나1,2	-	전공설계1	-	-
	Gateways 들머리	주제탐구세미나2,3	-	전공설계2	-	-
전공선택後	Pilars 기둥	-	인문예술융합세미나 사회과학융합세미나 자연과학융합세미나	-	현장학습 1,2	-
	Crossbeams 대들보	주제심화세미나 창의융합세미나	주제심화프로젝트 창의융합프로젝트	-	사회공헌 프로젝트	글로벌융합 세미나
	Capstones 갓돌	-	-	자율연구1,2 종합설계	-	-

이처럼 자유전공에서는 1학년에 특정 전공 수업이 편성되지 않는 것이 일반적이다. 1학년부터 전공에 몰입할 수 없는 것을 단점으로 보는 이들도 있지만, 다양한 학문에 관심을 가질 수 있는 기회를 장점으로 보기도 한다. 대부분의 자유전공학부에서는 하나의 전공보다는 여러 전공을 탐색하고 교양 수업을 들으며 자신의 미래와 세계에 대한 시야를 확장하기를 권장한다. 따라서 자신의 적성과 정체성을 파악하고 여러 전공을 탐색하도록 돕는 교육과정이 1학년에 편성된다.

서울대, 강원대, 세종대, 한양대를 비롯한 많은 대학에서 자유전공 학생을 대상으로 한 별도의 교과목을 운영한다. 통계에 의하면 자유전공 운영 대학 중 약 80%가량이 자유전공 학생을 대상으로 한 별도의 과목을 운영하고 있다. 한편 약 20% 대학은 별도의 진로탐색 과목이나 전공탐색 과목을 운영하고 있지 않다.[1] 자유전공 학생 대상으로 특정한 과목을 운영하지 않으면, 자유전공 학생들이 전공을 탐색하고 진로를 설계하는 데 어려움을 겪을 수 있다. 물론 학생 개인적으로 혹은 비교과 차원에서 진로를 탐색해나갈 수도 있지만, 교과목 차원에서 접하는 경우 훨씬 체계적이고 학생들의 몰입도도 높은 경우가 일반적이다. 따라서 자유전공 학생을 대상으로 한 진로와 전공탐색 및 설계 교과목이 편성되었는지는 자유전공학부 교육과정의 질적 수준을 판단하는 데 중요한 기준이 될 것이다.

2 자유전공에는 특별한 프로그램이 있는가? (비교과 프로그램)

교육과정만큼이나 학생들의 관심을 끄는 것이 비교과 프로그램이다. 비교과 프로그램이라고 하면 동아리, 특강, 공모전, 특별 프로그램 등을 포괄적으로 일컫는다. 자유전공은 진로탐색을 도울 수 있는 프로그램이 다양하게 있다.

첫째, 진로탐색 멘토링 프로그램이 있다. 멘토링은 자유전공 선배나 타과 선배들이 신입생을 대상으로 대화와 조언을 해주는 프로그램이다. 학교생활 적응부터 전공 탐색까지 다양한 주제로 대화를 나누고 때로는 오프라인에서 만나 친목 관계를 갖는다. 자유전공 운영 대학에 대한 설문 응답에서 52개 대학 중 49개 대학(94.2%)이 멘토링 프로그램을 운영한다고 할 정도로 많은 대학에서 운영 중이다.[2]

1학기 멘토링은 주로 학교생활 적응과 친목에 집중을 하고, 2학기 멘토링은 진급 학과나 전공 탐색에 중점을 둔다. 멘토링은 1:1로 진행하기도 하고, 1:다수로 진행한다. 선배도 알게 되고, 한 팀이 된 친구들과 친해지기도 한다. 멘토링은 가장 격식 없이 편하게 진행하는 경우가 많아 학생들에게 인기 있는 프로그램이다.

둘째, 국내외 진로탐방 프로그램이 있다. 특히 해외 진로탐방 프로그램은 학생들에게 가장 인기 있고 경쟁률이 치열하다. 해외의 유수한 대학과 기업을 섭외하여 해당 기관을 탐방하거나 교류하는 일정으로 진행된다. 이는 국제적 경험을 쌓고 학생 자신의 시야를 넓힐 수 있는 기회이다. 서울대 자유전공학부는 캠퍼스아시아(CAMPUS Asia) 프로그램을 통해 싱가포르국립대학교, 북경대학교 등 파트너 대학에서 생활비와 기숙사를 무료로 제공받으며 교환학생 프로그램에 참여할 수 있다. 또한, 아시아학생포럼(Pan-Asia Student Forum), 세계체험 등 자유전공학부가 주관하는 다양한 국제교류 프로그램을 운영하고 있다.[3]

강원대 자유전공학부는 매년 여름방학과 겨울방학에 학생을 선발하여 국내외 탐방을 진행하고 있다. 국내는 구글코리아, 신생 창업기업을 탐방하거나 국외는 미국과 유럽, 아시아 등을 다녀오고 있다. 아시아권에서는 일본의 토후쿠(동북)대학과 NEC기업(일본전기주식회사), 싱가포르의 난양공과대학교와 키사이트 테크놀로지스(Keysight Technologies)기업을 탐방하고 왔으며, 학생들의 만족도가 상당히 높았다. 일본의 기업을 방문하고 난 후 한 학생이 이렇게 얘기를 하였다. "취업은 늘 한국만을 생각했는데, 세계 기업을 방문해 보니 일본과 다른 나라에서 취업을 할 수 있겠구나라는 생각이 들었어요." 특별한 지식을 쌓기보다는 자신의 시야를 넓히고 다양한 세계 무대의 문을 두드려보고 기회가 열려 있다는 생각을 한 것은 엄청난 수확이다. 비록 해외 진로탐방은 다른 프로그램에 비해 경비가 많이 들기에 학교의 지원이 뒤따라야 하지만, 그만큼 학생들이 얻는 효과는 크다고 할 수 있다.

셋째, 전공설명회와 다양한 진로 특강 프로그램이 있다. 전공설명회를 통해 다양한 전공에 대해 소개받고 질의응답하며 전공을 탐색하는 시간을 갖는다. 워낙 많은 전공이 있기 때문에 학생들이 원하는 전공, 학과 스스로 소개를 원하는 전공 등을 선별하여 안내하고 대화하는 시간을 갖는다. 그리고 자유전공학부는 학내외의 다양한 유명 강사를 초청하여 세계와 사회의 변화, 직업과 노동 시장의 변화 등에 대해 특강을 듣거나 워크숍을 개최한다. 전공설명회와 진로특강에 참여한 학생들의 경험담이다.

> "전공설명회가 좀 큰 영향을 미쳤다. 전공설명회에 각 학과에서 와서 영상문화학과 설명도 듣고 학생 설계 전공 소개도 들으면서 뭔가 조금 더 고쳐나갔던 것 같아요." (A대학 자유전공 최○○학생)

> "나만의 이야기를 만드는 게 굉장히 중요하다는 생각했어요. 그걸 글로벌 빅테크 특강에서 많이 느꼈어요. 특히 마지막 강의가 인상 깊었고 구글에서 오신 분이 좋았어요." (B대학 자유전공 김○○ 학생)

일반 학과에 진학하면 해당 전공 관련 내용을 중심으로 특강을 듣는 경우가 대부분이다. 하지만 자유전공은 상당히 폭넓게 직업 시장이 어떻게 변하고 있고 사회에서는 어떤 인재를 원하는가란 내용으로 주제가 구성된다. 아마존, 넷플릭스, 마이크로소프트, 구글의 인사담당자와 엔지니어, 매니저를 시리즈로 초청하여 직업시장 변화와 대학생이 준비해야 할 특강을 듣기도 한다. 이 내용은 컴퓨터공학과나 AI를 전공하려는 사람에게만 필요한 내용 아닐까 걱정할 수 있지만, 이 시리즈 특강을 들은 학생들의 반응은 오히려 놀라웠다. 학생들은 '대학 때 여행을 많이 다녀야겠어요', '여기저기 기웃거려보며 다양한 경험을 쌓아야겠어요', '다양한 전공에 관심을 가지며 복수전공을 해봐야겠어요', 심지어는 '그냥 엄마가 가라는 전공을 가려 했는데 마음이 바뀌었어요'란 소감을 얘기했다. 그 이유는 강사들이 모두 세계 유명 빅테크 기업에 근무하는 직원들이었지만, 그들 중 학부 전공이 컴퓨터공학인 사람은 한 명도 없었다. 여러 전공과 직장을 거치면서 빅테크 회사의 기술자이자 매니저로 근무한 사람들이기 때문에 그들의 특강은 '시야를 넓혀라', '다양한 경험을 쌓아라'라고 학생들을 자극했고 동기부여했다. 이처럼 자유전공은 특정한 전공을 정하기 전에 세상 돌아가는 것을 맛보고 시야를 넓히며, 자신의 진로와 생애설계의 발판이 되는 프로그램을 다양하게 제공한다.

이상의 교육과정과 비교과 프로그램은 자유전공 학생들이 전공을 탐색할 수 있는 방식이 된다. 정리하면 첫째, 희망 전공의 수업을 수강하거나 혹은 청강을 할 수 있다. 수강을 해보면 제일 좋지만 제한된 학점과 집중할 시간이 한정되어 있기에 과목 담당 교수에게 허락을 받아 청강을 할 수도 있다. 둘째, 자유전공학부 교수나 희망 전공의 교수와 상담, 그리고 학교에 있는 진로학업상담 어드바이저, 조교와의 상담을 통해 정보를 탐색할 수 있다. 셋째, 희망 전공의 선배의 얘기를 듣거나 자유전공에서 해당 전공으로 진입한 선배와 멘토링을 하면 전공에 대한 구체적 정보를 들을 수 있다. 넷째, 희망 전공의 홈페이지와 학생회의 인스타그램 등 소셜미디어를 통해 정보를 얻을 수 있다. 다섯째, 각 전공이 참여하여 개최되는 전공박람회나 워크숍, 진로 특강 등을 통해 전공에 대해 탐색할 수 있다.

▸ **표 Ⅱ-3 전공 탐색 방식**

- 희망 전공 수업 수강(혹은 청강)
- 교수, 조교, 진로학업상담 어드바이저와 상담
- 희망 전공의 선배나 자유전공에서 해당 전공으로 진입한 선배와 멘토링
- 희망 전공 홈페이지와 학생회 소셜미디어 정보 탐색
- 전공박람회, 워크숍, 진로특강 등

3 전공을 선택(하고 결정)하는 시기는? (전공 선택 시기)

전공 선택 시기는 기본적으로 1학년 말에 지원해서 2학년 때 진급하는 구조이다. 대부분의 대학이 1학년의 두 개 학기를 마친 후 일정 수준의 학점을 이수하는 조건을 채우면, 희망 전공을 지원·선택한 후 배정받는다.

만약 2학기를 다 마치지 못한 경우는 2학기를 이수한 이후 배정을 받는다. 1학년 1학기를 마친 다음 입대를 하는 경우, 전역 이후 복학하여 한 학기를 더 이수한 후에 전공 배정을 받을 수 있다. 예를 들어보자. 2025년 입학생인 철수가 1학기를 마치고 군대를 갔다. 군 복무를 마치고 2027년 1학기에 복학을 하여 두 번째 학기를 마쳤다. 철수는 2027년 6~7월에 전공을 지원하여 배정받고 2027년 2학기부터 해당 전공 소속이 된다.

하지만 몇몇 대학은 전공 선택 시기를 1학년이 아닌 다른 시기에도 가능하게 열어두고 있다. 대표적으로 성균관대학은 1학년 말뿐만

아니라 2학년 말에도 전공지원이 가능하다. 서울대와 전남대 자유전공학부는 4년 체제로 운영하기에 소속을 해당 자유전공학부로 유지한다. 단 복수전공이나 학생설계전공 등을 2학년에 결정하도록 권장하고 있다.

미국의 경우 전공 선택 시기가 상대적으로 자유롭다. 입학 후 1학년을 마친 후 전공을 결정하기도 하지만, 많은 경우 2학년을 마칠 때까지 전공 탐색을 할 수 있는 시간적 여유를 준다. 실질적으로 1학년 두 개 학기 만에 전공을 결정하기가 쉽지 않기 때문이다. 미국의 일부 대학은 전공을 미리 정하지 않고 졸업 때에 결정하기도 한다. 학점 이수를 일정 이상 하였고 학생이 희망하면 해당 전공이 졸업장에 기록되는 전공이 된다. 한국의 경우에도 이처럼 졸업 시에 전공을 결정하는 사례가 도입되고 있다. 국민대의 경우 이수한 학점, 학생 희망 등 일정한 조건을 통해 전공을 늦게 결정하도록 유연하게 운영하고 있다. 입학 당시 모집단위에서 전공을 선택하던 기존 방식을 뒤집어 졸업 시 제1전공을 최종적으로 선택하는 방식을 도전적으로 시도하고 있다.

4 자유전공은 어떤 경로를 통해서 전공을 택하는가? (전공선택경로)

자유전공 신입생은 입학-학점이수-전공선택-전공배정의 경로를 밟는다. 1학년 입학서부터 전공을 선택하는 1학년 말, 그리고 전공을 배정받고 졸업까지 이어지는 2~4학년의 과정을 도식화하면 다음의 표와 같다. 대체적인 과정은 자유전공(무전공)으로 입학하여, 1학년 말에 희망하는 전공을 선택한다. 이후, 배정받은 희망전공을 2학년 때부터 이수하는 경로이다.

▶ **표 Ⅱ-4** 자유전공 운영 모델별 학생 경로

구분	1학년 입학	1학년 말	2~4학년
1년제 모델 (건국대 등 많은 대학)	자유전공 (무전공) 입학	- 희망전공 선택	- 희망전공 학적 이동 후 해당 전공 졸업
4년제 모델 (서울대, 전남대)		- 복수전공 선택 - 학생설계전공 선택	- 자유전공(복수,설계 전공)으로 졸업
1, 4년제 병행 모델 (강원대)		- 희망전공 선택 - 학생설계전공 선택	- 희망전공 졸업 - 학생설계전공 졸업

좀 더 구체적으로 1년제와 4년제를 병행하여 운영하는 대학에서는 아래 그림과 같은 과정을 밟는다. 1년제를 선택한 학생은 2학년 진급 시 선택 학과로 학적이 변경된다. 한편 4년제를 선택한 학생은 2학년 진급 시 학생설계전공을 선택 및 구성하여 다양한 교과목으로 구성된 융합트랙을 전공하고 해당 전공으로 졸업한다. 물론 부·복수전공은 선택하여 이수할 수 있고 부·복수전공 이수가 권장된다.

▶ **그림 Ⅱ-1** 자유전공 1년제와 4년제 병행 모델의 학생 이동 경로

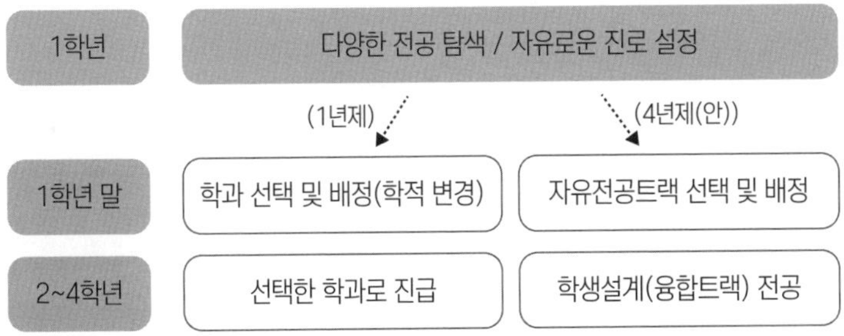

전공 배정을 받고 2학년으로 진급하기 위해서는, 진급할 수 있는 일정한 요건을 갖추어야 한다. 1학년 1학기와 2학기를 이수하고 일정한 학점을 획득해야 전공 배정을 받을 수 있다. 전공 배정을 위한 필수 이수 학점은 대학마다 조금 차이가 있지만 대체적으로 1학년 1학기, 2학기 총 27학점 이상을 이수해야 학과를 배정받을 수 있고, 이후 해당 학과로 배정이 가능하다.

그럼 1학기만 마치고 휴학을 하면 어떻게 되는가? A학생은 1학기를 마치고 휴학을 하였다. 복학 후 2학기 학점을 이수하고 나서 3월에 ○○전공에 배정을 받았다. 한편 B학생은 복학 후 일반 전공으로 진학하려는 마음이 바뀌어 학생설계전공을 택하며 자유전공 소속으로 남았다. 반수를 하는 휴학생도 마찬가지의 과정을 밟는다.

보통 1학기에 한 번, 2학기에 한 번 정도 희망전공에 대한 수요조사를 한다. 1학기엔 희망전공이 미정인 학생들이 제법 있고, 2학기엔 미정인 학생들이 많이 줄어든다. 예전엔 대학에 따라 자유전공의 학생이 희망전공으로 모두 가지 못하고, 전공별 배정인원에 따라 갈 수 있는 인원이 제한되기도 하였다. 전공별 배정인원이 초과한 경우엔 학점에 따라 당락이 갈리기도 하였다. 하지만 2025년 신입생부터는 유형1의 자유전공의 경우 교육부 방침에 의해 모든 전공을 학생 희망에 따라 모두 배정해야만 한다. 물론 의학계열, 사범계열 등 국가에서 자격증을 관리하는 일부 전공은 갈 수 없다.

2학기 종강을 하면, 대략 12월 말쯤 성적이 발표된다. 그럼 학생이 1학년 전체 이수한 학점이 얼마인지 확인할 수 있다. 이 점검 과정을 거쳐 2학년으로 진급할 수 있는 학생과 그렇지 못한 학생이 판가름 난다.

이후 학적 변동을 거쳐 희망한 전공에 학생을 배정하고, 해당 학생은 희망 전공에 적을 둔다. 예를 들면 신문방송학과(요즘은 미디어커뮤니케이션학과로 과명이 많이 변경되었다)를 희망한 A학생은 27학점을 모두 이수하였다면, 2월에 학적변동 절차를 거쳐 신문방송학과에 배정이 된다. 반면에 A학생이 총 27학점을 이수하지 못하였다면, 자유전공에 남아 부족한 학점만큼 더 이수해야만 진급할 수 있다. 1년 후에 진급하면 그 시기가 너무 늦기 때문에, 대부분 학기별로 진급할 수 있도록 허용하고 있다. 부족한 학점이 5학점이라면 그다음 연도 1학기에 5학점 이상을 이수하면, 9월에는 희망 전공으로 배정받고 학적이 이동된다. 물론 3학기에 부족한 5학점 그 이상으로 학점을 이수할 수 있고, 본인 희망전공의 기초과목을 수강 신청하여 들을 수도 있다.

하나의 예를 더 들어보겠다. 놀기 좋아하는 B학생이 있다. B학생은 친구들과 친해지고 중앙동아리 활동을 몇 개씩이나 하며 즐겁게 학교생활을 했다. 그런데 한 가지 문제는 밤늦게까지 친구들과 어울리며 수업에 늦는 경우가 많았다. 또한 동아리 발표회 준비 등으로 수업 결석이 잦았다. 그래서 1학기에 성적 F학점을 받은, 소위 수업 펑크가 난 과목이 3개 있었다. 뒤늦게 2학기 후반에 2학년 진급이 걱정되었는지 상담을 하였다. “2학기에도 수업이 펑크 나면 어떡하죠? 2학년으로 진급 못하면 엄마한테 혼날 텐데…” 2학기 수업도 아슬아슬한 과목이 한 개 있었다. 만약 2학기에도 수업이 하나라도 펑크 나면 진학을 할 수 없었다. 그래서 겨울방학에 계절학기를 신청해 혹시 모를 가능성에 대비할 것을 얘기해줬다. 그러면 혹시 한 과목이 펑크가 나도 진급할 수 있는 총 학점은 이수할 수 있기 때문이다.

이 학생은 2학년에 진급했을까? 이 학생은 2학기에 한 과목이 F학점(펑크)을 받았다. 하지만 다행히도 2학년에 진급을 하고 전공도 배정받았다. 계절학기 학점 덕분이다. 물론 일부 대학은 계절학기 학점은 인정하지 않고 정규학기 학점 이수만 인정하기에 유의해야 한다. 또한 가능한 정규학기에 학점을 정상적으로 이수하고 방학에는 부득이한 경우가 아니라면 계절학기 이수 대신에 대학생활에서만 맛볼 수 있는 자유로운 시간과 경험을 갖는 것이 좋다. 진급과 전공 배정 조건에 대한 구체적 사항은 매우 중요하므로 각 학교 규정을 꼼꼼하게 검토해봐야 한다.

특히 유의해야 하는 것은 유형2의 자유전공이다. 유형2의 자유전공은 계열·단과대별로 선발하는 자유전공이다. 유형2는 전공 선택 시 학과별 모집정원의 150% 이내에서 진입 제한을 두는 경우가 많다. 이런 경우 대부분 평균 학점 순으로 선발하는 경우가 많기 때문에 학점 관리에 신경을 써야 한다. 또한 전공을 선택할 수 있는 범위도 분명하게 제한되어 있기에 선택할 수 있는 전공과 학과명을 유의해서 살펴봐야 한다.

5 자유전공도 다전공을 할 수 있나? (복수전공, 학생설계전공)

'경계를 넘어서자!' 이 모토를 내건 자유전공 대학이 많다. 서울대 자유전공학부는 "경계를 넘어 미래로!(Crossing Boundaries, Embracing the Future!)"를 미션으로 하여 학문적 경계를 넘어서 창의적·융합적으로 사회 문제를 해결하는 것을 목표로 삼고 있다.[4] 한양대 자유전공학부인 인터칼리지(intercollege)는 "경계를 초월한 현상학적 경험으로 세상을 바꾸는 글로벌 탐험가(Change the world with interdisciplinary intelligence)"를 교육목표로 제시하며 다학제적이고 안전지대의 경계를 벗

어나 미지의 것을 탐구하는 것을 핵심으로 삼고 있다.[5]

이처럼 자유전공은 전공 간의 경계를 넘어 다학제적으로 융복합적 교육을 중요하게 생각하는 전공이다. 하나의 고정화된 전공보다는 복수·부전공을 이수하며 다전공을 통해 융복합적 인재로 성장할 것을 권장한다.

갓 입학한 신입생에게는 내가 진학할 하나의 전공을 결정하는 것만 해도 벅찰 것이다. 그런데 여기에 하나의 전공을 더 하라고? 다른 전공과 학문을 교차하여 공부하라고? 이러한 질문이 나올 법하다. 한동대의 사례를 한번 살펴보자.

신입생 전체를 무전공으로 선발하는 한동대는 복수전공 필수제를 1995년 개교 초기부터 운영해오고 있다. 한동대는 2023년 기준 복수전공 비중이 학생의 82%에 이른다. 무전공 선발과 복수전공 필수제를 통해 대학 전반에 다학제적 융복합 교육이 활성화되고 학생들의 융합적 역량이 향상되었다.[6] 다음의 위쪽 그림은 한동대의 융합 전공 선택 현황이다. 성격이 다른 학부를 복수전공하는 비율은 꾸준히 증가하고 있다. 반면 유사한 성격의 동일 학부 소속을 복수전공하는 비율은 감소하고 있다. 아래쪽 그림은 전공계열간 조합 현황이다. 인문사회와 이공계열을 조합하여 전공하는 비율은 증가하고 있다. 한편 인문사회와 인문사회 계열을 조합한 비율은 감소하고 있다. 학생들이 유사하고 인접한 학문 간 조합보다는 학부와 전공의 경계를 넘어 다학제적으로 학습하는 융복합 교육이 활발해지고 있음을 알 수 있다. 이러한 복수전공제는 특정 전공으로 학생 수 쏠림이 완화되고 전체적으로 전공 이수가 분산되는 효과도 얻고 있다.[7] 이처럼 한동대는 학생들의 자유로운 전공선택을 보장하는 자유전공을 기반으로 다양성과 전문성 향상을 위한 다전공을 활성화시키고 있다.

▶ **그림 Ⅱ-2** 한동대 융합 전공 선택 및 전공계열간 조합 현황

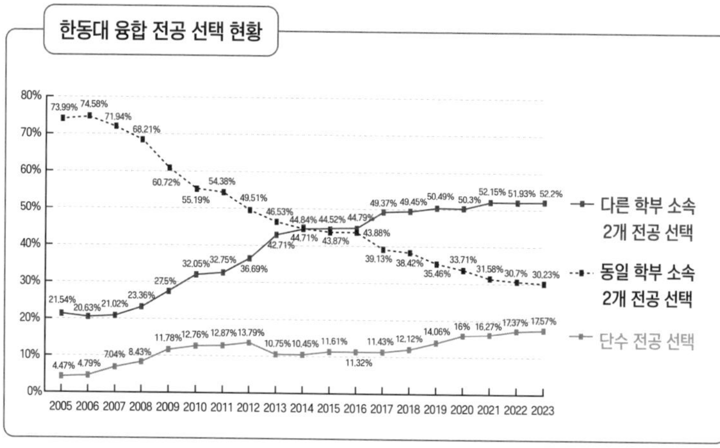

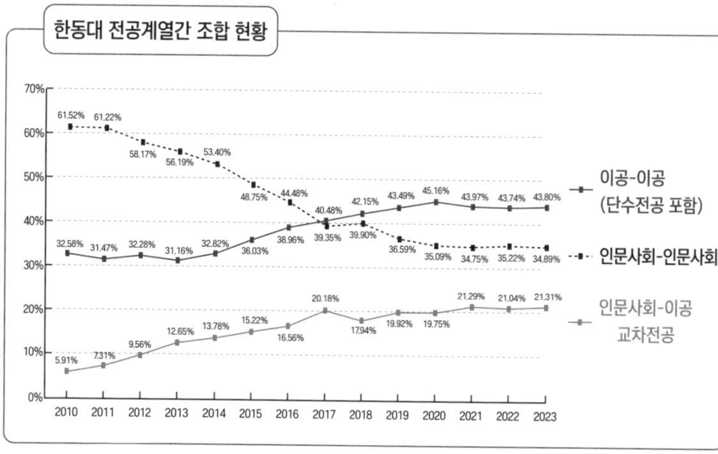

출처: 방청록(2024)[8]

한동대의 복수전공제 사례에서 살펴봤듯이 학생들은 동종(同種)보다는 이종(異種)의 전공을 조합하는 경우가 증가하는 추세이다. 즉, 유사하고 같은 전공·계열보다는 이질적이고 다른 전공·계열을 택하여 공부하고 있다. 이질적인 분야를 택해 공부하고 전공을 이수하는 것은 동질적인 분야를 이수하는 것보다 당연히 어렵다. 두 개의 전공,

그것도 서로 성격이 다른 전공을 병행하면 시간과 에너지가 분산되어 하나의 전공에 집중하지 못하는 경우도 발생할 수 있다. 하지만 학생들은 사회가 칸막이에 갇혀 있는 사람이 아닌 경계를 넘어서는 융복합적 인재를 요구한다는 것을 알기 때문에 이런 선택적 추세를 보이고 있다.

자유전공 출신 학생들의 다전공 이수 사례를 통해 그 경향을 실제로 확인해 볼 수 있다. 아래 내용은 이화여자대학교 자유전공학부인 스크랜튼학부를 거쳐 현재 경영학, 법학, 사회와정의를 연계한 삼전공을 이수하고 있는 학생의 사례이다.

▶ **표 Ⅱ-5 자유전공 출신 학생의 다전공 이수 사례**

전공은 세 개, 꿈은 하나

이화여자대학교 4학년 경영학부 ○○○

왜 삼전공이나 하세요?

저는 현재 경영학을 주전공으로 사회와정의, 공공리더십과정의를 복수전공으로 공부하고 있습니다. 3전공을 하며 경영학과 법학을 공부하고 있습니다. (사회와정의와 공공리더십과정의는 모두 법학을 공부하는 전공입니다.) 저는 경영학 전공과 더불어 두 개의 법학 전공을 선택하여 총 세 개의 전공을 공부하고 있습니다. 대부분의 학생들이 복수전공까지만 선택하는 것과 달리 삼전공을 결정한 이유는, 제가 꿈꾸는 준법 변호사라는 진로가 법학적 전문성과 동시에 기업 경영에 대한 이해를 필요로 하기 때문입니다. 경영학을 통해 기업 운영과 재무 회계를 배우고, 법학 전공을 통해 법적 규율과 분쟁 해결 방안을 배우면서 두 영역을 연결해 나가고 있습니다. **자유전공생으로서 누릴 수 있었던 가장 큰 장점이 바로 이렇게 폭넓게 학문을 선택하고, 진로에 맞게 조합할 수 있었다는 점입니다.**

전공 선택의 기준은?

'일단 들어보고 결정하자'였습니다. 자유전공의 가장 큰 장점이 1학년 때 다양한 수업을 원하는 대로 모두 수강할 수 있다는 점이었습니다. 저는 실제로 국문학과 수업도 들어

봤고 미술 관련 수업, 정치학 수업, 경영학 수업 등 다양한 전공의 수업을 들어봤고 그중에서 제가 흥미 있게 공부할 수 있는 분야를 주전공으로 선택했습니다. 대학에서 4년 동안 한 분야를 공부해야 하는데 흥미가 없다면 학부 생활이 너무 지칠 것 같았습니다. 또한 1학년 때 수강한 '통합적분쟁이해와조정'이라는 교양 수업이 제 인생의 중요한 터닝 포인트가 되었습니다. 강의 내용을 들으며 법이라는 것이 사람들의 권리를 보호하고 사회 갈등을 해결하는 도구가 될 수 있다는 사실이 매우 흥미로웠습니다. 무엇보다 당시 교수님께서 수업을 듣던 학생들에게 로스쿨 진학과 법조인이라는 진로에 대해 구체적으로 소개해 주셨고 저의 적성과 가치관이 이 길과 잘 어울린다고 판단하였습니다.

다시 고3으로 돌아간다면 자유전공을 선택할 건가요?

네. 당연히 선택합니다! (진심으로요.) 처음에는 특정 전공을 정하지 않고 대학 생활을 시작한다는 것이 불안하게 느껴지기도 했지만, 지금 돌이켜보면 자유전공이 아니었다면 제 진로를 이만큼 명확하게 찾지 못했을 것 같습니다. 이뿐만 아니라, 자유전공에서는 여러 학문을 폭넓게 접하다 보니, **수업에서 배운 지식을 다른 맥락에서 활용하는 경험이 자연스럽게 생겼습니다.** 예를 들어 논리학 수업에서 배운 논증 구조와 설득 방식은 경영학 전공과목에서 발표나 토론을 할 때 큰 도움이 되었습니다.

이처럼 학문 간의 경계를 넘나들며 배운 지식들이 서로 연결되고, 새로운 시너지를 만들어내는 경험은 자유전공생이기에 가능했다고 생각합니다. 저는 이 과정을 통해 한 가지 전공만 파는 학생이 아니라, 서로 다른 학문을 연결하며 사고할 수 있는 사람으로 성장했습니다. 또한, 자유전공은 저에게 **스스로 선택하고 책임지는 힘을 키워주었습니다.** 원하는 수업을 스스로 고르고 전공도 제 적성과 목표에 맞게 찾아 나가는 과정에서 저는 주도적으로 삶을 설계하고 성장하는 방법을 배울 수 있었습니다. 다시 고3으로 돌아간다면 자유전공을 선택하는 것에 망설임이 전혀 없을 정도로 저는 자유전공을 선택한 것에 만족합니다!

여러 전공이 오버랩되고, 다양한 시각으로 사회 문제를 바라보며 해결책을 찾고, 기존에 없는 전공이 새롭게 탄생하는 것이 어쩌면 당연한 시대라는 것을 인식하면 금방 이해가 될 것이다. 극심한 자연재해, 전쟁과 난민, 경제적·교육적 불평등과 같은 지구적, 사회적 난제가 증대하고 있다. 또한 점점 복잡해지고 해결이 어려워지고 있다. 하나의 학문이나 시각으로는 해결하기가 어렵다. 다양한 전문가들이 서로 협업하며 탐구해나가야 겨우 해결할 수 있는 문제들이 증대하고 있다. 자유전공은 그러한 시각과 관점을 배우고, 다양한 전공이 교차할 수 있고 여러 분야의 사람들과 교류하며 인식의 전환을 배우는 곳이다. 이를 위해서는 협력성, 소통성, 그리고 자기주도성이 강조된다.

> "예전부터 들어온 말이 자기주도학습의 중요성이다. 자기주도성을 기르는 데는 자유전공학부만큼 좋은 곳이 없다! 수업시간표 짜면서, 전공 구성하면서 나에 대해 생각하고 많은 길이 열려 있어 자기주도성이 커졌다."
>
> (C대학 자유전공 학생설계전공 김○○ 학생)

위의 경험담은 자유전공 학생이 수업시간표와 전공 선택에 대해 고민하며 자기주도성이 커진 일화이다. 자유전공학부에서는 학생설계전공, 또는 자기설계전공을 대부분 제도화하며 권장하고 있다. 학생설계전공은 학생이 스스로 교육과정을 구성하여 융복합적이고 다학제적인 전공을 이수한다. 전공명을 정하는 것과 이수할 교육과정을 구성하는 것도 학생이 자유롭게 할 수 있다. 다만 학문 분야를 2개 이상 융합하여 설계하거나 학생설계전공심의위원회의 심의 절차를 거쳐 승인을 받는 조건은 있다.

서울대를 비롯하여 이화여대, 전남대, 강원대가 이미 자유전공학부에서 학생설계전공을 활발히 운영하고 있고 학생설계전공을 이수하는 학생이 증대하고 있다. 서울대와 강원대는 주전공으로서 학생설계전공을 선택할 수 있다. 서울대 학생설계전공으로는 지식생태학, 국제개발협력학, 인간행동과학, 행복학 등이 있고, 이화여대는 디지털인문학 트랙, 과학융합 트랙 등을 기반으로 학생설계전공을 운영하고 있다. 학생설계전공을 택하더라도 다른 복수·부전공을 병행하여 이수할 수 있다. 학생설계전공의 커리큘럼을 구성하였다고 하더라도 이후 수정·변경을 통해 보완해나갈 수 있는 유연성이 있다. 졸업장은 '자유전공학부 범죄심리학(문학사)'처럼 학생설계전공명을 명기하여 발급된다. 아직은 학생설계전공에 대한 사회적 인지도가 높지 않은 것이 현실이다. 하지만 요즘 사회에서도 도전적이고 다양한 학문을 탐구하고 경험한 학생을 선호하기 때문에 고용 시장에서도 학생설계전공을 이수한 학생을 선호할 가능성이 크다.

물론 일반 학과·전공에서도 학생설계전공을 이수할 수는 있지만, 해당 전공에 매여있어서 학생설계전공을 시도하기가 쉽지 않고 다양한 분야의 교수 상담과 지원을 받기가 어려운 상황이다. 그에 반해 자유전공에서는 다양한 분야의 학사지도교수 혹은 진로상담코디네이터를 통해 교육과정 구성과 학문 분야에 대한 상담을 받는 체제가 갖춰진 경우가 많다. 또한 경계를 넘어서서 자기주도적이고 도전적이며 융합적인 학습 자세를 권장하기 때문에 자연스럽게 자유전공학부에서 학생설계전공이 타 전공에 비해 잘 운영된다.

6 대학의 어떤 전공 지원 체계를 활용하면 좋은가? (전공 지원 체계)

자신에게 맞는 전공이 그냥 하늘에서 뚝 떨어지지는 않는다. 자신의 흥미와 적성이 무엇이고, 삶에서 무엇을 소중하게 여기는지는 남들이 정해주지 않는다. 삶의 목적이 무엇인지, 그에 따라 어떤 공부를 해나갈지, 어떤 종류의 일이 적합한지를 고민해야 한다. 학생들의 대학교육 만족과 관련해서 '진로 상담 및 지원 영역'은 '교수 노력에 대

한 만족' 등 다른 영역보다 다소 낮게 나타났다.[9]

학생 혼자서만 고민해서 답이 나오지 않을 때가 많다. 그럴 때는 주변의 사람과 기관에 눈길을 돌려야 한다. 다른 사람과 자신의 고민을 나누고 정보와 도움을 구하는 것이 좋다. 선배, 교수, 센터 등 학교에서 도움 줄 수 있는 사람과 프로그램을 찾아 질문해 보고 그 얘기를 들어보는 것이 필요하다.

그중 대표적 프로그램을 몇 가지를 살펴보면 다음과 같다.

[사람] (휴먼웨어)

○ 선배 멘토링

○ 지도교수 개별 및 집단 상담

○ 학사지도교수

○ 학과 조교

[교과 및 비교과프로그램] (소프트웨어)

○ 취업 및 경력개발 지원프로그램

○ 진로 관련 개인·집단상담 프로그램

○ 진로 관련 교과목

○ 인적성 및 진로검사

○ 전공 및 진로 박람회

[지원 센터] (하드웨어)

○ 취업및경력개발센터

○ 상담센터

○ 전공설계지원센터

학교 전체 차원에서 전공선택 지원 체계를 갖춘 대표적 학교로 한동대가 꼽힌다. 첫째, 휴먼웨어와 관련해 한동대는 '팀제도'와 교수 상담, 전문적 학사어드바이저, 학생 학사어드바이저를 적극적으로 운영하고 있다. 팀제도는 신입생부터 4학년까지 30~40명의 학생으로 구성되어 선배와 동료들로부터 구성된다. 한 팀당 1명의 교수가 배치되고 신입생을 중심으로 학생들의 학업, 전공 선택 등에 대해 조언한다. 팀제도는 자연스럽게 소속감을 고취시키는 역할을 한다.

전문적 학사지도사(Academic Advisor)와 학생 학사지도사(Student Academic Advisor)를 통한 학생 상담을 다채롭게 하고 있다. 전문적 학사지도사는 학교별로 채용하고 있지만 학생 학사지도사는 아직 보편화되어 있지 않다. 전문적 학사지도사가 전공 이수체계, 미래 교육환경 변화 등에 관한 정보를 전문성에 기반하여 제공한다. 한편 학생 지도사는 선발된 대학원생과 고학년 학부생으로서, 전공과 학교 생활의 경험을 바탕으로 격의 없이 상담을 한다.

둘째, 소프트웨어로 신입생 진로탐색 교과목과 학부별 전공설명회를 운영하고 있다. 자유전공으로 입학한 모든 신입생 대상으로 '비전과 진로탐색' 과목, '1학년 세미나' 교과목을 운영한다. 비교과 프로그램으로 '프레시먼 멘토링'을 통해 팀 담임교수의 상담을 제공한다. 정기적으로 개최되는 학부설명회와 학부 차원의 전공 캠프가 수시로 열려 학생들이 전공 교육과정과 졸업 후 진로에 대한 정보를 얻는다.

셋째, 하드웨어로 진로개발시스템을 운영하고 있고 온라인 학사어드바이저를 운영하고 있다. 대학 차원에서 진로탐색과 경력개발 지원 시스템을 제공한다. 이는 학생들의 다양한 검사, 역량 측정, 진로 로드맵 설정에 유용한 정보를 제공하고 전공 선택을 돕는다. 온라인 학사어드바이저(E-Academic Advisor)를 기반으로 한 맞춤형 학사지도를 한다. 학생들은 온라인 학사어드바이저 시스템을 통해 전공 교과목 선택 현황, 복수전공 조합 현황, 전공 변경 시뮬레이션 등의 데이터를 확인할 수 있다. 이를 통해 전공 선택에 필요한 다양한 정보를 취득할 수 있다.

▶ **그림 Ⅱ-3** 한동대학교 전공선택 지원체계

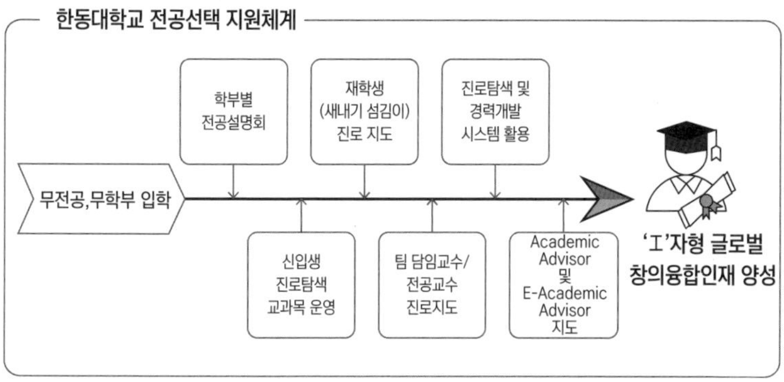

출처: 방청록(2024)[10]

PART III

자유전공학생의 전공 선택과 생활

전 공 을　선 택 하 지　않 을　용 기

1 그들은 왜 자유전공을 택했는가?
(자유전공 선택 이유)

"고등학교 졸업생의 잘못된 대학 전공 선택(High School Grads Choosing Wrong College Majors)."

위의 문장은 우리나라 얘기가 아니다. 미국의 US News에 실린 고등학생의 대학 전공 선택 관련한 기사 제목이다. 현실적으로 고등학생들이 전공 미탐색 상태와 진로 정보 불충분 상태로 대학 전공을 결정하는 경우가 많다. 우리나라보다 훨씬 진로탐색 기회가 많고 대학 전공을 유연하게 선택하고 변경할 수 있는 미국조차도 고등학생의 대학 전공 선택은 쉽지 않음을 방증한다. 한국 학생들은 여전히 대학을 선택할 때 진로나 관심 분야를 공부하기 위해서보다는 '성적에 맞춰서 입학'하는 비율이 가장 높다.[1]

미국 대학입학을 위한 표준화 시험 기관인 ACT의 연구 보고서에 따르면 고등학생들은 자신의 관심사와 맞지 않는 전공을 선택하는 경우가 많다. 그런데 전문가들은 그것이 괜찮다고 얘기한다고 한다(Teens pick majors that don't match their interests, but experts say that is OK.).[2] 전문가들조차 학생의 전공 선택 중요성을 간과하는 경우가 있다. 학생이 빨리 대학에 입학해 대학을 다니면, 그 이후의 생활은 학생이 적응하기 나름일 거라고 생각할 수 있다. 하지만 이것은 오산이다. 올바른 대학 전공을 선택하는 것은 좋은 대학을 선택하는 것만큼 중요하다. 따라서 잘못된 대학 전공을 빨리 정하는 것보다는 적합한 전공을 천천히 정하는 것이 좋을 수 있다. 그런 기회를 주는 것이 자유전공이다. 자유전공은 어떤 학생들이 지원하는가?

첫째, 진로를 전혀 모르겠고 '완전히' 전공 미확정 상태의 학생이 자유전공에 지원한다. 한 학생의 사례를 들어보자.

> "저는 고등학교 때 진로를 정하는 것에 소극적이어서 생기부(학교생활기록부)를 잘 못 쓰고 정시로 간 케이스이거든요. 그런 저에게 수능 공부만 하다가 갑자기 전공선택을 하는 것이 힘들었기 때문에... (중략) ...입학하고 1년 동안 마음이 바뀌더라도 다른 과로 갈 수 있는 기회가 많다 보니 이 전형을 선택하게 된 것 같아요." (B대학 김○○ 학생 사례)[3]

이러한 학생은 전공 선택의 방향성과 범위가 상당히 열려있기 때문에 '유형1'의 통합자유전공학부로 진학하는 것이 좋다. 전공을 결정하지 못한 학생은 자신의 진로와 전공에 대한 고민이 부족하다고 자칫 스스로를 탓할 수 있다. 그러나 미래와 진로에 대한 고민을 많이 해도 전공을 결정하지 못할 수 있고, 실제로 전공을 쉽게 결정하기 힘들다. 사회의 취업 전망은 하루가 다르게 변하고 있다. 특히 자연계열과 공학계열이 그 변화 속도가 빠르다. 그래서 자신의 미래와 직업에 밀접하게 영향을 줄 수밖에 없는 전공을 학생들이 잘 모르는 상태에서 결정하는 압박을 예전보다 크게 받고 있고, 이는 학생들에게 큰 스트레스로 작용하고 있다.[4]

둘째, 대략 진로 방향은 정했지만 확실하게 어떤 전공이라고 확정하지 못한 학생이 있다. 예를 들어 순수과학을 공부하고 싶은데 수학도 좋고 물리나 화학 전공도 괜찮다고 생각할 수 있다. 이 학생은 '유형2'의 자연계열(자연대)의 자유전공를 택하는 것이 좋다. 해당 단과대나 계열 내에서만 선택이 가능하지만, 이 학생에겐 다른 단과대 전공은 별로 염두에 두지 않고 있기 때문이다.

셋째, 전공을 결정하긴 했지만 대학에 가서 진로를 좀 더 탐색해보고 싶다는 학생이 있다. 예를 들면 A학생은 경영학과에 진학해서 향후 마케팅 전공을 하기로 잠정적으로 생각하고 있다. 그런데 요즘 마케팅은 인문학적 소양도 필요하고 AI기반 빅데이터 분석 능력도 필요하다고 들었다. 그래서 자유전공학부에 진학해서 여러 전공의 교육과정을 경험하고 해당 전공을 진학하려는 친구들과 관계를 맺으며 공부를 하고 싶어 한다.

넷째, 대학 입학을 위한 전략적 선택을 하는 학생이다. 진로나 전공은 염두에 두지 않고, 혹은 모든 전공을 확실히 결정했지만 대학 합격을 위한 자유전공학부를 택하는 경우이다. 해당 학과 커트라인이 너무 높아 자유전공학부가 합격에 용이하고 이후 해당 학과도 진학할 수 있을 것 같아 선택하는 유형이다. 예를 들면 컴퓨터공학과는 요즘 AI시대에 자연계열 학생들이 가장 선호하는 학과이고, 입학경쟁률도 높고 커트라인도 높다. 컴퓨터공학과를 꼭 가고 싶지만 내 점수는 컴퓨터공학과에 합격하기에 조금 못 미친다. 그런데 자유전공학부는 컴퓨터공학과보다 커트라인이 조금 낮아 지원 시 합격 가능성이 높다. 그렇다면 자유전공학부에 지원하여 우선 합격한 후, 컴퓨터공학과로 전공을 선택하는 것이다. 사실 우리나라는 이런 전략적 선택을 이유로 자유전공학부에 지원하는 학생이 많을 것이다. 워낙 시대 분위기에 따라 인기 학과에 대한 유행과 쏠림이 심하게 나타나기 때문에 취업이 잘된다는 전공은 입학 경쟁이 치열할 수밖에 없다. 전략적 선택을 하는 자유전공학부 입학생이 많아질수록 자유전공학부의 교육적 의미는 퇴색될 수 있다. 하지만, 미국도 대학 합격을 위하여 전공 미결정으로 일단 입학한 후 전공을 찾아가는 학생들이 상당수 있다.

이화여대에서 통합선발 전형으로 입학한 학생들을 대상으로 통합선발 전형을 선택한 이유에 대해 조사를 하였다. 그 결과 "자유로운 전공탐색 및 선택의 기회"라고 응답한 학생이 가장 많았고, "수능 성적에 맞춘 입학 가능성"이 그 뒤를 이었다. 다른 이유로는 계열변경, 학문적 다양성 확보를 통한 전문성 강화, 대학에 대한 로열티 등의 이유였다. 구체적 내용은 아래의 표와 같다.

▶ **표 Ⅲ-1** 이화여대 통합선발학생의 통합선발전형 선택 이유

호크마 재학생	전공 신입생
• 자유로운 전공탐색 및 선택의 기회(61명) • 수능 성적에 맞춘 입학 가능성(32명) • 인문계열에서 자연계열로의 계열 변경(10명) • 학문적 다양성 확보를 통한 전문성 강화(10명) • 선생님, 부모님, 입시상담 기관의 추천(9명) • 특정 전공으로의 진학 목적(9명) • 이화여대에 대한 로열티(5명) • 대규모 모집인원(5명) • 장학금(4명)	• 자유로운 전공탐색 및 선택의 기회(82명) • 수능 성적에 맞춘 입학 가능성(20명) • 이화여대에 대한 로열티(14명) • 장학금 및 기숙사 생활 혜택(9명) • 인문계열에서 자연계열로의 계열 변경(8명) • 특정 전공으로의 진학 목적(7명) • 정시모집에서의 유일한 선택지(6명) • 선생님, 부모님, 입시상담 기관의 추천(4명) • 대규모 모집인원(4명)

출처: 백지연(2024)[5]

자유전공학부가 학생의 진로탐색과 전공결정을 위한 탐색시기로서도 필요하고, 대학의 합격을 위한 전략으로서 활용될 수 있음을 현실적으로 인정해야 할 것이다. 자유전공 선택 이유별로 적합한 자유전공학부 유형을 표로 정리하면 다음과 같다.

▶ 표 Ⅲ-2 자유전공 선택 이유별 적합한 자유전공학부 유형

자유전공 선택 이유	적합한 자유전공학부 유형
1) 전공 완전 미확정(불분명)	통합자유전공학부(유형1)
2) 전공 일부 미확정(2~3개 전공탐색)	계열·단과대 자유전공학부(유형2)
3) 전공 확정, 추가 탐색 기회	통합 혹은 단과대 자유전공학부 (유형1 또는 유형2)
4) 전공 확정, 대학 합격 전략	통합 혹은 단과대 자유전공학부 (유형1 또는 유형2)

2 여긴 어디? 나는 누구? (자유전공생의 고민과 어려움)

자유전공은 낯설 수 있다. 많은 것이 열려 있고 많은 것이 미정(未定)이기 때문이다. 열려 있기에 자유로울 수 있고, 미정이기에 혼란스러울 수 있다. 이곳은 '잠시 스쳐가는 곳'이라는 생각을 할 수 있다. 소속감이 없이 붕 떠 있는 생각이 들 수 있다.

자유전공에 오는 학생은 기본적으로 어떤 전공·과를 택할지 결정을 못한 경우가 많다. 미국에서는 자유전공처럼 전공을 결정하지 않은 학생을 Undecided major student(전공 미결정 학생)라고 부른다. 혹은 Undeclared major student(전공 미선언 학생)라고 칭한다. 이 학생들이 차지하는 비율이 상당하고 증가하는 추세여서 미국의 각 대학은 이들을 세심하게 관리한다. 전공선택과 미래 진로에 대한 상담과 아울러 전공탐색, 인턴십 등의 특별한 교육과정으로 이 학생들을 지원한다.

자유전공 학생은 질문한다. '나는 누구인가', '나는 어디로 가야 하는가'를 고민한다. 내가 무엇을 좋아하고 잘하는지, 나는 어떤 사람인지를 다시금 생각한다. 고등학교까지 입시를 위해 공부하느라 제대로 나에 대해 알아가는 시간과 경험이 부족했다는 것을 깨닫는다.

결국, 자유전공은 '흔들림'이 출발이다. '내가 좋아하는 게 뭐지?', '내가 앞으로 하고 싶은 게 뭐지?' 질문을 스스로 던진다. 이 질문에 확신을 가지고 바로 답할 수 있는 대학 신입생이 몇 프로나 될까. 당연히 나의 진로와 미래에 대해 고민을 하면 흔들린다. 내가 생각하는 전공이 맞는 걸까, 그 전공이 미래에도 계속 인기가 있을까를 탐구한다. 그러면 흔들릴 수밖에 없다.

설령 대략적인 전공을 택하고 입학했어도 자유전공의 1년 기간을 거치며 전공을 변경하는 경우도 자주 있다. 그렇게 흔들리는 게 당연한 시기이다. 대학을 입학하기 전에는 '경영학과'가 최고인 줄 알았지만, 막상 전공 탐색 수업을 들어보고 선후배들의 멘토링을 들어보니 다른 경로도 있다는 것을 알게 된다. 경영대학 안에는 경영학과만 있는 게 아니라 경제학과도 있고, 국제무역학과도 있는 걸 알고 무엇이 다른지, 내가 꼭 경영학과만을 고집해야 하는지 고민한다.

자유전공 학생들은 '초조함'을 느낀다. 전공 선택이 늦어져 뒤처진다는 생각을 한다. 다른 친구들은 벌써 전공 선택을 하고 입학했는데 나는 아직도 전공도 정하지 못하고 뒤처지는 것이 아닐까 걱정한다. 특히 1학년 1학기가 지나고 2학기 후반으로 가면 그 초조함은 더욱 커진다. 2학기가 되면 1학기에 비해 학생들이 '전공 선택'에 대한 상담을 많이 한다. "교수님, 제가 아직 전공을 못 정했는데 어쩌죠? 걱정이네요…" 막연함에 힘들어하기도 한다. 결정이 순탄하게 내려지지 않을 때 초조함과 갈등을 느낄 수 있다. 어쩌면 그런 감정을 느끼는 게 당연하다. 하지만 결코 다른 친구들에 비해 늦은 게 아니다. 제대로 찾아가기 위한 하나의 과정이고 단계이다. 시간적 압박 속에 '내가 선택한 길이 정답이 아니면 어떡할지' 스트레스를 받지만, 진로에 대한 '긴 호흡으로 산책을 즐긴다'는 자유전공 재학생의 솔직한 고백을 들어보자.

▶ **표 Ⅲ-3 전공과 진로 결정을 고민하는 자유전공 학생 사례**

자유전공학부 입학 이후의 삶이 온전히 행복했다고만 하면 거짓말입니다. '자유'는 마치 왕관처럼 화려하고 반짝이는 동시에 무거웠습니다. 입학하고도 최소 1년 동안 고민해 본 후 전공을 정할 수 있다는 생각에 여러 전공을 마음껏 고민해 보고 그에 따른 달콤한 미래를 상상해보며 한껏 행복했습니다. 하지만, 한편으로는 선택에 대한 책임을 온전히 제가 져야 한다는 생각에 숨이 막히기도 했습니다. '내가 선택한 길이 정답이 아니면 어떡할지', '이 기회를 더 잘 쓰지 못했다는 생각에 후회하지는 않을지', '남들보다 너무 뒤처진 것은 아닐지' 등 대범하게 살겠다는 과거의 저에게 부끄러울 정도로 소심하게 움츠러드는 나날들이었습니다.

그럼에도 과거로 돌아간다면 저는 다시 자유전공학부를 선택할 것입니다. 스스로를 탐구할 시간도 없이 무작정 앞만 보고 대학으로 달려왔던 제가 이곳에 온 덕분에 무엇을 잘하고 무엇을 좋아하는지, 어떤 것에 힘들어하고 어떻게 극복해 내는지 알 수 있었습니다. 하나의 변수에도 스트레스받고 빠르게 질주해 결승선에 도달하고 싶어 했던 제가 이곳에 온 덕분에 시간에 대한 강박을 덜어내고 안전하게 '긴 호흡으로 산책'을 즐기게 되었습니다. 물론 이렇게 좋은 말을 많이 썼음에도 아직 희망 진로를 이렇게 공개적인 곳에 자신 있게 말하지는 못합니다. 다만 언젠가 이 책을 다시 보며 웃고 있기를 간절히 바랄 뿐입니다.

- 서울대학교 자유전공학부(경제학, 정치학 전공) 3학년 OOO

내 길을 선택하는 데서 오는 흔들림, 초조함 그리고 갈등은 자유전공에서 겪는 값진 감정이다. 그 감정들이 과해져서 후회하고 포기하면 안 되겠지만, 그 감정들을 오롯이 대면해보는 시간과 연습은 대학 신입생에게 너무 값지다. 속도 경쟁에서 뒤처지지 않으려 신속하게 전공을 결정하고 앞만 보고 가는 게 맞는지, 사회의 유행에 따라 인기 전공을 택하고 있지는 않은지 생각해봐야 한다. 혹은, 부모님의 권유가 내 희망과 다른데도 부모님을 실망시키지 않으려 순응하는 건 아닌지 비판적 질문을 나에게 던져봐야 한다. 이러한 감정을 겪는 게 자유전공 학생이다. 자유전공 학생만이 아니라 모든 대학 신입생이 이런 감정과 경험을 겪어나가야 하지 않을까?

3 부모가 원하는 전공? 내가 원하는 전공? (전공선택 현황)

'저는 더 이상 착한 자식 안 할래요!' 드라마에 나오는 대사처럼 들린다. 한국과 같은 아시아 유교 문화 속에서 '착한 자식'으로 부모 뜻에만 맞춰 살아오다가 드디어 반기를 드는 선언을 한다. 나도 이제는 성인으로서 내 생각대로 살고 싶다고…

전공을 결정할 때 부모님의 권유와 본인의 희망 사이에서 갈등하기도 한다. "저는 A전공을 생각하고 있는데, 부모님은 C전공을 가라고 하시네요. 저는 A전공이 더 마음에 끌리는데…"

어쩌면 이는 부정적 갈등이 아니라 건전한 갈등이다. 고등학교까지 미성년자로서 부모님의 영향력 아래 보호와 가르침을 받아왔다면, 성인으로서 대학생은 홀로 서는 연습을 해야 한다. 어떤 결정이 부모님의 뜻인지, 나도 그 길이 좋은지, 아니면 나는 원치 않는데 부모님의 바람대로 내가 순응하는 건 아닌지를 생각해봐야 한다. 그 갈등은 부모님과의 갈등만이 아니라 어쩌면 나와의 갈등이라고 할 수 있을 거다. 과연 내 희망대로 내 길을 걸어갈 수 있는지, 나의 결정에 후회를 하지 않을 자신이 있는지 질문을 던지며 내적 갈등을 극복해 가는 과정이다. 그만큼 전공을 결정하기가 쉽지 않다. 전공을 결정할 때는 부모님의 영향뿐만 아니라 친구들의 분위기, 직업 전망 등 많은 것들이 영향을 준다.

그럼 지금까지 자유전공을 운영한 대학에서는 학생들이 어떤 전공을 선택했을까? 자유전공에 입학한 학생들은 아무래도 소위 인기 학과로 많이 진학하고 있다. 인문계열은 경영학과, 자연공학계열은 컴퓨터공학과와 전기전자공학과가 학생들이 가장 선호하는 학과 중 하나이다.

대학교육연구소에서는 '2023학년 입학생의 2024년 2학년 전공선택 현황' 조사 결과를 발표하였다.[6] 이는 자유전공 학생이 2학년으로 진입할 때 학과 선택의 경향이 어떠한지를 보여 주는 데이터이다. 이 결과에서도 일부 확인할 수 있듯이 다양한 전공에 학생들이 골고루 진학하지는 않았다. 자유전공 추진 확대 시 가장 문제로 지적되었던 것 중 하나가 '쏠림 현상'이다. '쏠림 현상'은 특정 학과로 지나치게 많은 학생들이 진학하는 현상을 일컫는다.

조사 결과에 따르면 서울대와 경북대, 고려대 등은 특정 전공·학과로 쏠림 현상이 강한 것으로 나타났다. 반면에 한국외대, 강원대 등은 전공선택 상위 1~3순위 합산 비율이 50% 미만으로 나타나 상대적으로 쏠림이 덜했다.[7] 대부분 대학에서 컴퓨터공학과 경영학으로 진학을 많이 하였다. 일부 대학의 전공선택 현황은 〈표 Ⅲ-4〉와 같다.

▶ **표 Ⅲ-4 2023년 입학생의 2024년(2학년) 전공선택 현황**

대학명	모집 단위	전체 인원	1순위 전공		2순위 전공		3순위 전공		1~3순위 합계
서울대	자유전공학부	87명	공과대학	41명 (47.1%)	경영대학	21명 (24.1%)	사회과학 대학	13명 (14.9%)	75명 (86.2%)
	공과대학광역	43명	컴퓨터 공학부	31명 (72.1%)	전기·정보 공학부	9명 (20.9%)	화학생물 공학부	2명 (4.7%)	42명 (97.7%)
경북대	자율전공	179명	경영학부	73명 (40.8%)	전자공학부	60명 (33.5%)	행정학부	12명 (6.7%)	145명 (81.0%)
고려대	자유전공학부	84명	컴퓨터 학과	28명 (33.3%)	경영학과	28명 (33.3%)	경제학과	7명 (8.3)	63명 (75.0%)
한국 외대	글로벌 자유전공학부	159 명	국제금융 학과	46명 (28.9%)	글로벌 스포츠 산업전공	15명 (9.4%)	바이오메디 컬공학전공	15명 (9.4%)	76명 (47.8%)
강원대	자유전공학부 (춘천캠)	84명	컴퓨터 공학과	10명 (11.9%)	전기전자 공학과	10명 (11.9%)	학생설계 전공	9명 (10.7%)	29명 (34.5%)
	자유전공학부 (삼척캠)	90명	시소프트 웨어학과	11명 (12.2%)	소방방재 공학전공	8명 (8.9%)	식품영양학 과 & 공공 행정전공	각 7명 (7.8%)	33명 (36.7%)

출처: 대학교육연구소(2024)[8]

학생들은 전공선택에 있어 도전적 생각을 하다가도 보수적 결정을 하게 되는 경우가 많다. 인간의 토착적 문화에 관심이 많아 문화인류학과에 가고 싶어 하는 학생이 있었다. 그 학생은 아프리카와 아마존의 다양한 부족과 원주민에 대해 공부도 많이 해서 앞으로 해당 분야에 대한 연구자의 길도 염두에 두었다. 하지만 결국 다른 전공을 1전공으로 택하고, 문화인류학과는 복수전공을 하는 것으로 타협점을 찾았다. 결국 본인의 결정이긴 하지만 부모님의 조언, 그리고 취업을 걱정하는 주변의 만류가 큰 영향을 미쳤다.

이 시대는 어느 전공도 특정 직업을 보장해주지 못한다. 대학 졸업 후 첫 일자리를 얻기까지의 기간도 증가하고 있다. 청년 취업 통계에 의하면 2007년은 10.3개월에서 2021년은 12개월로 대학 졸업 후 첫 직장을 구하는 기간이 길어졌다.[9] 당장 취업을 하는 것이 급선무인 것 같아도, 직장 생활을 하면 또 다른 질문을 마주한다. '이 일이 나에게 잘 맞는가?', '내가 평생 즐겁게 잘할 수 있는 일은 없는가?'와 같은 질문이다. '대학 때 전공을 신중하게 생각할걸', '나를 좀 더 들여다보며 고민해볼걸' 하는 뒤늦은 후회가 들 수도 있다. 자유전공 출신 학생의 전공 선택 경험기를 잠깐 들어보겠다.

> 저는 '내가 관심이 있는가', '내가 잘할 수 있는가'를 우선적으로 고려했던 것 같습니다. 그리고 해당 전공을 선택했을 때, 내가 미래에 '돈을 얼마나 벌 수 있는가', '일과 휴식의 밸런스는 어느 정도인가'를 고려했던 것 같습니다. 자유전공의 '꿈설계' 전공 수업 시간을 통해 다양한 학과들을 접하며 많은 부분을 알아갈 수 있어 도움이 되었습니다. 또한 자유전공학부 출신 재학생과 멘토-멘티를 꾸려 활동했던 것이 가장 큰 도움이 되었습니다.
>
> (A대학 자유전공 출신 최○○ 학생(4학년))

이 학생은 사회과학대학의 소위 전통적 전공을 택한 학생이다. 이 학생은 내가 '잘할 수 있는 것', '미래 발전', '일과 휴식의 밸런스'를 고려하여 전공을 택했다. 요즘 인기 있는 전공은 아니지만 이 학생은 여러 고민 끝에 해당 전공을 택했다. 그리고 동아리 활동과 학생회 활동도 열심히 하며 자신의 삶을 열어나가고 있는 자랑스러운 학생이다.

〈안개 바다 위의 방랑자〉는 가파른 절벽 위에서 끝없이 아득한 안개 속 산을 바라보는 한 남자의 고독한 뒷모습을 그린 작품이다. 그의 앞에는 산과 계곡 능선이 한없이 멀리 펼쳐져 있다. 독일 낭만주의 예술가인 카스파르 다비트 프리드리히(Caspar David Friedrich, 1774-

1840)가 그린 대표적 그림이다. 이 그림은 개인의 인생과 삶의 여정에 대한 성찰과 불확실성을 상징하고 있다. 남성의 뒷모습은 자신이 살아온 삶을 반추하며 미지의 세계에 대한 동경과 막막함을 표현하였다.

어쩌면 자유전공의 생활과 전공선택 과정은 안개 속을 바라보는 것처럼 막막해 보일 수 있다. 자신의 길을 고민하고 미래 세계에 대한 기대와 두려움을 가지는 것은 예나 지금이나, 어른이나 아이나 마찬가지이다. 자신의 희망과 적성을 되돌아보며 고민을 하는 시간은 언젠가는 꼭 지나쳐 가야 하는 통행로이다. 그 길은 누구나 걸어가야 하는 과정이고, 그 길을 헤쳐나가는 사람도 결국 '나 자신'일 수밖에 없다는 것을 <안개 바다 위의 방랑자>는 넌지시 우리에게 말해주고 있다.

▶ **그림 Ⅲ-1** 안개 바다 위의 방랑자(카스파르 다비트 프리드리히의 작품)

4 입학할 때 생각한 전공을 고수하나, 변경하나? (전공 유지와 변경)

"고등학교 때 생각했던 전공이지만 직접 수업을 들어보니 기대와 달랐어요... 직접 겪어 보니 적성에 맞지 않는 것을 깨닫게 되었죠."

(서울대 자유전공 최OO 학생의 전공 탐색 경험)[10]

자유전공에는 전공을 '전혀' 결정하지 못하고 입학하는 학생들이 있다. 반면에 '대략적'으로는 전공을 염두에 두고 입학하는 학생들도 있다. 또한 전략적으로 자유전공을 택하여 입학한 학생들은 전공을 '확실히' 결정하여 입학하기도 한다.

그렇다면 '대략적으로' 전공을 생각한 학생들이나 '확실히' 전공을 결정한 학생들은 이후 전공 결정에 변화가 없을까? 결론부터 말하자면 전공을 변경하는 학생들이 상당수 있다. 한요셉의 연구 통계에 의하면 전공을 바꾸고 싶어 하는 한국 학생들의 비율이 최소 20%가 넘는다. 이와 비교해 미국의 경우, 전공 변경 비율이 훨씬 높다.[11]

한 학생의 사례를 들어보겠다. A학생은 처음엔 많은 이들이 지원하는 경영학과를 염두에 두었다. 그런데 자유전공학부에 입학해 1학년 때 다양한 전공을 경험해 보면서 조금씩 생각이 바뀌었다. 전공설명회에서 사회대학의 사회학, 심리학 전공 관련 설명을 들으며 본인이 생각한 사회과학이론과 실천을 배울 수 있는 곳이 있다는 생각을 하였다. 이후 사회학, 심리학, 경영학, 코딩수업 등 다양한 전공수업을 폭넓게 탐색하며 마침내 심리학으로 전공을 결정하였다.

B학생은 취업을 고려하여 공무원이 되어야겠다는 생각으로 행정학과를 생각하였다. 그런데 막상 행정학과 수업을 들어보니 흥미가

그리 생기지 않았고 적성에 맞지 않다는 생각이 들었다. 우연히 영상 촬영동아리에 들어가 여러 활동을 경험하며 영상학 관련 교양 수업을 들으며 영상콘텐츠 제작에 흥미가 생겼다. 그런데 학내에 공연과 영상, 문화를 결합하여 배울 수 있는 적절한 전공이 없었다. 고민하며 전공을 탐색하던 중, 학생설계전공이 있다는 사실을 알게 되었다. B 학생은 공연영상전공을 기반으로 하는 '문화콘텐츠창업'이라는 학생설계전공을 직접 구성하여 선택하였다. 언론미디어, 콘텐츠수업, 문화 교류, 창업수업 등을 종합하여 만든 이 커리큘럼은 이후 직업선택에 큰 도움이 되었다.

학생들은 전공 선택 변경뿐만 아니라 다른 계열로 변경하여 전공을 선택하는 경우도 있다. 이를 계열 간 교차진학이라고 한다. 이는 학생 입장에서 대단한 용기이고 또 다른 도전이다. 왜냐하면 익숙하지 않은 분야와 배우지 않은 기초지식을 앞으로 배우고 낯선 길을 걸어가겠다는 의지를 담고 있기 때문이다. 그럼에도 학생들은 자신이 원하는 적성과 희망을 찾아, 때로는 사회에서 요구하는 취업 시장과 시대상에 맞춰 자신의 학문 계열을 변경하여 진로와 전공을 설정한다.

강원대 자유전공학부의 연도별 계열 교차진학 결과를 살펴보면 다음의 〈표 Ⅲ-5〉와 같다. 2021학년도와 2022학년도에 각 14명, 2023학년도에 9명, 2024년에 12명이 계열 교차진학을 하였다. 2024학년도의 교차 진학현황을 구체적으로 살펴보면 인문계열에서 자연계열로 바꾸어 선택한 인원이 10명이다. 산림경영과 5명, 컴퓨터공학과가 2명이고 건축학과, 식품생명공학, 전기전자공학이 각 1명씩이다. 자연계열에서 인문계열로 변경한 학생은 영상문화학과와 미디어커뮤니케이션 전공이 각 1명씩이다.

한편 2023년에는 인문계열에서 자연계열로 변경 진학한 학생들은 컴퓨터공학과 2명, 건축학과 2명, 정보통계학 1명, 생화학전공 1명, AI융합학과 1명이다. 한편 자연계열에서 인문계열로 바꾸어 선택한 학생들도 있다. 심리학 1명, 영어영문학 1명의 학생이 자연계열에서 인문계열로 변경하여 전공을 선택하였다. 강원대 자유전공학부의 계열 교차진학제도는 이전에는 입학한 계열로만 진학이 가능하였는데, 2021학년도 입학생부터 규정 개정을 통하여 계열을 변경하여 전공 선택이 가능하도록 하였다. 학생들의 전공 선택 시 계열 변경에 대한 요구가 있었으며 학생 선택권 다양화라는 자유전공학부 취지에 맞추어 규정을 변경하였다.

▸ **표 Ⅲ-5** 강원대 자유전공학부 계열 교차 진학 결과

(단위: 명)

연도	인문계열 → 자연계열 진학	자연계열 → 인문계열 진학	계
2021학년도	12	2	14
2022학년도	11	3	14
2023학년도	7	2	9
2024학년도	10	2	12

입학 때 생각했던 전공을 고수하는 것과 변경하는 것, 무엇이 더 좋다고 말할 수는 없다. 이전 시대엔 전공을 한 번 결정하면 좋으나 싫으나 그 전공이 나의 평생 전공이었다. 바꾸고 싶어도 바꾸기 어려운 제도와 문화였다. 그런데 이제는 달라졌다. 심지어 한동대는 제한 없이 전공을 바꿀 수 있도록 유연한 학사제도를 운영하고 있다.

미래학자들은 앞으로 더욱 직업을 바꿀 수밖에 없는 시대, 많은 일자리가 사라지고 새로 생기는 시대임을 말하고 있다. 구글이 선정

한 최고의 미래학자인 토머스 프레이(Thomas Frey)는 2030년까지 20억 개의 직업이 사라질 것이라고 예측하며, 직업의 종말이 아닌 새로운 일자리로의 변화를 강조하였다. 인디애나대학의 고등교육 석학인 조지 쿠(George D. Kuh)는 오늘날 학생들은 38세까지 10~14개의 일자리를 가질 것이며 노동인구의 반은 한 회사에 5년 이상 머물지 않을 것으로 예측하기도 하였다. 그리고 동경대 명예교수이자 "대학의 교육력: 무엇을 가르치고 배울 것인가"를 저술한 가네코 모토히사 교수는 직업의 유동화와 다양화 흐름에 맞춰 대학이 정체성, 전문성, 범용성을 키우는 3층위의 지식 능력이 필요함을 강조하였다. 일자리의 유동화와 다변화에 따라 대학 교육은 영향을 받을 수밖에 없다. 이러한 미래 사회와 일자리 변화에 맞춰 대학은 학생 중심적 유연한 교육 방식과 학생들의 범용 능력 향상을 위해 노력하고 있다.

특히 자유전공학부에서는 전공 선택에 대한 고민과 변경의 시간과 기회가 열려 있다. 단순한 선택의 문제가 아니라 내가 무엇을 잘하고 어떤 사람인지에 대한 자기 정체성(identity)에 대한 성찰이 필요하다. 그동안 입시를 위해 달려오느라 내가 어떤 분야에 관심이 있는지, 어떤 일을 할 때 몰입하는지를 잘 알지 못했다. 대학에 어떤 전공들이 있고, 새로운 융합전공이 무엇이 있는지 파악하지 못했었다. 전공 정보도 부족했고 나에 대한 성찰과 미래에 대한 고민도 부족했다. 자유전공학부는 나를 알아가는 시간과 진로에 대한 정보와 경험을 토대로 전공을 결정할 수 있는 곳이다. 자신이 처음에 생각했던 전공을 고수하든 변경하든, 충분한 시간과 노력을 투자하여 선택하면 그 의미가 남다를 것이다. 전공 결정 과정까지 변경의 연속일 수 있지만, 그것 또한 소중하다. 전공 선택의 '방황'을 통해 결국 '방향'을 찾는 자유전공 학생의 사례를 문답식으로 들어보자.

▶ **표 Ⅲ-6 전공 선택과 변경의 자유전공 학생 사례**

모든 '방황'은 결국 '방향'이 되었다

강원대 자유전공학부 3학년 OOO

Q. 자유전공을 선택한 계기는?

A. 고3 시절까지 저의 꿈은 산업디자이너였습니다. 하지만 미대 입시를 준비하며 저는 그림을 그리는 행위 자체보다 아이디어를 내고 기획하는 일에 더 큰 희열을 느낀다는 것을 어렴풋이 깨닫게 되었습니다. '나는 정말 그림 그리는 사람이 아니라 아이디어를 내는 사람일까?'라는 질문에 대한 답을 찾고 싶었습니다. 이 깨달음이 맞는지 스스로 증명하고 싶었고, 특정 학과에 얽매이지 않고 다양한 가능성을 탐색할 수 있는 자유전공학부는 그런 제게 가장 완벽한 실험의 장이 되어주었습니다.

Q. 전공 선택 과정과 고민은?

A. 입학 후 1년은 그야말로 '탐색'의 연속이었습니다. 진로를 정하거나 저만의 전공을 설계하고 싶은데 어떤 주제를 잡아야 할지 막막할 때, 교수님께서는 '스스로 느끼는 불편함을 해결하는 것에서 시작해보라'는 조언을 해주셨습니다. 비싼 티켓값, 치열한 예매 경쟁, 물리적 거리의 장벽을 넘어 더 많은 사람이 뮤지컬과 무대 예술을 즐길 방법은 없을까 하는 고민이 떠올랐습니다. 이 고민은 '확장현실(XR) 기술을 무대에 접목하자'는 아이디어로 이어졌고, '확장현실무대예술학'이라는 저만의 전공을 설계하는 첫걸음이 되었습니다. 하지만 성장은 계획대로만 이루어지지 않았습니다. 그러나 지난 1년간 자유전공 안에서 저는 이미 새로운 선택에 대한 두려움을 극복하는 훈련이 되어 있었습니다. 평소 걱정이 많은 성격임에도 자유전공을 통해 알게된 '내가 무엇을 좋아하고 잘하는지'에 대한 확신이 있었기에, '버추얼 프로덕션'으로의 과감한 방향 전환을 결심할 수 있었습니다. '내가 좋아하는 일'과 '내가 잘하는 일'의 교집합을 찾고, AI 시대에도 대체되지 않을 전문성을 기르자는 명확한 기준이 있었기에 가능한 선택이었습니다.

Q. 자유전공 입학 후 성장 과정은?

A. 사실 저의 대학 생활은 순탄치만은 않았습니다. 코로나 학번으로 입학해 곧바로 군에 입대했고, 복학하고 나서야 처음으로 캠퍼스를 밟았습니다. 동기들보다 나이가 많아 어울리기 어려웠고, 늦깎이 신입생처럼 모든 것이 낯설었습니다. 하지만 외로움 속에서도 저는 '스스로 실천하는 힘'을 길렀습니다. 관심 분야의 수업을 찾아 듣고, 이를 응용해 보며 자신감을 얻자 전혀 관련 없던 분야의 수업에 도전하는 용기도 생겼습니다. 먼저 다

른 학과 교수님께 상담을 신청하기도 하고, 연이 아예 없는 기업에 직접 이메일을 보내 개인적으로 견학을 갔다 오기도 했습니다. 이뿐만 아니라 학부에서 주최하는 빅테크 견학, 1인 기업가 워크숍, 해외 탐방 등 거의 모든 행사에 참여하며 학생으로서 귀중한 경험을 쌓으며 견문을 넓혔습니다. 특히 강원대 자유전공학부의 특징인, 언제든 찾아가 진로를 상담할 수 있는 교수님들과의 친밀한 관계와 분위기는 제게 큰 힘이 되어주었습니다.

Q. 자유전공 선택에 대한 만족도와 그 이유는?

A. 남들은 저의 이야기를 '방황'이라고 볼 수 있겠지만, 저는 자유전공을 선택한 것이 제 인생의 가장 큰 행운 중 하나라고 생각합니다. 덕분에 저는 '학생설계전공'이라는, 말 그대로 저의 미래를 직접 설계하는 길을 걷고 있습니다. 미래가 불안정하게 보일 수도 있지만, 저는 전혀 걱정되지 않습니다. 자유전공에서의 1년이 매우 만족스러웠기에 학생설계전공을 택한 것은 물론이며 자유전공에서 얻은 지식과 경험은 다른 어떤 학과에서도 쌓을 수 없는 자산이었기 때문입니다. 스스로 나만의 미래를 향한 방향을 찾고 새로운 것에 두려움 없이 도전하는 힘. 이것이야말로 저를 어떤 위기 앞에서도 유연하고 민첩하게 움직일 수 있는 사람으로 성장시킨 원동력이라고 믿습니다.

5 자유전공의 소속감, 문제없나? (소속감)

"자유전공은 '선배들과의 관계는 거의 전무하겠다.' 이런 생각을 하고 들어왔어요. 그런데 생각보다 학생회 선배와 교류도 있고 멘토링 활동도 있어 선배하고의 만남이 기대보다는 높았어요. 대신에 시험에 대한 족보를 알려주는 부분은 부족해 좀 아쉬웠죠... 하지만 이 정도는 고려하고 자유전공에 들어와서 괜찮았어요." (A대학 자유전공 1학년 유○○ 학생)

친구들은 전공을 이미 선택해 국문과, 심리학과, 경제학과에 소속되어 있다. 그럼 나는? '자유전공은 내 전공이 될 수 없는데' 하는 생각이 들 수 있다. 다른 친구들은 '선배들한테 벌써 연락도 오고 단톡

방도 만들었다는데, 자유전공은 왜 아무 연락이 없지?' 하며 걱정이 들 수 있다.

소속감(sense of belonging)은 '자신이 어떤 단체나 조직에 속해 있다는 느낌'이다. 자유전공은 소속감이 부족하다는 이야기를 흔히 한다. 왜 그런 이야기를 할까? 몇 가지 이유를 살펴볼 수 있다.

첫째, 자유전공은 다른 전공 학과처럼 4년간 계속 속해 있는 전공이 아니다. 1년 후에 곧 다른 전공으로 갈 것이기 때문이다. 이 전공은 나의 영원한 전공이 아니다. 임시 전공이다.

둘째, 자유전공은 선배가 없어 수업이나 학과 정보를 얻기가 어렵다. 다른 전공은 선배들이 오리엔테이션부터 신입생환영회 등 계속 챙겨주며 대학 생활에 대해 알려주는데 자유전공은 그렇지 못하다.

학생들은 위와 같은 이야기를 들으면 걱정이 될 수밖에 없다. 실제로 많은 학생들이 걱정을 한다. 예전의 학과를 생각하면 자유전공은 소속감이 부족할 수밖에 없다. 그런데 이제는 대학도 전공 학과의 경계가 느슨해지고 있다. 동종교배가 아닌 이종교배를 하는 것이 더 창의적이고 융합적이라며 권장하는 시대이다. 자유전공에 속해 있는 학생들은 이에 대해 어떻게 생각하는지 들어보자.

이화여대 자유전공학부에 재학 중인 A학생은 자유전공학부의 소속감에 대해 다음과 같이 말하였다. "조금은 소속감이 약할 수 있다. 그런데 그 이상으로 좋은 점이 많다. 비슷한 사람들과 교류하다 보면 좁은 세상의 시야에 갇힐 수 있다. 다양한 사람들과 교류하는 것이 중요하다. 컴퓨터공학, 경제, 심리 등 친구들이 다양한 전공에 진입해 있다. 다양한 전공의 친구들과 지속적으로 소통할 수 있어 긍정적이다. 기숙사와 분반제도를 통해 자유전공 소속감 문제를 일부 해결할 수 있었다."

서울대 자유전공학부에 다니는 B학생 역시 '소속감이 걱정되었다. 그런데 어울릴 수 있는 여러 프로그램도 많고, 학생회도 잘 되어 있어서 그리 어렵지 않게 생활할 수 있었다'고 얘기하였다.

신생 전공과 학과는 원래 체제가 잡혀 있지 않고 새롭게 만들어 가기 때문에 어려운 점이 많다. 학생들의 생활 적응과 소속감 문제도 그중 하나다. 자유전공을 운영하면서 가장 어려운 점 중 하나가 학생들의 관계와 소속감을 갖도록 하는 것이었다. 교수가 할 수 있는 부분이 있고 선배들이 할 수 있는 영역이 있다.

1) 학생회 운영으로 유대감 형성하기

초기에는 전공 학생회가 잘 세워져 있지 않은 경우가 대부분이다. 학교 상황에 맞는 다양한 방식으로 학생회를 설립하고 운영해나갈 때 학생들의 소속감과 선후배·동료관계가 원활히 형성될 수 있다. 자유전공의 학생회 설립과 운영 방식을 몇 가지 생각해볼 수 있다.

○ 총학생회 지원으로 운영하는 학생회

총학생회의 도움을 받아 '자유전공 학생위원회'가 설치되었다. 자유전공은 선배가 없기 때문에 기존 학생회 경험이 많은 고학년 학생이 자유전공운영위원장을 맡고, 그 학생을 중심으로 학생회를 구성한다. 자유전공이 신설된 대학은 자유전공 자체적으로 학생회 구성이 쉽지 않기 때문에 이렇게 총학생회의 도움을 받아 구성할 수 있다.

○ 자유전공 출신 선배가 중심이 된 학생회

1~2년 자유전공 운영이 지나면 자유전공을 거쳐간 선배들이 생긴다. 그 학생들 중에 자유전공학생회 운영에 관심이 있는 학생들이 자유전공 학생회를 1학년 학생들과 함께 만들어 갈 수 있다. 자유전공 출신 선배들은 타 전공 출신 선배보다 자신들의 경험을 보다 생생하

게 알려주고, 후배들에게 더욱 관심을 갖는 장점이 있다. 후배들도 자유전공 선배라는 생각에 훨씬 더 친근감이 생기고 전공선택과 2학년 적응에 대해 의지하게 된다.

○ 학생설계전공 선배 중심의 학생회

자유전공학부는 대부분 학생설계전공을 함께 운영한다. 일반 전공을 선택하는 학생들은 해당 전공으로 적을 옮기지만, 학생설계전공을 택하는 학생들은 자유전공학부에 남는다. 그럼 자연스럽게 그들이 학생회를 구성하고 후배들을 케어할 수 있다. 학생설계전공 학생들은 본인들이 자유전공 출신이자 자유전공 소속이기 때문에 후배들을 더 잘 챙기고 애착이 많다.

2) 다양한 행사와 프로그램으로 결속 다지기

처음은 다 어렵다. 그런데 조금 시간이 지나고 한두 해 겪으며 체계가 잡히면 그리 어렵지 않을 수 있다. 학생회가 구성되지 않았을 때는 교수와 조교가 전면에 나서서 학생들의 프로그램을 운영할 수밖에 없지만, 체계가 잡히면 훨씬 수월하고 자유로워진다.

초반에 신입생들이 서로 친구 관계를 형성할 수 있는가가 소속감 문제에 있어 매우 중요하다. 초반에 친구 관계가 형성이 안 되고 전공과 학교에 대한 애착이 생기지 않으면 금방 소외될 수 있기 때문이다.

입학과 동시에 있는 3대 행사(신입생 오리엔테이션, 신입생 환영회, 개강 총회)에 신입생들을 되도록 많이 참여시키고, 신입생들 간에 그리고 선배 학생회와 잘 유대관계를 형성할 수 있도록 각별히 노력을 기울이는 것이 필요하다. 이때 학과 동아리나 소모임에 가입하도록 하여 대집단만이 아니라 소집단 간에 관계 형성이 다채롭게 될 수 있도록 하는 것이 필요하다.

3) 대학 내 자유전공 존재감 확장하기

과거엔 아주 소수만 자유전공이었고, 그 자유전공도 그리 알려져 있지 않았다. 그런데 자유전공 인원이 상당수가 되고, 자유전공에 대한 관심도가 높아지며 많은 학생과 교수들이 알고 있기 때문에 예전보다 소외감은 훨씬 적어지고 있다. 오히려 학사제도 유연화와 융합교육의 미래 교육 방향으로서 자유전공의 존재감이 확장되고 있다.

그렇다면 자유전공 출신이 아닌 학생들은 자유전공 학생을 어떻게 바라볼까? 자유전공 출신의 친구를 어떻게 생각하고 어떤 장단점이 있다고 생각하는지를 일반 학생에게 질문을 해보았다. 일반 학생은 사회대에 소속되어 있는 4학년 학생으로 주변에 자유전공 출신의 친구들이 있었다.

▶ **표 Ⅲ-7** A대학 일반전공 학생(4학년)의 자유전공에 대한 인식 질의응답

질문: 자유전공 출신 학생에 대한 인식과 편견이 있다면?

일반학생: 자유전공 학생들에게 편견은 없습니다. 다만, 편입생에게 느끼는 정도의 수준은 아니지만 학년이 올라가면서 새롭게 마주하게 되는 자유전공 친구들에 대해 초반에 느끼는 어색한 감정 정도일 것 같습니다.

질문: 자유전공 출신 학생들과 평소에 어떤 교류를 하고 있나요?

일반학생: '자유전공' 학생들이라고 나누어서 인식하고 있을 정도로 그들을 구분하고 있지는 않지만, 굳이 제 주변 사람들 중에서 자유전공에서 온 친구들을 짚어본다면 꽤 다양하게 있는 것 같습니다. 복수전공에서 만난 사람도 친해지고 보니 자유전공 출신이었고, 작년 학과 학생회를 같이 한 친구도 자유전공에서 온 친구였습니다. 물론 같은 학과 친구들보다는 그 수가 매우 적지만, 자유전공 친구들과도 원만하게 지내고 있습니다.

질문: 자유전공 출신 학생들의 장점은?

일반학생: 자유전공 출신 친구들은 더 다양한 네트워크망을 가지고 있었습니다. 같은 동기들이 다양한 학과에 분포되어 있기 때문인데, 그들로 인해 저도 좋은 영향을 주는 다양한 사람들을 소개받게 되고 더욱 여러 사람들과 다양

	한 감정과 경험을 공유하는 기회가 생긴 게 장점이라고 봅니다.
질문:	자유전공을 선택한 학생들이 전공 선택 후 나와 같은 학과에 배치되었을 때 어떠한 단점이나 불편함이 있었나요?
일반학생:	전혀 없었습니다.
질문:	전공을 선택하여 입학한 학생과 자유전공으로 입학한 학생이 대학생활을 하면서 겪는 가장 큰 차이점에는 어떠한 것들이 있나요?
일반학생:	본인이 진짜 하고 싶은 것에 대해 '대학수업'을 받으면서 고민할 수 있는 기회를 가진 뒤 적절하게 그 기회를 활용하여 전공을 선택한 친구들이기에, 자신이 선택한 학과에 보다 만족하면서 다니는 것 같다고 생각했습니다.

자유전공 출신이 아닌 일반학생의 응답은 상당히 긍정적이었다. 자유전공 출신 친구들이 '초반에 약간의 어색함'은 있지만 어색함은 잠시이고 교류도 많이 하며 오히려 다양한 친구들을 자유전공 친구들로부터 소개받고 있다고 말하였다. 또한 자유전공의 강점으로 '동기들이 여러 학과에 분포'되어 있기 때문에 "다양한 네트워크망"을 가지고 있다는 것을 높이 평가하고 있다.

자유전공이 신생학과가 많다는 점과 새로운 전공에 2학년으로 배정받아 진입하는 초기의 '어색함'이 있을 수 있다. 그리고 사교적 성격이 아닌 학생들에게는 학과 배치 이후 동기들과 친해지는 것이 조금 어려울 수 있다. 하지만 일반학생의 인식과 평가처럼 자유전공 학생들은 여러 전공에 친구들이 있어 전공별로 다양한 정보를 획득할 수도 있고 교류가 폭넓은 것이 강점이다. 동아리나 학생회 활동 등으로 친구들을 사귀어 나가고 전공 생활을 해나가면 우려만큼 소속감이 큰 문제는 아닐 수 있다. 또한 전공과 학교에서도 자유전공 학생들이 초기 관계가 잘 형성될 수 있도록 멘토링과 친교프로그램을 만들어주면 학생들은 금방 적응해나갈 것이다.

6 2학년 진급 시 전공 학업 적응엔 문제없나? (전공 학업 적응)

일단 내가 희망하는 전공을 선택하고 진학하는 데는 성공했다. 그 다음은? 바로 2학년에서의 적응이 관건이다. 특히 학업적인 면에서 1학년부터 전공수업을 듣고 온 친구들에 비해 전공을 이수하지 않고 온 자유전공 학생들은 걱정이 들 수 있다. '전공 수업을 잘 따라갈 수 있을까?', '친구들에 비해 내가 학점을 잘 못 받는 건 아닌가?'란 생각이 든다.

1학년 때부터 선이수 과목을 정해놓은 전공들이 있다. 예를 들면 컴퓨터공학과는 '기초 자바수업', 화학과는 '기초 화학'과 같은 과목이다. 회계학과 같은 경우는 '기초회계1'을 1학년 때 듣도록 하고, 2학년 때는 '기초회계2'를 필수로 이수하도록 하기도 한다. 일반적으로 인문·사회계열보다는 자연·공학·IT계열이 선이수 과목이 더 있는 편이다. 해당 분야가 학문의 위계성이 분명하기 때문이다. 학문의 위계성이란 이수해야 하는 지식과 과목의 순서와 서열을 말한다. 초·중·고등학교 때 수학 과목에서 선지식이 없으면 다음에 나오는 지식과 단원을 이해 못 하는 경험을 해봤을 것이다. 보통 '사회' 과목보다는 '수학' 과목이 위계성이 높고 분명하다고 한다.

대학에서도 수학, 과학 지식과 연계성이 높은 자연·공학·IT계열의 전공들이 선이수를 많이 요구하는 편이다. 물론 해당 계열의 모든 전공들이 선이수 과목이 있는 것은 아니다. 이는 대학마다 전공별로 다르다.

2학년 희망 전공을 탐색할 때 해당 전공의 선이수 과목이 있는지를 확인해보는 것이 좋다. 내가 해당 전공을 확실히 선택한다면 1학년에 개설되어 있는 전공 기초 과목을 이수하는 것이 학업 적응에 도움이 된다.

그런데 여러 전공을 탐색해봐야 되고, 특정 전공 기초 수업도 듣고… 시간과 학점이 한정되어 있는데 모두 할 수 없지 않은가? 또한 내가 염두에 둔 전공과 막상 결정한 전공이 다를 수도 있을 텐데 이럴 경우는 어떻게 해야 하는가?

그래서 대학별로 다양한 방안과 시스템을 구축하고 있다. 자유전공학생뿐만 아니라 전공변경 학생, 편입학생 등 전공을 바꾸거나 적을 변경하는 일이 빈번해지고 있기 때문이다. 그리고 고등학교에서 문이과 구분이 없어지면서 고등학교 때 기초 지식을 쌓지 않거나 아예 과목을 배우지 않고 진학하는 경우도 증가하고 있다.

첫째, 1학년 선이수 과목을 줄이고 있다. 예전엔 1학년부터 전공필수과목을 배치하고 학생들이 이수하도록 하는 것이 관행이었다. 하지만 많은 대학에서 1학년 때는 교양 중심으로 수업을 듣고, 2학년 이후 전공 수업을 듣도록 하는 교육과정 이수 흐름으로 변경되고 있다. 필수 전공수업을 1학년 때 배치할수록 학생들은 다양한 교양을 폭넓게 탐색하는 기회를 놓치게 된다. 그리고 전공에 뒤늦게 진입한 학생이나 다전공 학생에게 전공 진입의 허들(장애물)이 된다. 그러면 해당 학생들은 당연히 심적 부담을 안고 해당 전공 진입에 주저한다. 그래서 많은 대학에서 1학년 선이수 과목을 가능한 줄이며, 전공은 2학년 때부터 듣도록 하는 체제로 전환하고 있다.

둘째, 2학년에 다시 이수할 수 있는 기회를 제공하고 있다. 혹은 계절학기 수업을 개설하여 기초 전공 과목을 제공하고 있다. 1학년에 전공필수 수업을 개설하지 않는 분위기이지만, 그럼에도 일부 전공에서는 1학년부터 전공 필수 과목을 배치하는 경우가 있다. 1학년에 반드시 이수해야 하는 전공 수업이 있다면, 1학년 때 전공 과목을 이수하지 못했다고 하더라도 2학년 때 진입하여 이수할 수 있다. 1학년 때 개설된 전공필수 과목을 좀 늦게 듣더라도 모든 2학년 과목을 이해하지 못하는 경우는 드물다. 그럼에도 2학년이 되어 1학년 수업을 듣는 것이 늦는다고 생각하면 계절학기 수업을 활용할 수 있다. 전공을 1학년 후반부에 결정하여 전공 기초 수업을 못 들었다면, 계절학기를 통해 2학년 진입 전에 이수할 수 있다.

셋째, 기초학력증진프로그램으로 해당 지식을 배울 수 있는 기회를 제공한다. 많은 대학에서 교과·비교과로 기초학력증진프로그램을 운영한다. 계열을 넘나들며 전공을 변경하는 학생들이 증가하고 있기 때문에 수학, 물리 등 전공 기초 학습 능력을 증진할 수 있는 교과와 프로그램을 개설하는 경우가 많다. 이 프로그램이 비교과로 방과후나 방학 중에 개설되기도 하지만, 일부 대학은 학점으로 제공하여 학생들이 부족한 지식을 보충할 수 있도록 한다.

대학의 교육과정 구성이 1학년부터 전공을 깊게 파고들도록 하는 것이 아니라, 저학년에 폭넓은 탐색과 보편적 교양 지식을 쌓는 것을 권장하는 추세이다. 학생들이 선택한 전공에 빠르게 적응하고 뒤처지지 않도록 하는 여러 시스템이 제공되고 있다. 그럼에도 학업에 어려움이 있는 학생들은 각 대학의 상담센터와 담당 교수와 상담을 통해 힘든 점을 상담받고 지원받을 수 있다. 아직은 학생 개별로 맞춤형 학습지원체제를 갖춘 대학이 많지 않지만, 학생들이 학업적으로 어려움을 겪는 경우가 이전보다 증가하고 있어 학교 측에서도 학습지원체제 운영에 신경을 쓰고 잘 갖춰가고 있다. 이를 통해 자유전공학생들뿐만 아니라 여러 학생들이 학업과 대학 생활에 안정적으로 적응할 수 있을 것이다.

대학별로 자유전공뿐만 아니라 전공을 변경하거나 다전공을 하는 학생들을 위해 지원 체제를 갖춰 나가고 있다. 서울대는 전공설계지원센터 설치를 통해 학생들의 교육과정 구성과 전공 선택, 전공 변경을 체계적으로 지원하고 있다. 국민대는 단계별 프로그램을 제공하고 있다. 단계별로 디딤돌을 놓아 학생의 학습과 전공선택을 돕는 스캐폴딩 시스템이라 할 수 있다. 입학부터 졸업 이후까지 체계적인 지원을 위해 입학 단계(전공자율선택제), 재학 초기(전과 및 연계 융합 전공), 재학 중(오메가교육시스템, 인턴십, 창업학기, 체험형 프로젝트), 졸업(취업 및 창업) 단계별 프로그램을 제공한다. 국민대의 '오메가교육시스템'은 현장에서 다양한 성공과 실패 경험이 있는 선배 학생이 해당 경험을 바탕으로 입학 시 선택한 전공과 다른 새로운 전공으로 변경 선택한 학생을 지원해 주는 제도이다.[12]

7 졸업이 늦어지지 않나? (졸업 소요 기간)

대학 입학도 중요하지만 졸업을 제때 하는 게 중요하다. 자유전공은 전공을 늦게 결정하다 보니 졸업이 늦어지지 않나 걱정이 된다. 또한 전공을 제대로 선택하지 못하고 계속 고민과 방황만 할 수도 있다. 그럼 2학년 진급도 늦어지고, 졸업에 필요한 전공 학점 이수도 미진할 거란 우려가 될 수 있다. '내 친구 딸을 봤더니 A대학 자유전공에 다니는데 졸업은 안 하고 계속 학교만 다니고 있더라...'라고 얘기하는 소리도 들었다. 과연 1년 늦게 전공을 선택한다고 졸업이 늦어질까?

우리나라 자유전공학부 학생들이 졸업을 제때 하는지에 대한 통계는 찾아보기 힘들다. 미국 통계를 한번 살펴보자. 미국의 전공 미결정 학생들은 졸업이 일반 전공 학생들에 비해 좀 늦어진다는 연구 결과도 있고, 다른 전공에 비해 늦지 않다는 통계도 있어 엇갈린다. 미국의 사례이기는 하지만 펜실베이니아주립대의 자유전공 졸업생이 일반 전공 학생에 비해 차이가 없다는 발표가 학교 홈페이지에 제시되어 있기도 하다. 미국에서는 1년을 전공 탐색한 후 2학년 진급 시 전공을 결정하는 것이 그리 늦은 것은 아니다. 미국은 3학년 진급 시 전공을 선택할 수 있도록 유연하게 운영하는 대학이 상당수 있다.

그럼에도 불구하고 학생들이 사회 진출이 너무 늦어지지 않고 적정한 시기에 졸업할 수 있도록 하는 대비책들은 필요하다. 이를 위해 각 대학의 자유전공학부에서 실시하는 몇 가지 제도를 소개해보겠다.

첫째, 대부분 2학년 진급 시 기본 전공 선택 의무화를 하고 있다. 기본전공은 제1전공이다. 전공 선택이 너무 늦어지면 학생들의 전공 적응과 적기 졸업에 어려움을 겪을 수 있다. 그래서 우리나라 자유전공을 운영하는 대부분의 대학들은 2학년 진급 시 기본전공을 선택하도록 의무화하고 있다. 기본전공은 전공 필수 수업(전필) 등 졸업학점과 요건을 잘 채우는 것이 중요하다. 복수전공과 부전공은 중도에 포기하면 해당 전공이수증을 획득할 수는 없지만 졸업 자체에 문제가 생기지 않는다. 향후에는 미국처럼 3학년 진급 시 전공을 선택하도록 하는 방식도 생겨날 거라 예상된다. 현재는 2학년 1학기부터는 본인이 선택한 기본전공의 교육과정을 이수하도록 하는 시스템이므로 이는 자유전공 출신 학생의 졸업이 너무 늦어지지 않도록 하는 데 도움을 줄 것이다.

둘째, 학생별 진로상담 지도교수를 배정하고 있다. 학생들은 고등학교까지 담임교사가 있고, 담임교사가 학생들의 생활적인 부분을 많이 상담하고 관리한다. 자유전공은 선배가 부족한 상황과 진로상담이 타과 학생들보다 더 필요한 상황을 고려하여 학생별 진로상담 지도교수를 배정한다. 그리고 진로상담코디네이터나 학사지도교수를 배정하여 전공수업선택과 전공탐색에 대한 상담을 한다. 자유전공학부 전임교수가 학생이 희망하는 전공을 모두 상담하기 어렵기 때문에 학생이 희망하는 전공의 전임교원을 지도교수로 배치한다. 혹은 다른 전공의 교수들을 자문교수로 임명하여 학생들의 전공선택이나 커리큘럼 구성 시 상담을 받도록 하고 있다. 특히 최근 학사지도교수(Academic Advsior)의 중요성이 커지면서 학교별로 전공상담교수, 학업진로상담자문관, 진로상담코디네이터 등의 이름으로 채용이 많아지고 있다. 명칭은 조금씩 다르지만 학생들의 전공탐색과 진로·학업상담을 통해 학생들이 각자의 목표에 맞게 대학 생활을 잘 해나갈 수 있도록 돕는 역할을 하는 것은 같다.

▶ **표 Ⅲ-8 학사지도교수의 필요성과 역할**

학사지도교수 필요성	학사지도교수 역할
• 융합학문에 대한 수요 증가 • 학생의 학업 요구 및 진로 다양화 • 학생설계전공, 복수전공 등 다전공 활성화	• 전공탐색 및 진로·학업 상담 • 학생 맞춤형 정확한 정보 제공 • 전공설계공모전, 전공박람회 등 비교과프로그램 운영

셋째, 멘토시스템과 희망전공 사전 조사, 전공박람회를 운영하고 있다. 학생이 가기를 희망하는 전공의 선배와 멘토-멘티를 맺게 하여 해당 전공의 수업이나 향후 취업 등에 대해 궁금증을 묻고 해소하는 시스템을 대부분 대학은 운영을 하고 있다. 또한 탐색하고 희망하는 전공을 사전 조사한 데이터를 토대로 상담에도 활용하고 관련 정보

를 맞춤형으로 지원하기도 한다. 그리고 강의실에서의 전공설명회나 부스형 방식의 전공박람회를 통해 실제적인 전공 탐색과 적성에 맞는 전공을 찾을 수 있도록 돕는다.

물론 이러한 대비책에도 불구하고 학생의 졸업 시기가 늦어질 수 있다. 전공을 1년 후에 선택하는 것이 문제라기보다는 나에게 맞는, 내가 하고 싶어 하는 전공과 진로 분야를 잘 정하느냐가 졸업에 더 중요한 요인이다. 전공을 뒤늦게 바꾸거나 여러 번 바꾼다면 그것은 졸업이 늦어지는 데 영향을 미칠 것이다.

설령 졸업이 늦어지더라도 직장 생활을 하며 뒤늦게 후회하며 새롭게 대학을 다니는 것보다는 빠를 것이다. 그리고 요즘 학생들은 휴학을 많이 하며 재충전의 기회를 갖는 것이 보편화되고 있다. 단순히 시간을 허비하는 것이 아니라 나에게 맞는 전공탐색을 위해 시간을 보내다가 졸업이 좀 늦어지는 것이 큰 문제가 되는 것인지는 곰곰이 생각해봐야 할 것이다.

8 전공 선택 후 졸업까지 어떤 경로를 거치나? (전공 선택 후 경로)

우리나라는 전공과 직업 간 미스매치가 심한 편이다. 다음의 그래프를 살펴보면 한국은 영국, 이탈리아와 함께 전공-직업 간 미스매치가 가장 높은 수치를 보인다. 한편 서유럽이나 북유럽 국가들은 직업기술교육체제가 안정적으로 확립되어 있어 미스매치 비율이 낮다.

▶ **그림 Ⅲ-2** 전공-직업 간 미스매치

(단위: %)

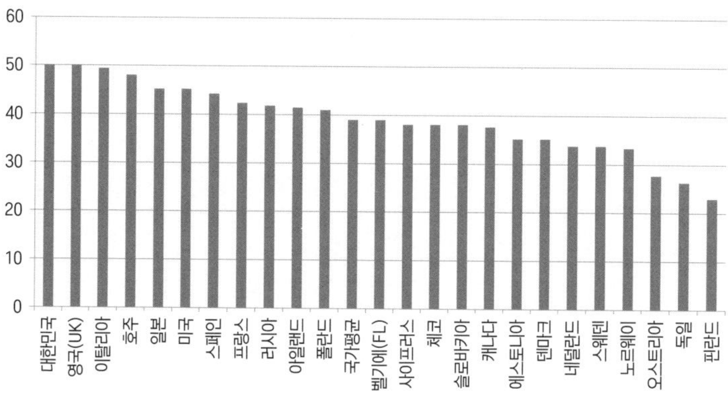

출처: 한요셉(2018)[13]

자유전공 학생들의 전공 선택 후 과정은 외형적으로는 일반 학생들과 큰 차이가 없다. 물론 대학별로 차이가 있긴 하지만, 교육과정과 학교생활 측면에서 일반 전공과 다른 점을 보일 수 있다.

교육과정 측면에서 자유전공학부 학생들은 희망 전공의 수업 외에도 자유전공학부에서 개설된 과목을 이수해야 한다. 예를 들면 전공설계, 진로탐구세미나 수업 같은 것이다. 학교생활의 측면에서 자유전공학부는 기존의 동일한 전공 학생들이 모여 생활하는 것과 다르게, 다양한 전공으로 이동할 학생들이 모여 생활한다. 물론 전공 선택 후에는 본인이 선택한 전공의 학생회와 동아리에 참여하며 교류를 하는 것은 동일하다.

이와 관련하여 미국의 전공 미결정 학생들에 대한 연구 결과를 살펴볼 필요가 있다. 미국 연구에 따르면 전공 미결정으로 입학한 학생들이 전공 선택 후 학교에 잘 적응한다. 그 이유는 전공 미결정 학생들이 전공을 선택하기까지 전공 탐색과 자신에 대한 성찰의 시간을 가지며 신중히 전공을 결정했기 때문이다. 대학에 입학할 때는 전공을 조기 결정하여 전공 코스를 하루라도 일찍 밟아 가는 것이 빠른 것 같아도 실제로는 그렇지 않은 경우가 많다.

그래서 미국의 많은 대학에서는 대학 입학 전에 갭이어(Gap Year)를 권하기도 한다. 갭이어는 대학 입학 전 완충기이자 전환기를 가지며 사회에서 다양한 경험을 하며 세계로 여행하는 등 자신을 탐색하고 미래를 설계하는 시간으로 활용된다. 미국도 대학에서 전공 결정의 어려움을 인지하고 입학 전 갭이어를 권하는 상황인데, 한국은 어떠하겠는가. 입학 전부터 확신을 갖고 전공을 결정하여 그 전공을 마음에 들어 하는 학생의 비율이 얼마나 될까? 국내 연구 결과에 따르면 자신의 적성을 고려하지 않는 입시성적 위주의 전공과 학과 선택에 대해 대학생의 50% 정도가 선택한 전공에 대해 고민하고 있다.[14] 대학 입학 이후에도 자신의 진로를 결정하지 못해 반복적 휴학과 자퇴 비율이 높아지고, 취업을 하더라도 이직이 빈번해지고 있다.[15]

2019년 대졸자의 56.9%가 휴학 경험이 있다.[16] 취업 준비, 자격증 및 고시준비 등을 위한 휴학뿐만 아니라 졸업유예도 증가하고 있다. 취업 및 진로목표 미설정도 13.8%를 차지하였다. 졸업 때까지도 취업과 진로목표 설정이 되지 않았다는 의미이다. 졸업 유예의 대표적 이유는 취업 공백기를 줄이기 위해서, 일자리 지원 기회를 갖기 위해서 등이다.

청년들의 졸업 이후 취업 기간이 2021년 12.1개월로 2007년 10.5개월에서 1.6개월 증가하였다. 이전에 비해 취업 준비 기간도 길어지고 취업도 어려워져 기간이 증가하였다. 2007년에는 남성이 여성보다 졸업 후 취업까지 걸리는 시간이 더 소요되었으나, 2021년에는 거의 유사한 수준이 되었다.[17]

최근에는 많이 바뀌고 있지만, 우리나라는 전공 변경이 제도적으로 문화적으로 그리 쉽지 않은 상황이었기 때문에 입학전공을 그대로 유지하는 비율이 높다. 그런데 미국처럼 전공 미결정 입학 기회가 훨씬 많아지고 전공 변경이 제도적으로나 문화적으로 유연해진다면 전공 유지 비율은 지금보다 훨씬 하락할 가능성이 높다.

고등학교부터 다채로운 경험을 통해 자신의 성향과 특기를 파악하여 진로를 설계한 경우가 아니라면 전공을 자신 있게 결정하기 힘들다. 왜냐하면 전공 선택의 문제는 단지 입시 기간의 문제에 국한되지 않기 때문이다. 전공 결정은 대학 생활 적응과 학과에서 맺는 선후배 관계, 그리고 취업 이후 삶의 문제와 연결되어 있다. 설령 전공을 결정하였다고 하더라도 대학에 와서 탐색을 하다 보면 해당 전공이 맞지 않다고 생각될 가능성이 있다. 또한 다른 분야에 새롭게 관심이 생길 가능성이 있다. 그럼 자연스럽게 전공을 변경하거나 추가하게 된다. 이것이 학생 중심적 전공 결정 과정일 것이다.

다음의 그림은 국민대 자유전공의 입학부터 졸업까지 경로이다. 입학하여 전공을 탐색하고 제1전공을 결정하는 과정을 보여주고 있다. 이처럼 자유전공은 전공 선택 과정과 교육과정이 일부 다르기는 하지만, 졸업까지 경로는 일반 전공과 큰 차이가 없다고 볼 수 있다.

이 과정을 간략하게 설명하면 다음과 같다. 전공을 탐색하는 무전공으로 입학하며 입학 전에 신입생 기초학습능력 향상 프로그램을 수강하기도 한다. 입학 후에는 1학년 말까지 교과목 수강, 상담, 전공탐색박람회 등을 통해 전공을 탐색한다. 이러한 과정을 통해 본인이 염두에 두었던 탐색전공을 유지하기도 하고, 다른 전공으로 변경하기도 한다. 1학년 학기말에 제1전공을 선택하여 2학년에 진급한다. 진급 이후에는 선택한 제1전공을 유지하기도 하며, 전과로 전공을 변경하기도 한다. 복수전공, 학생설계전공 등 다전공을 이수하기도 한다.

▶ **그림 Ⅲ-3** 자유전공 입학부터 졸업까지 경로

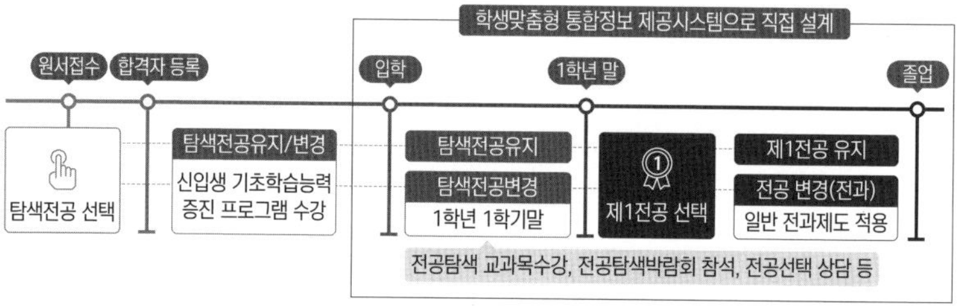

출처: 국민대 홈페이지(2025)[18]

한편 자유전공 학생을 주로 교육하고 관리하는 자유전공의 행정 부서 소속이 어디인지는 대학마다 차이가 있다. 이를 자유전공 거버넌스(governance)로 칭하기도 한다. 자유전공학부의 소속은 특정 단과대학이 아닌 경우가 많다. 학부대학, 교양대학, 융합대학, 독립학부, 총장 직속 등 다양하다. 이것은 교육과 행정 지원 체계와도 밀접하게 연계된다. 그리고 학생들이 일반 전공을 선택하지 않고 자유전공학부에서 4년제 과정을 이수하는 경우 졸업장에 명기되는 소속과도 연결된다. 자유전공학부가 학부대학 소속이면 "○○대학교 학부대학 자유전공학부 ○○전공(문학사, 이학사, 공학사 등)"으로 명기된다. 한편 자유전공학부가 독립학부이면 "○○대학교 독립학부 자유전공학부 ○○전공(문학사, 이학사, 공학사 등)"으로 명기된다. 자유전공학생들을 미래 역량을 갖춘 인재로 키우기 위해서는 교육 경로를 잘 설정하고, 적합한 교육과정과 전공탐색 지원 체계가 뒷받침되어야 할 것이다.

PART IV

자유전공 합격 전략과 대학 선택 기준

1 자유전공 운영 대학과 대입 경쟁률은? (대입 경쟁률)[1]

자유전공 운영 대학 현황

2025, 2026학년도 대학 입시에서 가장 주목받는 사항 중 하나가 전공자율선택 모집, 즉 자유전공 설치 학교 증대와 모집 인원수 확대이다. 수험생을 대상으로 2025년 입시에서 가장 관심 있는 이슈를 묻는 질문에 1위가 전공자율선택제(35.9%), 2위가 의과대학 증원(29.1%), 3위가 수능 최저 기준 신설 대학 증가(14.5%)였다. 그리고 전공자율선택제에 대해 얼마나 알고 있는지를 묻는 질문에 46.2%가 잘 모르거나 전혀 모른다고 응답하였다. 또한 전공자율선택제 모집 단위에 지원할 의향이 있는 학생이 37.2%, 지원할 의향이 없는 학생이 23.3%, 아직 잘 모르겠다는 학생이 39.4%였다.[2] 이는 전공자율선택제에 관심은 있지만 이해도는 낮은 학생들이 적지 않다는 것이다.

자유전공 확대는 수험생뿐만 아니라 대학 교수와 경영진에게도 주목의 대상이다. 대학 총장의 주된 관심사 1, 2위는 '재정지원사업'과 '신입생 모집 및 충원'이므로,[3] 두 항목과 자유전공 설치 및 확대는 밀접하게 연계된다.

자유전공은 대학마다 부르는 명칭이 다양하다. 연구 결과에 따르면 '자유전공학부'(서울대, 강원대 등)라는 명칭이 가장 많이 쓰이고, 그 외에 자율전공학부(전남대, 경희대 등), 글로벌자율학부(국립부경대, 고려대 등), 글로벌융합학부(덕성여대, 이화여대), 융합전공학부(안동대, 숭실대) 등으로 불리고 있다. 전체적으로 무전공제라는 공통점이 있지만 대학별로 어디에 방점을 두느냐에 따라 '융합'이나 '글로벌'이라는 단어를 함께 병기하여 사용하고 있다.[4]

교육부에서 발표한 '2025학년도 대입전형시행계획 주요 사항 안내' 자료에 따르면 전공자율선택제(자유전공)는 73개교(수도권대 51개교, 국립대 22개교)에서 총 3만 7,935명(28.6%)을 선발할 예정이다.[5] 이는 2024학년도의 선발 인원 9,924명(6.6%)에 비해 약 4배가량 증가한 수치로, 2024학년도 대비 2만 8,011명(22%p)이 증가한 인원이다(<표 Ⅳ-1> 참조).

유형2는 유형1에 비해 6.2%p 높다. 수도권대와 국립대 모두에서 유형2의 비율이 높은데, 특히 국립대가 수도권대에 비해 유형 2의 비율이 높다. 국립대는 2024학년도에 비해 2025학년도에 유형2가 15.3%p나 증가했다. 이는 자유전공 확대가 속도감 있게 추진되는 상황 속에서 유형1에 비해 유형2가 각 학과·전공의 정원 변동에 미치는 영향이 적기 때문에 유형2를 택했을 가능성이 높다.

▶ **표 Ⅳ-1 자유전공 모집 주요 현황(2024~2025학년도)**

구분	유형 1		유형 2		합계	
	'24학년도	'25학년도	'24학년도	'25학년도	'24학년도	'25학년도
수도권대 (51교)	2.4% (2,296명)	13.1% (11,408명)	5.4% (5,222명)	16.4% (14,240명)	7.7% (7,518명)	29.5% (25,648명)
국립대 (22교)	0.6% (294명)	7.5% (3,436명)	4.0% (2,113명)	19.3% (8,851명)	4.5% (2,407명)	26.8% (12,287명)
합계	1.7% (2,590명)	11.2% (14,844명)	4.9% (7,335명)	17.4% (23,091명)	6.6% (9,924명)	28.6% (37,935명)

출처: 교육부(2024)[6]

자유전공 선발 인원은 2025학년도에 비해 2026학년도에 더 증가하였다. 한국대학교육협의회의 조사 결과에 따르면 대학은 향후 자유전공을 더 확대할 계획임을 알 수 있다([그림 Ⅳ-1] 참조). 한국대학교육협의회에서 2024년 1월에 190개교 회원대학 총장을 대상으로 설문한 결과에 따르면 응답한 전체 135개교(응답률 71.1%) 중에서 2024년 1월 현재 자유전공(무전공) 운영 대학은 61개교(45.2%)이고 미운영 대학은 74개교(54.8%)이다. 자유전공의 향후 확대 계획에 대한 질문에는 현재보다 많은 118개교(87.4%)가 운영을 유지·확대하거나 도입할 예정이라고 응답하였다. 이러한 수치는 더 이상 자유전공이 소수 대학에서 운영하는 '소외 전공'이 아니고, 한국 대학교육의 중요한 체제이자 방향이라는 것을 의미한다.[7]

▸ **그림 Ⅳ-1** 자유전공(또는 무전공) 운영 현황 및 향후 계획

현재 현황(n=135개교)		
구분	빈도수	비율
① 모든 전공에 대해 구분 없이 모집	28	(20.7)
② 계열 또는 단과대 단위 모집	33	(24.5)
③ 운영하고 있지 않음	74	(54.8)

➜

향후 계획(n=135개교)				
구분		빈도수	비율	합계
자유전공(무전공) 운영(①+②)	현행 유지	14	(23.0)	61 (100%)
	확대 예정	47	(77.0)	
운영하고 있지 않음(③)	계획 없음	17	(23.0)	74 (100%)
	도입 예정	57	(77.0)	

출처: 한국대학교육협의회(2024)[8]

자유전공 대입 경쟁률

2025학년도에 이어 2026학년도에도 자유전공 모집이 대학별로 신설되거나 확대되었다. 이에 주요 대학 중심으로 경쟁률을 살펴볼 필요가 있다. 대입 경쟁률은 수험생의 관심도와 대학의 학생 모집

을 가름하는 중요한 지표이다. 수도권에 있는 주요 18개 대학 중에서 2025학년도 이전부터 자유전공(유형1) 수시 모집을 실시했던 대학은 6개 대학, 7개 모집 단위에 불과했다. 하지만 2025학년도 대입부터는 15개 대학, 23개 모집 단위로 수가 늘었으며 모집 인원도 확대되었다. 2026학년도에는 서울 소재 주요 대학의 자유전공 수시 경쟁률이 22.18:1로 나타나 2025학년도의 23.46:1 경쟁률 대비 1.27포인트 소폭 하락하였다. 하지만 자유전공 지원 인원은 72,536명으로 전년도 68,143명보다 4천 명 이상 증가했다. 경쟁률 하락은 자유전공 모집 인원 확대가 주요 요인으로 작용했다. 자유전공은 여전히 매력적인 선택지로 많은 학생들이 지원한 것으로 보인다.[9]

수시 모집 단위는 교과, 논술, 종합전형으로 구분된다. 자유전공의 경쟁률은 대체적으로 논술전형 ＞ 종합전형 ＞ 교과전형 순으로 경쟁률이 높은 것을 〈표 Ⅳ-2〉에서 확인할 수 있다. 특히 2025학년도에 한양대(인문 141.13:1, 자연 164.34:1)와 경희대(111.13:1)의 논술 전형 모집단위는 매우 높은 경쟁률을 기록했지만, 2026학년도에는 전년 대비 하락하였다. 자유전공학부가 2025학년도에 많은 대학에서 신설되었기에 신생 학과에 대한 정보가 부족해 그 불확실성이 컸다. 그런 상황 속에서 학생들은 교과전형보다는 논술전형과 종합전형에서 합격 가능성을 탐색하고 지원한 것으로 보인다.[10]

▶ **표 IV-2 주요 대학 무전공(유형1) 모집 및 최종 경쟁률 현황(수시 전형) (2025, 2026학년도)**

대학명	모집 단위	전형	'25년 모집 인원	'26년 모집 인원	2025 경쟁률	2026 경쟁률
경희대	자율전공학부	교과	49	49	11.73	8.61
고려대	자유전공학부	교과	18	18	7.78	5.56
동국대	열린전공학부(인문)	교과	50	50	14.14	10.90
	열린전공학부(자연)	교과	50	50	17.96	14.72
성균관대	자유전공계열	교과	20	20	13.90	16.50
한양대	인터칼리지학부	교과	40	40	19.63	9.80
건국대	자유전공학부	논술	69	65	58.17	58.77
경희대	자율전공학부	논술	8	8	111.13	92.88
고려대	자유전공학부	논술	15	15	91	86.67
	학부대학	논술	-	8	-	65.38
성균관대	자율전공계열(언어형)	논술	30	15	95.73	85.60
	자율전공계열(수리형)	논술		15		116.47
이화여대	스크랜튼학부	논술	13	13	65.46	71.62
한양대	인터칼리지학부(인문)	논술	15	15	141.13	97.33
	인터칼리지학부(자연)	논술	35	35	164.34	80.20
건국대	자유전공학부	종합	179	183	25.98	32.75
경희대	자율전공학부	종합	18	18	32.83	21.83
고려대	자유전공학부	종합·학우	22	21	19.5	16.05
	학부대학	종합·학우	-	8	-	22.50
서울대	자유전공학부	종합·일반	48	48	11.42	10.35
	자유전공학부	종합·지균	20	20	5.85	6.35

대학명	모집 단위	전형	'25년 모집 인원	'26년 모집 인원	2025 경쟁률	2026 경쟁률
성균관대	자유전공계열	종합·면접(성균)	114	120	29.39	31.32
이화여대	스크랜튼학부	종합·미래(서류)	28	21	17.29	27.95
		종합·미래(면접)		6		29.00
한양대	인터칼리지학부(인문)	종합·서류	10	10	18.6	16.40
	인터칼리지학부(인문)	종합·추천	10	10	25.5	22.50
	인터칼리지학부(자연)	종합·서류	45	25	23.31	23.48
	인터칼리지학부(자연)	종합·추천	30	30	51.4	43.87
	인터칼리지학부(자연)	종합·면접	-	20	-	46.85

*위 내용은 각 대학별 서울 본캠퍼스의 데이터만 제시함

출처: 대학별홈페이지, 이투스교육평가연구소(2025)[11]

수시뿐만 아니라 정시 선발에서도 자유전공 모집 대학과 선발 인원이 대폭 증가했다. 하지만 가, 나, 다군 모집군에 따라 자유전공의 경쟁률의 양상이 달라졌다. 〈표 Ⅳ-3〉에서 확인할 수 있듯이 주요 대학 학과들이 몰리지 않은 '다군' 자유전공 경쟁률이 일반 학과보다 상당히 높게 형성된 것에 비해, '가군'과 '나군'[12]에 속해 있는 자유전공 경쟁률은 대학별 평균 경쟁률에 다소 못 미쳤다.[13] 대체적으로 자유전공 모집 단위의 높은 경쟁률은 학생들의 대입 지원 패턴을 변화시킬 정도의 유의미한 수치라고 할 수 있다.[14]

▶ **표 Ⅳ-3** 주요 대학 자유전공 정시 경쟁률(정원 내 기준)(2025학년도)

구분	학교명	모집군	2025			대학별 평균 경쟁
			모집 인원	지원 인원	경쟁률	
1	고려대학교	가	36	103	2.9	4.9
2	성균관대학교	가	112	424	3.8	5.9
3	경희대학교	가	85	323	3.8	4.8
4	서강대학교	나	35	227	6.5	7.5
5	서울대학교	나	88	324	3.7	3.9
6	이화여자대학교	나	343	1,014	3.0	4.3
7	고려대학교	다	36	1,881	52.3	4.9
8	서강대학교	다	83	1,842	22.2	7.5
9	한국외국어대학교	다	42	479	11.4	6.1
10	한양대학교	다	62	1,324	21.4	6.2
계			922	7,941	8.6	5.3

출처:University line(2025)[15]

2 자유전공은 어떤 인재를 원하는가? (인재상)

인재상은 학생을 어떻게 키우겠다, 성장시키겠다는 의미이다. 교육을 통해 '미래'에 기대되는 학생의 모습을 담고 있다. 이는 입시의 학생 선발과도 밀접하게 관련된다. 어떤 특정 분야에 성과를 보인 학생도 해당한다. 예를 들면 수학이나 과학에 우수한 능력을 보인 학생은 미래의 과학기술을 선도할 인재란 생각을 할 수 있다. 자연대의 수학과나 물리학과라면 특정 과목에 우수한 성취를 한 학생을 당연히 우선적으로 눈여겨볼 것이다.

하지만 자유전공의 인재상은 좀 관점이 다르다. 현재의 성과도 중요하지만, 미래의 잠재력을 놓치지 않으려 한다. 아직은 가시적인 성과가 부족하더라도 성장할 수 있는 기초가 있고 싹을 엿볼 수 있는 학생을 발굴해서 키우고자 한다. 지금 당장의 성과도 중요하지만 새로운 시각과 비판적 질문을 할 수 있는 창의적 사고를 존중한다.

"몰입"이라는 저서로 유명한 심리학자인 칙센트미하이(Csikszentmihalyi)는 동료 게첼스(Getzels)와 함께 창의성에 관한 심리 실험을 일찍이 진행하였다. 미술대학 지망 학생들을 대상으로 정물화를 그리는 과제를 제시하고 '구상 단계'와 '실행 단계'로 구분하여 학생들을 관찰하였다. 학생들 중 하나의 집단은 그림의 구도를 빨리 잡고 스케치와 색칠하기를 진행한, 즉 실행이 빠른 집단이다. 다른 한쪽은 다양한 소재를 탐색하며 통해 구도를 잡는 데 시간이 걸린, 즉 구상 단계에 시간을 많이 쏟은 집단이다. 두 집단 중 어느 집단이 더 창의적이었을까? 바로 구상 단계에 시간을 많이 투여한 집단이다. 구도를 잡는 데 숙고를 거듭했고 새로운 소재를 추가하며 창의적 그림을 그렸다. 즉, 문제 발견에 시간을 더 쏟은 집단이다. 반면 실행 단계가 빠른 집단은 구도를 빨리 고정하고 단조로웠으며 이후 변화가 거의 없었다. 즉, 문제 해결에 익숙한 집단이다. 결국 익숙한 구도와 주어진 소재로 실행을 빨리하는 학생들보다는, 초기엔 시간이 더디더라도 질문을 던지며 관행적 구도에 변화를 주는 학생들이 더 창의적이었다. 자유전공은 익숙한 경로로 안정적인 성취를 하려는 학생보다는 위의 예처럼 질문을 던지며 새로운 문제를 발견하는 학생을 선발하여 인재로 양성하려 한다.

각 대학 자유전공학부의 인재상을 살펴보자. 서울대 자유전공학부의 인재상은 "경계를 넘어 미래로"라는 미션하에 "인류공동체에 기여하는 실천적 인재 양성"을 비전으로 삼고 있다. "인재는 스스로 자유롭게 자신의 전공과 진로를 찾아가고, 학문적·지리적 경계를 넘어서는 종합적 사고와 거시적 안목을 갖추어서, 창의적이고 융합적으로 당면한 문제를 해결할 수 있어야 한다"고 밝히고 있다.[16]

한편 한양대 자유전공학부인 인터칼리지는 "경계를 초월한 현상학적 경험으로 세상을 바꾸는 글로벌 탐험가"라는 기치하에 "안전지대에서 벗어나 미지의 것을 수용할 수 있는 인재"를 인재상으로 내세우고 있다.[17] 국립대 중 일찍이 자유전공학부를 운영하고 있는 전남대는 자유전공학부 설립취지로 "특성화된 학문횡단형 교육 프로그램 운영, 융·복합적 문제에 대한 종합적 사유 능력 함양, 창조적·도전적·협력적 대학문화 조성"을 강조하고 있다. 대표적 교육목표는 '통섭형 인재, 전인적 인재, 글로벌 리더'를 제시하고 있다.

물론 일반 전공처럼 "전문인"을 키우고자 하는 대학도 있다. 대표적으로 이화여대가 그러하다. 이화여대 자유전공인 스크랜튼학부는 "인성과 지식을 겸비한 사회 각 분야의 전문인력 양성"을 목표로 하고 있다.[18] "전문인력" 양성이라는 표현은 자유전공학부에서 많이 쓰이고 있지는 않다. 왜냐하면 자유전공은 특정 분야나 전공을 깊이 연구하고 집중하기보다는 보편적이고 일반적인 지식을 폭넓게 공부하고 시야를 넓히는 데 기본적인 목적을 두기 때문이다. 반면에 각 전공과 학과에서는 공학 전문가, 농업 전문가 등 전문인력 양성을 목표로 하는 경우가 많다. 이화여대 스크랜튼학부가 "전문인력 양성"을 내걸고 있지만, 교육 목적으로 "다학제적, 융합적 전공교육을 통하여 개별 학생들의 창의적 능력을 배양"을 제시하고 있기 때문에 자유전공의 근본적 교육방향을 염두에 두고 있는 것으로 보인다.

정리하자면 자유전공학부는 대표적으로 “창의적”인 인재, “도전적”인 인재, “융복합적”인 인재와 같은 키워드를 바탕으로 인재상을 제시하고 있다. 기존 전공에서 제시하는 특정 분야의 “전문적”인 인재상과는 다르다고 할 수 있다. 기존에 정해진 커리큘럼과 전공을 그대로 따라가는 사람이 아니라 시대에 맞는 새로운 분야를 융합하고 창조해가는 사람을 자유전공에서는 인재상으로 삼고 있다.

3 자유전공에 합격하려면 어떻게 준비해야 하나? (합격 전략)

자유전공 선발 전형을 종합적으로 살펴봤을 때 자유전공은 학생부교과전형으로 학생을 많이 선발한다. 하지만 서울권 대학은 수시모집에서 학생부종합전형의 선발 인원이 상당하다. 물론 자유전공은 대학별 선발 인원이 일반 전공보다 많은 편이기 때문에 서울권 대학들도 자유전공 교과전형이 인원이 적지 않다. 왜냐하면 면접에 소요되는 인력과 비용 등 현실적인 이유로 면접으로 뽑을 수 있는 인원이 제한된다.

학생부종합전형의 면접에서는 당연히 학생이 어떻게 공부해왔고, 일반 전공이 아닌 자유전공을 왜 택했는지에 대해 확인을 한다. 학생부종합전형의 면접뿐만 아니라 교과전형에서도 서류평가에 대한 정성평가가 강화되고 있다. 교과전형이지만 서류를 토대로 정성평가를 반영하는 대학이 증가하고 있다. 단순히 내신 교과성적만으로 평가하는 것에 그치지 않고 과목이수여부, 과목별세부능력특기사항 등을 평가 요소에 포함시켜 평가하는 것이다. 교과전형에서도 학생의 수업활동 내용, 태도, 과정과 결과 등과 관련한 정성평가를 하는 대학이 늘어나고 있어 학교생활기록부의 과목별 세부능력 및 특기사항이 중요해지고 있다. 교과전형 서류평가 시 정성평가 반영 대학이 증가하는 추세이며 건국대, 경희대, 고려대, 동국대, 서울시립대, 성균관대, 한양대 등이 교과 정성평가를 실시하고 있다.

▶ **표 Ⅳ-4 교과전형 서류평가의 정성평가 운영 대학 예시(2026학년도)**

대학명	전형명	전형방법
건국대	KU지역균형	학생부 70+서류(정성) 30
경희대	지역균형	학생부 70+교과종합평가(정성) 30
고려대	학교추천	학생부교과 80+서류(정성) 10
동국대	학교장추천인재	학생부교과 70+서류종합평가(정성) 30
서울시립대	지역균형	학생부교과 70+교과평가(정성) 10
성균관대	학교장추천	교과 80+서류(정성) 20
한양대	추천형	교과 90+서류(정성) 10

자유전공의 서류 정성평가와 면접에서는 어떤 부분이 강조될까? 특정한 세부 전공이 없는 자유전공에서 면접을 보는 것이 타당한지에 대한 의문을 가질 수도 있다. 자유전공은 특정한 학문이나 세부 전공에 대한 적합성을 중요하게 생각하지는 않는다. 하지만 이 시대에 맞는 인재, 미래 인재, 그리고 각 대학이 추구하는 인재상에 맞게 학생의 학업 성장과 결과, 그리고 태도를 살펴본다.

자유전공 입시 키워드

○ '융합'과 '창의'

'융합(Convergence)'은 서로 섞이거나 조화되어 하나로 합쳐지고 서로 다른 종류의 것들이 결합되는 것이다. 대학에서는 전공과 전공의 연계로 학문을 넘나들며 새로운 것을 만들어 내는 '학제(interdisciplinary)'를 강조한다. 좁고 단일한 시각보다는 넓고 다양한 시각으로 바라보면 자연스럽게 '창의성'과도 연결된다. 기존의 관행과 습관에서 벗어나 다른 관점과 접근을 취하기 때문이다. 사실 고등학생이 융합과 창의적 사고와 경험을 갖는 것이 말처럼 쉽지는 않다. 하지만 학교에서 볼 수 있는 융합과 창의적 사고의 경험이 어떤 것이 있을 수 있는지 예를 들어보겠다.

A학생은 고등학교에서 1학년 때 컴퓨터 동아리 활동을 하였다. 가입 계기는 컴퓨터 게임에 관심이 커서 가입을 하였다. 동아리 선배와 전문강사로부터 코딩과 기초적인 프로그래밍을 배우기도 하였다. 동아리 활동으로 학교 인근 장애인이 다닐 수 있는 '우리동네 무장애 지도'를 앱으로 만들었다. 프로그래밍의 기초가 되는 학문이 수학이라는 것을 알고 수학 과목도 열심히 공부해서 좋은 성적을 받았다.

그런데 무장애 지도를 만들면서 우리나라 장애인 정책이 부족하다는 것을 알게 되었다. 인근 주민들의 반대에 부딪혀 특수학교 설립이 취소된 사건, 장애를 가진 사람이 우리나라에서 살기 힘들어 외국으로 이민 간 사례를 알게 되었다. 그래서 향후 장애인 정책을 공부해 장애인들이 좀 더 편안하게 우리나라와 우리 동네에서 살 수 있도록 돕고 싶다는 생각이 들었다. 장애인 정책에 본인이 관심을 가졌던 컴퓨터와 프로그래밍을 접목할 수 있으면 더 좋겠다는 포부도 가졌다.

A학생은 컴퓨터공학의 자연계열과 장애인 정책과 관련된 인문계

열이 교차하는 경험을 하였다. 이것이 융합과 학제적 경험이다. 또한 주변의 문제를 그냥 지나치는 것이 아니라 '무장애 앱'이라는 새로운 문제해결 실마리도 만들어냈다. 이 학생은 컴퓨터공학과 정책·행정을 연계하여 공부하는 융합전공을 할 수 있다. 또한 관련 융합 전공이 대학에 없다면 컴퓨터공학과와 행정학, 혹은 정치학을 연계한 학생설계전공을 구성해 공부해나갈 수 있다. 전공 이수에 대한 학업 목표를 융합적으로 제시해도 좋다. A학생의 컴퓨터와 같은 자연계열의 동아리 활동, 거기에서 장애인 행정으로 확장된 인문계열의 관심사는 자유전공에서 지향하는 융합과 창의적 성격의 예시라 할 수 있겠다.

○ '자기 주도성'과 '비판적 사고'(문제 발견, 문제 의식)

자기 주도성(agency)은 자신의 계획과 목표를 세우고 학습 활동에 적극적으로 참여하는 것이다. 물론 교사나 부모에게 도움을 받을 수 있지만, 자신이 주체적으로 판단하고 자신의 행동에 성찰과 책임을 지는 자세가 필요하다. 이는 비판적 사고(critical thinking)와도 연결된다. 문제를 주어진 것으로 수용만 하는 것이 아니라 문제의식을 갖고 분석하고 평가하는 것이다. 소위 '삐딱하게' 바라보는 태도일 수 있다. 단순히 부정적으로 바라보는 것이 아니라, 능동적으로 질문을 던지며 자신의 생각이 무엇인지, 자신이 할 수 있는 것이 무엇인지를 성찰하며 문제 의식을 갖는 것이다. 자유전공은 넓은 선택지에서 자신이 적극적으로 판단하고 책임감 있게 학습하며 진로를 개척해나가는 것을 필요로 하기에 '주도성'과 '비판적 사고'가 요구된다. 이와 관련한 한 학생의 사례를 살펴보겠다.

B학생은 사회 교과 시간에 사회적 이슈 중 하나를 정해 보고서를 작성하는 프로젝트가 있었다. B학생은 뉴스에서 본 다문화와 국제 난민 문제를 떠올렸다. 그리고 전쟁과 기근 등 난민이 발생하는 이유와

국제적으로 난민이 얼마나 많은지에 대해 보고서를 작성하였다. 이를 통해 난민 중에는 아동과 청소년도 많았고 그들이 성장과 적응에 어려움을 겪는다는 것을 알았다. 특히 우리나라에 있는 아동과 청소년 난민이 무관심 속에 학교에서도 적응과 친구 관계에 힘들어한다는 것을 알게 되었다. 단순히 아는 것만으로는 그쳐서는 안 되고 실천적 활동을 해야겠다는 생각을 하였다. 그래서 B학생은 난민 아동과 관련한 기관을 탐색하였다. 마침내 국제난민아동지원사업 기관을 찾고 해당 기관에서 봉사활동과 인턴십 활동을 꾸준히 하며 우리나라의 아동 난민 문제에 대해 이해 증대와 실천적 활동을 이어갔다. 또한 난민아동지원을 위한 학교 동아리를 만들어 친구들과 난민 아동을 위한 모금 활동도 하였다.

이처럼 B학생은 사회 교과 시간의 프로젝트를 그냥 형식적으로 하지 않았다. 내 주변에 있는 문제를 발견하고, 왜 그러한 문제가 발생했고 내가 할 수 있는 일이 무엇인지를 찾았다. 현실에 대한 비판적 사고가 있는 것이다. 또한 '나는 할 수 있는 게 없다'는 생각이 아니라 '내가 할 수 있는 일이 무얼까'를 생각했다. 그래서 국제난민아동지원 기관에서 봉사활동을 지속적으로 하였고, 학교에서는 난민아동지원 동아리를 구성하여 주체적으로 활동하는 모습을 보였다. 이 학생은 향후 국제개발협력 활동과 관련한 국제 정세와 관련된 정치학, 개발도상국의 경제 발전을 위한 국제경제학, 세계 아동인권교육과 관련된 비교교육학에 관심을 가지고 공부해나갈 포부를 갖고 있다.

자유전공은 다른 전공보다 학생이 주체적으로 이뤄내야 하는 것을 권장한다. 이를 위해서 새로운 질문을 던지며 나에 대한 이해와 사회에 대한 문제 의식을 갖는 것이 중요하다. 자신의 진로에 대한 이해를 넘어 설계하고 실천까지 이어지면 그 진로의 구체성과 체계성이 보인다. 기존에 짜인 루트를 그냥 따르기보다 내가 스스로 진로와 교육과정을 찾아 탐색해야 미래가 열린다. B학생은 교과와 봉사활동, 그리고 동아리 활동이 상호 연계되며 자기 주도적으로 문제 의식을 갖고 공부하고 실천한 활동의 사례라고 할 수 있다.

자유전공 지원 시 유의점: '자유전공은 도피처?'

대학의 전공을 정하기 위해서는 고민할 것이 많다. 전공별 입결이 있기 때문에 일단 성적이 전공 커트라인과 맞아야 한다. 그리고 당연히 본인의 적성과 진로를 고민하고 적합한 전공을 결정해야 한다. 이처럼 중요하고 간단치 않은 전공 선택을 대학 입학 시 확실히 결정할 수 있는 학생이 얼마나 될까?

그럴 때 자유전공은 하나의 유혹이 될 수 있다. '도피처'로서 자유전공을 생각할 수 있다. 첫째, 대입 지원 시 전공을 고민하기 힘드니 '뭐라도 되겠지'란 거의 포기 상태로 진로 고민 없이 지원을 하는 경우가 있다. 물론 자유전공은 일정 기간 동안 전공 선택을 유예하고 탐색하는 성격이 있다. 하지만 자신의 특성과 관심사 등에 대해 고민을 뒤로 미루고 단순히 '일단 합격해보고 그다음에 정하자'는 자세와는 다르다. 이런 '포기적 자세'로는 자유전공에 입학한다고 해도 이후 전공 선택과 진로 설정에 어려움을 겪을 가능성이 크다. 자신의 미래에 대한 생각은 누적되고, 그 누적된 힘이 자신의 전공과 진로를 결정할 힘이 된다.

둘째, 성적이 안 되니 내가 가고 싶은 전공 말고 일단 자유전공으로 가자는 생각을 할 수 있다. 물론 현실적으로는 그럴 수 있지만, 이런 생각이 서류전형이나 면접에서 느껴지면 안 좋은 결과를 초래할 수 있다. 이는 자유전공을 하나의 도피처이자 수단적 통로로만 생각하는 것이다. 자유전공의 정체성과 교육적 목표를 염두에 두고 지원하는 자세가 필요하다.

자유전공은 아직 전공을 선택할 준비나 정보가 부족하여 충분한 시간과 기회를 가진다는 점에서 전공 선택을 '유예'한다는 장점이 있나. 하지만 '도피처'가 아닌 능동적 자세로 탐색하고 경험하는 것이 필요하다. 자유전공 제도의 이점을 살려 전공 탐색과 역량 신장을 하겠다는 적극적인 마음가짐이 요구된다.

자유전공 면접 특성

자유전공 면접에서 다른 전공과의 차이점은 분명하다. 특정 전공에서의 면접은 해당 전공에 대한 관심도, 학업성취도를 묻고 확인한다. 즉 "내용"의 타깃이 분명하다. 사학과면 역사에 대해서, 기계공학과면 기계와 공학에 대해서 내용을 묻는다.

그런데 자유전공 면접에서는 특정 전공에 한정하여 묻지 않는다. "내용"이 열려 있다. 지원자의 학교 생활에서의 "○○(무엇)에 대한 학업 과정과 결과", "○○에 대한 진로탐색 과정과 결과"에 대해서 확인하지만, 그 "○○(무엇)"에 해당하는 것은 열려 있다. 그 '무엇'은 지역정치일 수도 있고, 세계의 언어일 수도 있고, 미래의 과학기술일 수도 있다. 그 학생이 어떤 관심사를 갖고, 학교 수업에서 어떤 학업 태도와 결과를 보였는지, 향후 진로로 어떻게 연결시키려 하는지 등을 확인하게 된다.

자유전공의 면접 문항은 다음과 같은 것들이 있다. 이는 하나의 예시이다.

(지원동기)

- 왜 일반 전공이 아닌 자유전공을 지원했는지?

- 왜 교과전형으로 경영학 전공에 지원하지 않고 굳이 학생부종합-탐구형 전형으로 자유전공에 지원했는지?
- 자유전공에서 무엇을 공부하고 싶은지?
- 자유전공에 입학해서 본인이 새롭게 설계하고 싶은 공부(전공)가 있는지?

(진로)

- 본인의 진로와 관련된 분야에 자기주도적으로 활동한 경험은?
- 미래의 진로와 직업을 어떻게 생각하는지? 그 분야를 걸어가기 위해 그동안 노력을 기울인 과정과 결과물은?
- 진로 탐색하는 과정에서 이뤄진 활동, 경험, 노력 정도는?
- 자신의 관심 분야나 흥미와 관련한 다양한 활동에 참여하고 노력한 경험이 있는가?
- 교과활동이나 창체에서 진로(전공, 계열)에 대한 관심을 가지고 탐색한 경험과 그 결과물은?
- 다양한 영역을 교차하며 융합하는 공부나 경험을 해본 적 있는지? 있다면 대학과 자유전공에 와서 어떻게 발전시키고 싶은지? 없다면 대학과 자유전공에서 융복합적인 경험과 공부를 해보고 싶은 영역이 있는지?

(학업)

- 학교에서 관심을 갖고 공부한 분야는?
- 어느 교과 수업에 가장 적극적으로 참여했고, 수업 참여 태도와 열정은?
- 교내 어느 활동에서 학업에 대한 열의와 지적 관심을 보인 게 있는지?

- 교과와 각종 탐구 활동에서 어떤 태도와 성과를 보였는지?
- 관심 갖고 자기주도적으로 지식을 취득하기 위해 노력하였는지?
- 관심을 갖는 교과의 성적이 좋지 않은데 그 이유는?
- 성적이 상승하지 못하고 떨어졌는데 그 이유는?

이러한 면접 문항을 통해 자유전공에 대해 미리 찾아보고 염두에 둔 학생인지, 그냥 점수에 맞춰 지원했는지를 확인할 수 있다. '내신 점수가 높지 않고 비교과 활동도 애매해서 자유전공에 지원했다'는 식의 내용은 면접에서 좋은 평가를 받기 어렵다. 사전에 준비를 한 학생들은 자유전공에서 강조하는 자기주도적 학업 태도나 융복합적 교육에 대해 자신 있게 대답을 한다. 일부 학생은 자유전공에서 실시하고 있는 학생설계전공의 융복합 분야나 전공명을 조사하여 대답을 하기도 한다. 자신이 관심 있는 새로운 전공과 분야에 대해 고등학교부터 어떤 경험과 공부를 하였는지를 토대로 대학에 와서 어떻게 공부해 나가겠다는 포부를 당당하게 표현도 한다. 물론 꼭 학생설계전공일 필요는 없다. 일반 전공의 어떤 내용과 관련되어도 좋다. 하지만 가능한 특정 전공 하나보다는 다른 전공과 연계하여 전공의 경계를 넘나들거나 교차하는 공부에 관심을 가졌고, 그것을 대학에 와서 어떤 전공이나 진로와 연결하여 이어나가겠다는 것이 자유전공의 인재 선발 취지와 좀 더 연결된다.

성균관대가 대표적으로 자유전공 선발 시 면접을 실시하는 대학이다. 성균관대는 2025학년도에 이어 2026학년도 입학 선발에서도 '면접형 성균인재전형'을 실시했다. 1단계는 생활기록부로, 2단계는 '생활기록부 70% + 면접 30%'를 반영하여 선발한다.

▶ 표 IV-5 성균관대 '면접형 성균인재전형' 모집단위(2026학년도)

선발배수	모집단위
5배수	자유전공계열, 글로벌융합학부
4배수	의예과
3배수	사범대학, 스포츠과학과

자유전공 선발 시 아직은 많은 대학이 면접이 포함된 종합전형보다는 교과전형이나 수능으로 선발하는 경우가 많다. 하지만 학생의 주도성이나 진로 계획을 확인하려면 면접과 같은 지원자의 생각을 확인할 필요가 많기에 앞으로는 면접 선발이 확대되리라 예상된다.

4 자유전공 대학 지원 시 고려할 사항은? (자유전공 대학 선택기준 체크리스트)

1) 선택 가능 전공의 범위: 유형1(대범위), 유형2(중소범위) 그리고 선택 불가능 학과

자유전공은 원칙적으로 모든 전공의 선택이 가능한 전공이다. 물론 의학계열, 사범계열 등 국가 자격증을 요하는 일부 전공을 제외하고는 진학이 가능하다. 그러나 현실은 그렇지 않다. 자유전공의 입학 정원을 확보하려면 여러 단과대학의 전공의 정원을 모아서 해당 정원을 확보해야 한다. 자유전공 정원을 그냥 순증할 수는 없다. 당연히 각 학과나 단과대의 협의와 동의가 필요하다. 여기에 전공입학정원을 뺏기지 않으려는 전공과 자유전공 정원을 일정 이상 확보하여 정부의 재정 지원을 확보하려는 대학본부 간에는 치열한 줄다리기가 벌어지기도 한다. 예를 들면 신입생 입학정원이 3,000명이면 이 중 10%는 300명, 20%는 600명이다. 이 정도의 정원을 한 번에 만들어내기가 힘들다. 그래서 단과대학별로 할당을 하여 단과대별 정원의 10% 혹은 20%씩 할당하여 학생 입학 정원을 갹출한다. 혹은 대학별로 학생의 선택이 많이 예상되는 단과대에서 입학 정원을 대폭 내놓기도 한다. 예를 들면 한양대는 공과대학에서 많은 정원을 자유전공학부 정원으로 내주었다. 왜냐하면 자유전공학부 학생의 상당수가 공과대학으로 진학이 예상되기 때문이었다. 대학별로 이러한 내적 상황이 다양하고 복잡하다. 따라서 자유전공이라 써놓고 이동은 자유롭지 않은 대학이 많다. 이를 유의해서 선택해야 한다.

좁은 범위(소범위) ◄---------- 중범위 ----------► 넓은 범위(대범위)

자유전공 학생이 선택할 수 있는 좁은 범위의 자유전공에서부터 넓은 범위의 자유전공까지 선택 폭(범위)에 따라 구분할 수 있다.

○ 연합 학과 수준(소범위): 유형2

자유전공이지만 2~3개 학과 수준에서만 선택이 가능한 경우가 있다. 예컨대 A대학에서 공학대학과 IT대학이 분리되어 있는 경우도 있는데, 이런 경우는 해당 범위 내에서 선택할 수 있는 전공이 2~3개밖에 되지 않아 자유전공이지만 전공 선택 범위가 현실적으로 제한될 수 있다. 자유전공이라고 기대하고 입학했지만 실상은 자유전공이 아닌 경우라고 할 수 있다. 자유전공 취지는 내가 전공결정을 아직 못했기 때문에 대학 입학 후 다양한 진로 탐색을 통해 전공을 선택하는 것이다. 그런데 막상 선택할 수 있는 전공이 2~3개로 제한되면 내가 다양한 범위에서 탐색을 할 수 없다. 따라서 자유전공의 선택 전공 범위가 어느 정도인지, 내가 희망하는 여러 전공을 포괄하고 있는지를 살펴보고 지원해야 할 것이다.

○ 단과대 혹은 계열 수준(중범위): 유형2

자유전공을 단과대 수준에서 선택할 수 있는 경우이다. 예를 들면 인문대, 경영대, 공과대처럼 단과대의 전공과 학과 내에서 선택할 수 있다. 일반적으로 5개에서 많으면 8개 전공이 단과대에 속해 있다. 서울대 공과대학의 경우 기계공학부, 전기·정보공학부, 컴퓨터공학부, 화학생물공학부, 산업공학과, 항공우주공학과 중에서 선택이 가능하다.

혹은 자유전공을 인문계열, 자연계열 등 대계열로 모집하는 경우이다. 각 대학에서 계열을 어느 수준으로 정해놨냐에 따라 단과대 범위가 될 수도 있고, 문과·이과처럼 더 큰 광역 계열이 될 수도 있다. 교육부에선 단과대나 계열 수준의 전공 선택이 가능한 경우를 '유형2'로 분류한다. 물론 앞의 '연합 학과 수준'도 '유형2'로 분류할 수 있지만 실질적인 자유전공 기능을 발휘하기엔 제약이 있다.

○ 대학 단위 수준(대범위): 유형1

자유전공 선택 범위가 가장 넓은 타입이다. 자유전공에 입학하면 전체 대학의 대부분 전공 선택이 가능하다. 자유전공 취지를 살린 가장 이상적인 타입이다. 의학계열, 보건계열, 사범계열 등 일부 전공을 제외하면 학생의 희망에 따라 전공 선택이 가능하기 때문에 학생들에게 가장 많은 선택지를 제공한다. 교육부에선 통합적으로 선택해서 갈 수 있는 자유전공을 '유형1'로 분류한다. 교육부에서도 대범위 수준의 자유전공을 가장 권한다.

한 조사결과에 따르면 자유전공을 운영하는 46개 대학 중에서 전공선택 범위를 묻는 질문에 '학과 정원의 150% 내 허용'으로 운영하는 대학이 19개 대학(41.3%)으로 가장 많았다. 그다음으로는 단과대 수준으로 10개 대학(21.7%)이 자유전공의 전공 선택 범위를 제한하고 있다. 한편, '모든 전공을 허용'하는 대학은 8개 대학으로 조사되었다.

이처럼 자유전공의 전공 선택 범위는 대학별로 다양하고, 대학 내에서도 차이가 있다. 한 대학 내에도 여러 유형의 자유전공 모집단위가 있다. 예를 들면 A대학에서 '자유전공' 모집단위로 모든 전공의 선택을 허용하는 대범위 자유전공이 있는 반면, '○○계열 자유전공'으로 단과대 내 학과정원의 150% 내만 선택을 허용하는 모집단위가 있다. 학생은 대학 전체 차원으로 광범위하게 자유롭게 전공을 선택할 수 있는지, 아니면 1학년 때부터 학점 등을 신경 써서 경쟁을 통해 진학이 가능한지 그 상황과 모집요강을 확인해야 할 것이다.

▶ **표 IV-6 대학별 자유전공의 전공 선택 범위**

구분	대학 수(교)	비율(%)
모든 전공 허용	8	17.4
학과 정원의 150% 내 허용	19	41.3
단과대	10	21.7
기타	9	19.6
합계	46	100.0

출처: 하연섭(2024)[19]

2) 전공 진입을 위한 요건: 학기, 학점, 선이수 과목

자유전공 대학 선택 시 전공 진입을 위한 요건을 꼼꼼하게 살펴야 한다. 기본적 학기 이수 요건이나 학점 이수 요건을 학교별로 조금씩 달리 요구하고 있다. 그리고 대학 내에서 일부 전공은 해당 전공 진입을 위해 선이수 과목을 제시하는 경우도 있다.

예를 들면 학기는 두 개 학기를 이수해야 하고, 학점은 최소 24~27학점을 이수해야 2학년 진급과 전공 배정이 가능하다는 조건이 있기도 하다. 전자공학 등 공과대학의 전공 선택 시 1학년에 기초 수학이나 화학의 수업 이수 요건을 제시하기도 한다. 고려대에서 제시한 자유전공학부 제1전공 배정 기준을 살펴보면 자유전공학부 학생들의 선택이 가능한 46개 학과(부) 중에서 13개 학과의 경우 선수과목을 이수해야 전공 배정 신청이 가능하다. 만약 선수과목 미이수 등 부득이한 사유로 전공에 배정되지 못한 경우 다음 재학 학기에 전공 배정을 신청해야 한다.

물론 이러한 조건이 아주 까다로운 것이 아닌 경우가 대부분이다. 1학년에 기본적인 학교 생활을 하고 충실히 수업을 들으면 대부분 진급과 전공 배정이 가능하다. 하지만 이런 조건이 있는지, 조건이 있다면 가장 기본적인 기준이 무엇인지를 인지하고 못 하고는 큰 차이가 날 수 있다. 자칫 이러한 조건 파악을 소홀히 하여 전공 배정을 못 받거나 희망 전공으로 진입이 불가능한 경우가 발생할 수 있기 때문에 대학 입학 시에, 늦어도 입학 후 1학년 때 이러한 전공 배정 및 진급 요건을 확인하는 것이 필요하다.

▶ **표 Ⅳ-7** 고려대학교 2025학년도 자유전공학부 제1전공 배정기준(안)

대학	학과/전공명
경영대학	*경영학과
문과대학	국어국문학과
	철학과
	한국사학과
	사학과
	사회학과
	한문학과
	영어영문학과
	독어독문학과
	불어불문학과
	중어중문학과
	노어노문학과
	일어일문학과
	서어서문학과
	언어학과
생명과학대학	생명과학부
	생명공학부
	식품공학과
	환경생태공학부
	식품자원경제학과
정경대학	정치외교학과
	*경제학과
	통계학과
	행정학과

대학	학과/전공명
이과대학	*수학과
	*물리학과
	*화학과
	지구환경과학과
이과대학	*화공생명공학과
	*신소재공학부
	건축사회환경공학부
	*기계공학부
	*산업경영공학부
	*전기전자공학부
	융합에너지공학과
정보대학	*컴퓨터학과
디자인조형학부	*디자인조형학부
국제대학	국제학부
	글로벌한국융합학부
미디어대학	미디어학부
보건과학대학	바이오의공학부
	바이오시스템의과학부
	보건환경융합과학부
	보건정책관리학부
스마트보안학부	*스마트보안학부
심리학부	심리학부

*대상이 되는 46개 학과(부) 중 13개 학과의 경우 지정된 선수과목을 이수해야 전공 배정 신청 가능

출처: 고려대(2025). 2025학년도 자유전공학부 제1전공 배정기준.[20]

3) 계열 교차진학 및 전공 선택 후 변경 여부

교차진학은 계열을 변경하여 진학하는 것을 의미한다. 교차진학이 가능하면 입학 시 인문계열과 자연계열로 구분하여 선발하더라도, 입학 후 인문과 자연계열 상관없이 진학할 수 있는 것이다. 이렇게 인문계열과 자연계열을 구분하지 않고 선발하는 것과 무슨 차이가 있는지 반문할지 모른다. '이과의 침공'이란 말을 들어본 적이 있을 것이다. 이과를 택한 학생이 대학 진학에 유리하기 때문에 의도적으로 문과에 진학을 하는 입학 전략을 택하는 말이다. 그런데 인문계열과 자연계열을 분리해서 뽑으면 이런 '이과의 공습'을 일정 부분 막을 수 있다.

강원대와 서강대는 계열을 구분하여 선발하지만 교차진학이 가능하다. 강원대 자유전공학부는 자유전공(인문계열), 자유전공(자연계열)로 선발한다. 서강대는 인문기반, SCIENCE기반, AI기반 반으로 분리해서 선발한다. 이런 모집단위인 경우 일반 고등학교에서 문과 쪽 학생들은 인문계열 자유전공으로, 이과 쪽 학생들은 자연계열 자유전공으로 입학을 많이 한다. 강원대의 경우 교차진학이 가능하기 때문에 매년 10명 정도의 학생이 입학한 계열과 다른 계열로 전공을 선택한다. 예를 들면 인문계열로 입학했다가 자연계열 전공으로 가거나, 자연계열 전공으로 입학했다가 인문계열로 전공을 선택한다. 약 10명의 학생이 교차진학을 한다면 6~7명은 인문계열에서 자연계열로, 3~4명은 자연계열에서 인문계열로 변경한다. 서강대 자유전공학부는 입학 후 2학년 진급 시 전공을 선택했더라도 그 후에 한 번 더 전공 전환이 가능하도록 기회를 부여한다. 이처럼 학생의 전공 선택 유연성 측면에서 교차진학을 허용하는 대학이 훨씬 좋다고 할 수 있다. 따라서 교차진학 여부도 자유전공 선택 시 체크해봐야 하는 항목이다.

4) 자유전공 커리큘럼과 비교과 프로그램의 체계성과 풍부성

자유전공을 선택할 때 해당 커리큘럼이 잘 갖춰져 있는지, 비교과 프로그램은 자유전공 학생을 위해 다양하게 마련되어 있는지 점검해 봐야 한다. 자유전공이 시간이 지나면 어느 정도 체계를 잡아갈 테지만 아직 생긴 지 얼마 안 된 대학이 많기 때문에 교육과정의 체계성이 미흡한 경우가 종종 있다.

자유전공 1학년 1학기에는 전공탐색 과목을, 2학기에는 전공설계 과목을 배치해놓는 경우가 많다. 과목명은 '전공탐색세미나'로 운영하기도 한다. 서강대는 3개의 "○○기반 자유전공학부"로 선발한다. 서강대는 인문기반, SCIENCE기반, AI기반 자유전공학부가 있는데 각 학부(**기반)에 입학한 학생은 소속 학부에 특화된 기초소양 8과목 24학점을 이수해야 한다. 예를 들면 인문기반은 역사, 철학, 문학과 같은 과목이고, SCIENCE기반은 물리학, 화학 등 기호 과학 포함한 자연대의 핵심 과목이다. 서강대는 각 학과의 전공을 탐색할 수 있는 전공세미나와 함께 기반이 되는 분야의 기초 지식을 익히고 전공과 융합할 수 있도록 하는 취지로 운영하고 있다.

비교과 프로그램도 진로해외탐방, 진로특강, 전공설계공모전 등을 다양하게 운영하는 대학이 있다. 반면에 아직 비교과 프로그램을 갖춰놓지 못하고 전체 학교 대상 비교과 프로그램만 참여하는 경우도 있다.

이처럼 교육과정과 비교과 프로그램은 해당 대학 자유전공학부의 중요한 콘텐츠이다. 형식만 자유전공학부를 만들어놨는지, 내용도 알차게 채워 넣었는지를 반드시 점검해봐야 한다. 교육과정과 비교과 프로그램은 다양한 전공과 진로에 대한 탐색, 나의 관심과 적성 파악, 융복합적 경험과 사회변화에 대한 시야 확장을 위해서 자유전공 학생들에게 매우 중요하다고 할 수 있다.

5) 자유전공 교수진과 지원 체제

학생은 많은데 담임교사가 없으면 어떻게 되는가? 초중고에서 담임교사의 역할은 학생 관리와 학급 운영에 매우 중요하다. 대학도 마찬가지이다. 각 전공과 학과에는 교수가 적게는 2~3명, 많게는 10~20명씩 있다. 해당 전공의 교수들은 기본적인 수업과 함께 학생 상담을 통해 해당 전공과 학과를 운영해나간다. 그런데 자유전공을 운영하는 많은 대학에서 전담 교수가 없는 경우를 볼 수 있다. 물론 교수가 홈페이지에 나와 있더라도, 그 교수가 자유전공 전임교수인지 아니면 다른 과에 적을 두면서 겸임으로 있는지를 눈여겨봐야 한다. 일반적으로 겸임교수이면 자유전공에 애착이 덜 하거나, 학교 상황에 의해 어쩔 수 없이 자유전공을 자신의 전공 외에 부가적으로 맡고 있을 가능성이 크다.

교수를 자유전공에 전임으로 임용하여 배치하지 않고서는 해당 자유전공이 원활하게 운영되기가 어렵다. 이는 자유전공만이 아니라 어느 다른 전공, 학과도 마찬가지이다. 전임교수가 없다면 신설전공인 자유전공이 제대로 안착하기가 쉽지 않고, 입학한 학생들의 강의, 상담, 비교과프로그램 등이 내실 있게 운영되기 어렵다. 또한 자유전공은 선배가 없는 경우가 많기 때문에 교수나 조교에게 사소한 질문부터 대학 생활에 대한 많은 문의가 간다. 당연히 자유전공 교수와 조교는 다른 전공보다 학생 상담과 관리에 더 많은 시간과 에너지를 쓰게 된다.

보통 대학에서 교수와 학생 비율은 1:20이 일반적이다. 그런데 학생 수가 50명~100명, 때로는 200명이 넘는 학생이 있는 자유전공에서, 더욱이 선배가 없이 운영되어 교수와 조교에게 많이 의지할 수밖에 없는 자유전공에서 전담 교수가 없다면 그것은 학교의 지원 체제가 매우 약하다는 것을 알 수 있다. 물론 자유전공이 신설전공이기 때문에 교수 임용과 배치에 일정 부분 시간이 소요될 수 있다. 전임교수 외에 융복합 과목을 운영해야 하고 다양한 전공에 대한 상담이 필요한 자유전공이기 때문에 겸임교수나 자문교수가 전임교수 외에 구성되어 있으면 더 좋다.

따라서 자유전공 지원 시 해당 자유전공의 전담교수가 최소한 1명 이상은 있어야 한다. 자유전공학부 전임교수진이 있는지를 살펴보고 전임교수를 비롯해 아카데믹 어드바이저, 자문교수 등 교수진이 잘 갖춰진 곳에 지원하는 곳이 좋다.

<자유전공 대학 지원 시 체크리스트>

○ 진학(선택) 가능 전공의 제한 여부

- 자유전공학부가 유형1(대범위)인지 유형2(중소범위)인지?
- 선택 가능한 학과의 범위가 너무 좁은 것은 아닌지?
- 선택이 불가능한 학과는 무엇인지?

○ 전공 진입을 위한 요건

- 자유전공에서 전공 진입을 위해 1학년 때 갖춰야 하는 요건(학기, 학점)이 무엇인지?
- 내가 희망하는 전공에서 필수 이수 과목으로 무엇을 제시하고 있는지?

○ 계열 교차진학 및 전공 선택후 변경 여부

- 해당 자유전공은 계열 간 교차진학을 허용하는지?
- 내가 전공을 결정하고 나서 이후 전공 변경의 기회가 주어지는지?
- 다전공은 필수인지, 아니면 권장인지?

○ 자유전공 커리큘럼과 비교과 프로그램 체계성과 풍부성

- 자유전공 교과 커리큘럼은 체계적으로 구성되어 있는지?

- 자유전공 비교과 프로그램은 풍부하게 운영되고 지원되는지?

○ **자유전공 교수진과 지원 체제**

- 자유전공 전임교수진은 몇 명이나 있는지?
- 자유전공 진로학업 상담 인력(아카데믹 어드바이저, 자문교수)과 지원 체제는 갖춰져 있는지?

5 자유전공 운영 대학 간에는 무엇이 같고 다른가? (대학 간 특성 비교)

자유전공은 한마디로 각양각색이다. 천편일률이 아니다. 장점은 대학별로 다른 특징을 지니고 있다는 점이다. 모집단위 이름도 다르고, 전공선택 범위나 교차 진학도 다르다. 반면에 단점으로는 복잡할 수 있다. 특히 수험생이나 외부 관계자들이 봤을 때 뭐가 다른지 잘 모를 수 있다. 심지어 대학 내에서도 '자유전공'이라는 학부(전공) 명칭이 학내에서 중복되게 쓰이고 모집단위로 되어있다. 이러한 복잡성을 줄여나가는 것이 앞으로 필요할 것이다.

우선적으로 국립대와 사립대 주요 대학에 대한 자유전공 모집단위별로 선발정원, 전공선택 시기와 범위 등을 짚어보는 것이 필요하다. 교차진학이나 다전공 필수 여부는 입학 후 학생들이 당황할 수 있기 때문에 정확한 정보를 확인해야 한다.

이러한 내용을 표로 정리하면 다음 <표 Ⅳ-8>과 같다. 대학명에 따른 자유전공 모집단위가 있다. 물론 대학 내 '유형2'에 해당하는 단과대 내 자유전공도 있으나 대학별 세부적 사항은 학교별 홈페이지를 통해 매해 입시요강을 확인할 필요가 있다. 이 표는 유형1의 전체 자유전공을 중심으로 특징을 보여줄 것이다.

선발 정원은 2026학년도 자유전공 선발 인원이다. 전공선택 시기는 자유전공 학생들이 입학 후 전공을 결정하는 시기를 말한다. 소속 이동은 자유전공 입학 후 선택 전공으로 재적을 이동하는지, 아니면 자유전공학부에 남는지를 의미한다. 전공선택 범위는 학내의 대부분 전공을 택할 수 있는지, 아니면 소수 계열이나 전공만 가능한지에 대한 것이다. 물론 '대부분' 전공을 선택할 수 있는 대학도 일부 전공(예. 의대, 사범대 등)은 선택이 불가하거나 제한되기도 하기에 다시 한번 대학별 전공선택 범위 확인이 필요하다.

교차진학은 모집단위에 상관없이 인문·자연계열을 넘어서 전공선택과 진입을 할 수 있는 것이다. 예를 들면 인문, 자연계열처럼 모집단위가 분리되더라도 인문계열 입학생이 자연계열 전공 선택을, 자연계열 입학생이 인문계열 진학이 가능한지 여부이다. 다전공 필수 여부는 입학 후 부·복수전공이나 학생설계전공 등을 필수적으로 이수해야 하는지를 보여준다.

서울대는 모집단위가 자유전공학부와 (학부대학)광역으로 구분된다. 자유전공은 117명, (학부대학)광역은 36명 선발 예정이다. 서울대 자유전공은 2학기 이후 4학기 이전까지 전공을 선택한다. 소속은 자유전공학부를 유지한다. 전공선택 범위는 대부분 전공 선택이 가능하다. 교차진학은 가능하며, 다전공은 권장된다. 다전공 필수 이수는 아니다. 서울대 (학부대학)광역은 2학기 이수 이후 전공을 선택하고, 선택 학과로 소속이 이동된다. 교차진학은 가능하고, 다전공은 선택이다.

전남대는 모집단위가 자율전공(4년)과 자율전공(1년)으로 구분된다. 자율전공(4년)은 이전부터 운영되어온 학부로서 54명을 모집한다. 소속은 자율전공으로 유지되며, 전공은 3학기 이후 선택한다. 자율전공(4년) 학생들은 모두 학생설계전공을 택하는 방식이다. 학생설계전공을 이수하기 때문에 교차진학은 가능하다. 다전공은 필수로 이수해야 함을 유의해야 한다. 즉 학생설계전공 외에 다른 기존의 전공을 이수해야 한다. 자율전공(1년)은 59명 모집하며, 일반적인 자유전공의 유형1과 비슷하다. 전공선택 시기는 2학기 이후, 소속은 해당 전공으로 이동하며, 전공 선택 범위는 대부분 가능하다. 교차진학도 가능하며 다전공은 선택이다.

강원대 자유전공학부는 인문계열과 자연계열로 분리하여 모집한다. 인문계열 49명, 자연계열 48명 총 97명 모집한다. 모집단위는 분리되어 있지만 다른 내용은 유사하다. 강원대 자유전공학부는 2학기 이후 전공을 선택한다. 그런데 자유전공학부 소속을 유지하는 학생설계전공 선택 학생과 일반 학과로 이동하는 학생들로 구분된다. 학생설계전공을 택하는 학생은 자유전공 4년제 학생들로서 소속이 자유전공에 유지되며 자유전공의 관리와 지원을 받는다. 한편 일반 전공을 택하는 학생은 자유전공 1년제 학생들로서 소속이 희망 학과로 이동된다. 인문계열과 자연계열 모집단위는 다르지만 계열에 상관없이 교차진학이 가능하며, 다전공은 권장된다.

이화여대 스크랜튼학부는 역사가 오래된 자유전공학부 중 하나로서, 모집 정원이 40명이다. 입학 후 2학년 진학 시 전공을 선택하며 학생 소속은 주전공으로 이동한다. 단 스크랜튼학부 내 트랙 전공으로 복수전공을 이수해야 한다. 스크랜튼학부 입학생은 교차 진학이 가능하며 의무적으로 2개의 학사 학위를 취득하도록 설계되어 있다.

한양대는 자유전공을 3개 모집단위로 구분하여 모집한다. 한양인터칼리지 인문은 35명, 자연은 110명, 인문·자연은 100명 총 245명을 선발하는 상당히 큰 모집 단위이다. 전공 소속은 교육단위와 행정단위로 구분되어 운영되며, 2학년에 전공을 선택한다. 모집 단위에 상관없이 전체 전공 선택이 가능하며, 물론 교차진학도 가능하다. 다전공도 필수적이다.

고려대 자유전공은 161명을 모집한다. 2학기 이수 이후 전공을 선택하며, 43개 학과에서 선택이 가능하다. 소속은 해당 학과로 이동하며 교차진학도 가능하다. 다전공도 필수이다. 공공거버넌스와 리더십 융합전공과 제1전공을 필수로 이수해야 한다.

서강대 자유전공은 3개 모집단위로 선발한다. 인문기반 98명, SCIENCE기반 71명, AI기반 81명 총 250명 모집한다. 2학기 이수 이후 전공 선택을 하며, 소속도 해당 학과로 이동한다. 모집단위는 분리되어 있지만 대학의 대부분 전공을 선택할 수 있으며 교차진학도 가능하다. 다전공은 선택이다.

▶ 표 Ⅳ-8 대학별 자유전공 운영 방식 비교

대학명	모집단위	'26 선발 정원(명)	전공 선택시기	소속이동	전공 선택 범위	교차 진학	다전공 필수
서울대	자유전공	117	2학기 이후~4학기 이전	자전 유지	전체	가능	권장
	(학부대학) 광역	36	2학기 이후	학과 이동	7개 단과대	가능	선택
전남대	자율전공 (4년)	54	3학기 이후	유지 (학생설계전공)	전체	가능	필수
	자율전공 (1년)	59	2학기 이후	이동	전체	가능	선택
강원대	자유전공 (인문, 자연계열)	97	2학기 이후	학과 이동과 자전 유지 중 선택	전체	가능	권장
이화여대	스크랜튼	40	2학기 이후	이동	전체	가능	필수
한양대	한양인터칼리지 (인문, 자연)	245	2학기 이후	유지&이동	전체	가능	필수
고려대	자유전공	161	2학기 이후	학과 이동	43개 학과	가능	필수
서강대	인문, SCIENCE, AI기반	250	2학기 이후	학과 이동	전체	가능	선택

6 어떤 학생에게 자유전공이 적합한가? (자유전공에 추천할 학생)

앞에서 학생들은 어떤 이유로 자유전공에 오는가를 적었다. 그럼 어떤 학생들에게 자유전공이 적합한가? 교사들은 어떤 학생들에게 자유전공을 추천하는 것이 좋은가? 물론 전공선택을 못한 혹은 안한 학생들에게 자유전공은 탐색의 기회, 생각의 공간이 된다. 그렇다고 모든 학생들이 자유전공에 와서 성공적으로 적응하고 전공을 찾아가는 것이 아니다. 일부 학생들은 오히려 혼란만 느끼고 붕 뜬 상태로 시간만 허비하는 경우도 있다. 전공 선택의 시간과 기회를 부여한다고 모두 그 혜택을 누리는 것이 아니다. 학생의 노력과 책임도 동시에 수반된다. 좀 더 구체적으로 자유전공이 어떤 학생에게 보다 적합한지를 살펴보도록 하겠다. 학생의 역량과 태도 측면이라고 할 수 있다.

첫째, 성장형 vs. 고정형(안주형)

자유전공은 확정된 게 많지 않다. 전공도, 선후배 관계도... 그만큼 열려 있고 자기 하기 나름의 요소가 많다. 짜인 시간표와 확정된 과목보다는 구성하는 시간표와 선택하는 과목이 다른 전공보다 많다. 전공에 따른 하나의 정해진 길이 아닌 선택의 기로에서 내가 어떻게 걸어갈 것인가가 중요하다. 그런 면에서 닫힌 전공이 아니라 열린 전공이라 할 수 있다. 그동안 고등학교까지 공부만 하느라 소홀했던 나의 내면을 알아가고, 나의 소질과 특성을 파악하고 계발해나가는 것이 중요한 시간이다. 앞으로 무엇을 해나갈지, 나의 역량을 어떻게 축적해나갈지를 생각해보는 사람과 자신의 길과 능력을 고정화시켜 안주하려는 학생과는 큰 차이가 날 수밖에 없는 곳이 자유전공이다.

그래서 학생의 마음가짐이 중요하다. 마음가짐은 성공과 실패를 가르는 더 중요한 요소로 각광받고 있다. 과거엔 지능(IQ)만 중시되었다면 이제는 어떤 태도로 학업에 임하며 살아갈 것인지 그 마음가짐이 중요한 요소로 떠오르고 있다. 성공하는 사람과 실패하는 사람의 가장 큰 차이는 '마음가짐'이라고 캐롤 드웩 교수는 그의 책 "마인드셋"에서 강조하고 있다. 마인드셋은 성장형(growth) 마인드셋과 고정형(fixed) 마인드셋이 있다. 그의 연구에 따르면 능력은 얼마든지 계발하고 발전시킬 수 있다고 믿는 사람들, 즉 '성장 마인드셋'을 지닌 사람들이 성공 가능성이 높다는 것이다. 반면 능력은 불변한다고 믿는 '고정 마인드셋'을 가진 사람들은 '성장 마인드셋'을 지닌 사람들에 비해 성공 가능성이 확연히 낮다.

자유전공의 수업과 진로 프로그램을 운영하면서 성장형과 고정형 마인드셋을 지닌 학생들을 자연스럽게 보게 되었다. 성장형 마인드셋을 지닌 학생들은 겪어보지 않은 새로운 도전을 시도해보고 낯선 경험을 기꺼이 해보려 노력한다. 이를 통해 자신의 언어 능력을 높이고, 사회를 보는 시야를 넓히고, 다양한 포트폴리오를 쌓으려 한다. 반면 고정형 마인드셋을 지닌 학생은 새로운 시도를 잘 하려 하지 않는다. 자신의 부족한 능력에 대해 제한을 두고 기회가 있어도 그 기회를 포기한다.

다음의 〈표 Ⅳ-9〉가 그 예시이다. 진로특강, 전공설계공모전, 국제기구와의 연합 프로그램에서 확연히 성장형 마인드셋과 고정형 마인드셋을 지닌 학생들의 태도가 차이가 난다. 자유전공은 성장형 마인드셋을 지닌 학생이 훨씬 많은 기회를 잡고 성장할 수 있다.

▶ **표 IV-9 자유전공의 고정형 학생과 성장형 학생 비교**

구분	고정형	성장형
진로특강	• 제가 무엇에 관심이 있는지 잘 모르겠어요. 아무튼 그 분야는 제 능력 밖인 것 같아요. • 저는 어차피 IT 쪽이 아니어서 그 특강을 듣고 싶지 않아요.	• 저는 인문계열이지만 빅테크 분야도 필요할 수 있으니 들어볼게요. • 다른 전공은 어떤지 한번 들어보는 것도 나쁘지 않을 것 같아요.
전공설계 공모전	• 어차피 하나의 전공만 할 거여서 다전공은 안할 거예요. • 저는 경험이 부족해서 시도하기가 두려워요. 그냥 친구 따라 할래요.	• 사회가 변하고 있으니 저도 다양한 전공을 생각해보고 한번 디자인해볼게요. • 다른 방법으로 시도해볼게요. 한번 찾아볼게요.
국제기구 프로그램	• 저는 영어를 못해서 어려울 것 같아요. • 잘 모르는 다른 학교 학생들과 활동하는 건 부담스러워요.	• 영어를 잘 못하긴 하지만, 한번 해볼게요. • 다른 학교, 다양한 전공 친구들과 한번 함께 해볼게요.

둘째, 준비형 vs. 즉흥형

고등학교에서 대학으로 입학하는 것은 하나의 전환기이다. '고생 끝에 낙이 온다'고 대학은 꿈에 그리던 자유와 낭만을 누리고 느끼는 공간이라 기대된다. 하지만 대학에 와서 실망을 하는 경우가 많다. 특히 1학년 신입생 때 '이게 내가 그리던 대학의 모습인가?'란 생각을 하며 무기력하게 시간을 보내는 경우도 있다.

고등학교까지는 모든 것이 짜여 있고 주어진 상태에서 내가 살아오고 공부해왔다면, 대학은 다른 공간이다. 내가 나서지 않으면 얻어지는 게 없고, 다가서지 않으면 관계 형성도 쉽지 않다. '누군가가 알려줄 거야', '어떻게든 되겠지'란 방관적인 자세로는 대학생활에 적응하기도 어렵고 쉽게 나에게 맞는 전공의 길을 찾기가 어렵다.

다른 전공과 달리 자유전공은 한 번 더 전환을 거친다. 1학년 입학으로 끝나는 것이 아니라 탐색과 준비 과정을 거쳐 또 다른 전공 선택과 결정이라는 전환을 해야 한다. 입학할 때는 전공을 선택하지 않아 수월한 것 같지만, 입학하고 나서는 다른 학생들보다 더 고민하고 생각할 게 많다.

바로 '준비'의 과정이 무엇보다 필요하다. "더 넥스트"의 저자 조앤 리프먼은 인생에서 전환에 성공한 사람을 수백 명 인터뷰한 결과 전환기에 가장 중요한 것은 '준비'라고 하였다. 전환은 '극기'나 '포기'가 아닌 '준비'의 문제라고 강조하였다. '준비'는 '탐색'과 '분투'의 과정을 수반한다. 다음 단계로 순조롭게 전환하기 위해서는 '탐색'을 하고 성찰하며 고민하는 '분투'의 과정이 필수적이다. 이를 '탐색→분투→멈춤→해결'의 4단계 과정인 '재창조 로드맵'으로 명명하였다. 한편, 전환에 실패한 사람들은 너무 일찍 그만두고 '포기'하는 경우가 많았다. '탐색'하고 '분투'하는 준비의 과정 없이 새로운 전환이 쉽게 이루어지지 않는다.[21] 갑자기 '유레카'를 외치며 현명한 전공과 진로 결정을 하기는 불가능하다.

자유전공 학생은 준비하는 자세가 필요하다. 뭘 좋아하고 잘하는 사람인지, 전공을 선택하려면 어떤 정보와 수업을 들어봐야 하는지, 누구와 상담을 하고 어떤 질문을 해야 하는지를 생각하며 준비해야 한다. 더 나아가 2학년에는 어떤 과에서 공부하고, 이후 졸업을 하여 어떤 일을 하며 멋지게 살고 있을 나의 모습을 상상해봐야 한다. 그렇지 않고 '나에게 맞는 전공이 내 앞에 쉽게 나타날 거라'고 생각한다면 오산이다.

종종 자유전공에 적응하지 못하고 중도탈락하는 학생을 볼 수 있다. 그 학생들은 자유전공에서 자신을 탐색하며 자신에게 맞는 전공을 고민하는 분투의 과정을 거치길 포기한 학생들이다. 자유전공에서 전환과 미래를 준비하기보다는 사회 유행에 맞춰 명문대와 인기학과를 위해 재수, 삼수의 길로 접어든다. 다른 일반적 전공들은 커리큘럼이 짜여 있고 4년의 경로가 주어지기 때문에 안정적이다. 다른 한편으로는 나의 자율성 영역이 많지 않다. 그만큼 고민할 필요가 없다. 하지만 자유전공은 내가 찾아 나서지 않고 준비하지 않으면 성공적인 전환의 길로 접어들기 어렵다. 방관하며 마냥 무언가 주어지기를 기다려서는 나에게 맞는 것을 얻어내기가 힘들다. 다음 스텝을 고민하고 다음 단계를 그려 봐야 한다. 따라서 자유전공에 입학하는 학생들은 나의 2학년 전공으로의 전환과 미래의 직업과 인생을 준비하려는 학생에게 적합하다.

셋째, 개척형 vs. 보존형

새로운 분야와 학문에 관심을 보이는 학생과 기존 관습과 학문에 관심을 갖는 학생 중에 어떤 학생이 더 자유전공에 적합할까? 이에 대한 해답을 'Big 5 성격 요인'과 연계해 생각해볼 수 있다. 이는 유명한 심리학 이론으로서 인간의 성격을 결정하는 5가지 요인을 말한다. Big 5 성격 요인에는 개방성, 외향성, 우호성, 신경성, 성실성이 있다. 특히 개방성을 척도로 자유전공의 적합 유부를 판단해볼 수 있는데, 개방성에는 '호기심'이 하위 특성 중 하나이다.

경험에 대한 개방성, 지적탐구에 대한 개방성의 유무에 따라 개척형과 보존형으로 구분된다. 새로운 관심이나 학문을 탐구하는 성격 유형이 개척형이다. 개척형은 관심 폭이 넓고 자유롭고 호기심이 많다. 개척형은 상상력이 풍부하며 관습에 저항하는 성질이며 불확실한 것도 잘 견딘다. 반면에 보존형은 현실에 있는 것을 존중하고 실제적인 것에 관심 있는 유형이다. 개방성이 낮은 보존형은 전통, 일관성, 친숙함을 선호한다. 큰 변화보다는 안정을 추구하고 새로운 시도보다는 평소에 익숙한 것을 선호한다. 식당에 가도 매번 가는 식당과 메뉴를 택하고, 수업과 전공을 선택해도 나에게 익숙한 것을 택한다.

둘 다 어떤 것이 좋다 나쁘다고 말할 수는 없지만, 자유전공에는 개척형이 보다 더 잘 어울린다. 요즘 대학은 다양한 전공이 생겨나고 있다. 하나의 학과나 분야에만 한정되어 있는 것이 아니라 다학제적인 융합전공들이다. 바이오의료공학전공, 보안융합전공, 뇌인지심리전공, 공연예술무대제작학과, 국제개발협력전공 등 과거엔 생소한 전공이라고 할 수 있다. 이러한 전공을 탐색하고 시도해보려면 호기심을 갖고 전공을 찾아보는 자세가 필요하다. 이상의 내용을 정리하여 학생의 성향과 자유전공 적합 유형을 표로 정리하면 다음과 같다.

▶ **표 Ⅳ-10 학생의 성향과 자유전공 적합 유형**

기준	유형	
	적합도 높음	적합도 낮음
마인드셋	성장형	고정형
경험과 지적개방성	개척형	보존형
생활태도	준비형	즉흥형

모든 학생이 자유전공에 맞게 준비되어 있을 수는 없다. 현실적으로 고등학교에서 대입을 준비할 때 특정 전공에 대한 생활기록부 준비가 부족하거나 전공을 결정하지 못해서 어쩔 수 없이 자유전공을 택하는 경우도 많다. 하지만 자유전공을 준비 안 된 학생의 도피처라

고 생각하지 않았으면 좋겠다. 입학한 이후에라도 다양한 전공의 학생들과 교류하고 다전공을 탐색하며 성장하고 개척하는 자세와 노력이 필요하다. 그러한 노력을 기울이고 있는 자유전공 학생의 스토리를 들어보자.

▶ **표 Ⅳ-11** 자유전공 학생의 성장 스토리

나의 운명, 자유전공학부

서울대학교 자유전공학부 2학년 OOO

저의 고등학교 생활기록부는 방황의 연속입니다. 대부분의 학생은 원하는 전공을 정하고, 그 전공에 맞추어 생활기록부를 만들어 가는 반면, 저는 대학입시에 사용된 1학년 1학기부터 3학년 1학기까지 학기마다 희망하는 전공이 달라졌습니다. 경영학, 사회학, 정치외교학 등 다양한 전공 사이에서 갈피를 잡지 못한 상태에서 고등학교 3학년이 되었습니다. 첫 입시 상담에서 담임 선생님께서는 "자전 말고는 널 뽑아줄 학과가 없다"고 말씀하셨습니다. 그전에도 친구들에게 자유전공학부에 진학하라는 권유는 많이 받았지만 "난 정해진 길을 가고 싶다"고 답하며 애써 받아들이려 하지 않았습니다.

그러나, 첫 입시 상담을 기점으로 자유전공학부는 제가 '선택할 수 있는 길'이 아닌, '선택해야만 하는 길'이 되었습니다. 이후, 자유전공학부에 대해 찾아보면서, 대학 입학 후에도 전공에 대해 고민하는 시간을 가질 수 있다는 점이 상당히 매력적으로 다가왔습니다.

그렇게 입학한 자유전공학부는 기대 이상으로 만족스러웠습니다. 문이과의 구분 없이 다양한 관심사를 가진 학생들이 자유전공학부라는 이름 아래에 모여 교류할 수 있었고, 그 과정에서 새로운 인사이트를 얻으며 다양한 분야에 대한 관심을 높일 수 있었습니다. 또한, 관심 있는 전공의 전공 수업을 직접 수강하며 해당 전공에 대해 더욱 잘 알 수 있었습니다.

서울대학교 자유전공학부는 최소 2개 이상의 주전공을 가지는 것을 권장하고 있습니다. 약 1년간의 학교생활을 하며 기존에도 관심이 있었던 경영학을 제1전공으로 선택했습니다. 자유전공학부 선배들과도 이야기하고, '전공설계'라는 자유전공학부 개설 수업을 수강하며 전공에 대해 많은 고민을 할 수 있었습니다. 그 고민의 결과는 실패할 가능성이 적은, 무난한 전공을 한 가지 택한 후에 제2전공에 대한 고민을 이어가자는 것이었습니다. 그래서 평소에 관심이 있었던 경영학 전공에 대한 전공탐색을 진행했습니다. 그 과정에서 수강했던 '생산서비스운영' 수업은 경영학 전공 선택에 확신을 주었습니다. 대부분의 학생들과 비슷하게 마케팅 분야에 대한 관심을 바탕으로 경영학 전공에 관심을 가지게 되었지만, 생산서비스운영 수업을 통해 생산관리라는 새로운 하위분야에 대해서도 흥미를 느끼게 되며 경영학이라는 전공이 더욱 매력적으로 다가왔습니다.

첫 번째 전공 선택이 상당히 수월하게 이루어졌던 것과는 달리, 제2전공은 고민의 연속이었습니다. 그 과정에서, 속한 전공의 로드맵에 따라 순탄하게 살아가는 것처럼 보이는 다른 과 동기들을 부러워하기도 했습니다. 막막한 상황 속에서 다양한 선택지를 열어두고 생각하고자 종교학, 심리학, 정치외교학 등 다양한 전공의 전공 수업을 수강했습니다. 그때 수강했던 정치외교학부의 '국제정치경제론' 수업은 다양한 인사이트를 얻을 수 있는 수업이었고, 제2전공으로는 '세상을 바라보는 시각을 넓힐 수 있는 전공'을 선택하고 싶다는 저의 생각에 완벽히 들어맞았습니다. 성적에 연연하지 않고, 수업 내용 자체에 상당한 재미를 느끼며 공부하는 과정 속에서 정치외교학 전공은 저의 운명으로 느껴졌습니다. 이제는 두 전공을 모두 결정 내린 만큼, 전공 공부에 집중해보려고 합니다.

자유전공학부에 입학한 이후, 전공 2개를 선택해야 한다는 것이 막막하게 느껴지기도 했습니다. 결과적으로 보면, 대학 입시 과정에서 고려했던 두 가지 전공에 그대로 진입하게 되었지만, 고민과 방황의 과정 속에서 전공에 대한 흥미를 높이고, 각 전공을 통해 얻고자 하는 것을 명확히 규정할 수 있게 되었던 만큼 저의 성장에 있어서 반드시 필요했던 시간이라고 생각합니다. 특히, 특정 과에 입학한 이후 해당 전공이 자신의 적성과 맞지 않아 고민하는 지인들을 보며, 자유전공학부에서 합법적(?)으로 전공에 대해 고민할 수 있는 시간이 주어졌다는 것에 더욱 만족하게 되었습니다.

아직 진로 고민이 완결되지는 않았지만, 진로 고민에 있어서도 다양한 전공과 다양한 진로를 택한 선배들의 사례를 보고, 선배들과 이야기하며 기존에 생각했던 것보다 훨씬 다양한 진로를 고민할 수 있게 되었습니다. 이처럼, '자유전공학부생이 아닌 나'의 대학 생활은 이제 상상할 수 없을 정도로, 자유전공학부는 저의 세상을 상상 이상으로 크게 넓혀주었습니다. 더불어, 이제는 자유전공학부 생활을 디딤돌 삼아 더 넓은 세상으로 나아가려 합니다.

PART

V

자유전공 국내외 대학 사례

1 자유전공은 해외대학에서 증가하나? (미국 자유전공 학생 추이)

> "전공을 아직 정하지 못하셨나요? 당신만 그런 게 아닙니다(Undecided about a major? You're not alone)."[1]

위 내용은 미국의 펜실베이니아주립대학 홈페이지에 게시되어 있는 문구이다. 전공을 선택하는 것이 일부 학생에게는 간단할 수 있지만, 많은 학생에게는 쉽지 않은 결정이니 혼자 너무 힘들어하거나 고민하지 말라는 당부이다. 이 대학은 입학 학생의 약 80%는 전공선택에 대해 확신이 없음을 밝히고 있다. 미국 대학에서 전공 미결정 학생이 적지 않은 비율을 차지하고 있다.

미국의 '전공 미결정 학생' 추이를 살펴보는 것은 우리나라 자유전공의 향후 방향을 예측하는 데 있어 시사하는 바가 크다. Eagan 등은 미국의 전공별 학생 등록 추이를 50년간 추적하여 상당히 흥미로운 분석 결과를 제시하였다. 이들은 1966년부터 2015년까지 4년제 대학에 등록한 약 1,000만 명의 신입생, 정규(full-time) 학생의 데이터를 조사 분석하여 희망 전공의 변화 추이를 분석한 다음의 [그림 V-1]을 제시하였다.[2]

우리나라 자유전공의 향후 동향을 예측해 볼 수 있는 전공 미결정(undecided) 학생의 데이터는 과연 어떠한가? 전공 미결정 학생은 1966년 1.7%에 불과하였지만 2013년엔 10.2%까지 높아졌다.[3] 이후 2018년 8.2%, 2019년 7.0%로 소폭 하락하였지만,[4] 지난 50년간 전공 미결정 학생의 비율이 점진적으로 10% 선까지 증대하였음을 눈여겨봐야 한다.[5] 한편 Gordon은 약 20~50%의 학생들이 '전공 미정' 상태로 대학에 입학한다고 밝히고 있다.[6]

대학생들은 미래와 취업 전망에 대한 우려로 높은 스트레스를 경험하고 있다.[7] 이는 학생들의 전공과 직업을 고려하고 탐색하는 방식에 영향을 미칠 수밖에 없다.[8] 이에 따라 전공을 미결정한 채로 입학한 학생들이 증가하고 전공을 정하더라도 이후 전공을 변경하고 다전공을 택하는 경우가 많아지는 경향을 보인다. 미국 대학생의 75%는 적어도 한 번은 전공을 바꾼다는 통계도 있다.[9] 이러한 결과는 사회와 노동 시장의 변화가 대학에 입학하는 학생들의 전공과 직업 변화에 영향을 준 것이라고 할 수 있다.[10]

▶ **그림 V-1** 미국의 대학 신입생 전공 추이(1966-2015)

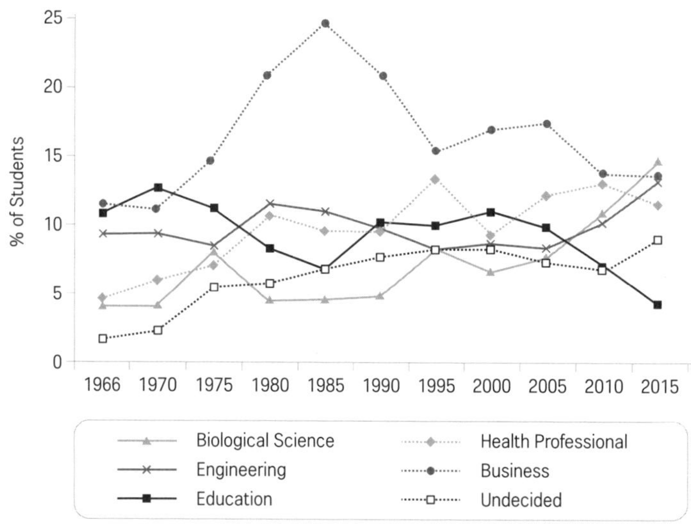

출처: Eagan et al.(2016: 20).

2 미국 대학에서는 자유전공을 어떻게 운영하나? (미국 자유전공 운영 대학 사례)[11]

미국은 일찍이 자유학예대학(Liberal Arts College, LAC)을 중심으로 전공자율선택제 체제로 운영되었기에 우리나라 자유전공에 시사하는 바가 크다. 하지만 미국의 자유학예대학은 우리나라 자유전공학부처럼 학과를 별도로 설립하지 않고 학부생을 전공 미결정(Undecided major), 즉 무전공으로 받는 체제이다. 하버드대나 브라운대처럼 학부생 대부분을 전공 미결정으로 받아 학부대학 체제로 운영한다. 혹은 펜실베이니아주립대처럼 지원 학생 중 상당수를 전공 미결정으로 받아 해당 단과대나 학부대학에 소속시킨다. 우리나라처럼 전공을 자유롭게 선택할 수 있는 특정한 '자유전공 학과'를 별도로 설립하여 운영하는 방식은 미국과 다른 한국 고등교육의 독특한 산물이라 할 수 있다.[12]

자유학예(liberal arts)는 인문학과 자연과학을 아우르는 기초 학문으로, 자유학예대학은 기초학문으로 구성된 학부 중심 대학이라 할 수 있다.[13] 자유학예교육은 특정 전공에 구속된 개인이 아니라 세상을 넓게 이해할 수 있는 개인을 기르는 것이 목적이다(well-rounded individual).[14] 자유학예대학은 기본적으로 학생 입학 시 전공을 선택하지 않고 입학하여 다양한 학문을 탐색하며 이후 전공을 택하는 자유 교육의 가치를 고수한다.[15] 자유학예대학은 교양교육 체제가 강조되는데, 그 이유는 교양과목이 어떤 분야에 취업하더라도 든든한 뼈대 역할을 한다는 교육철학이 있기 때문이다.[16] 미국에는 200여 개의 자유학예대학이 있고 대표적 자유학예대학으로는 윌리엄스 칼리지(Williams College)와 애머스트 칼리지(Amherst College) 등이 꼽힌다.

자유학예대학은 물론이고 미국의 종합대학[17]에서도 자유전공처럼 전공을 결정하지 않고 입학하거나 전공을 정하지 않은 학생들이 증가하는 추세를 보이고 있다.[18] 미국에서는 전공을 결정하지 않은 학생을 '전공 미결정 학생(Undecided major student)' 또는 '전공 미지정 학생(Undeclared major student)'으로 칭한다.

미국 대학은 우리나라처럼 1학년 입학 전부터 전공을 반드시 결정해야 하는 것은 아니다. 일부 대학의 전공(예. 존스홉킨스대학 Biomedical engineering major)처럼 입학 경쟁이 치열하거나 복잡한 교육과정의 단계적 이수가 필요한 경우를 제외하고는, 전공을 정하지 않은 채 입학이 가능하며 2학년 혹은 3학년 진급 시에 전공 결정을 하도록 유연하게 운영하고 있다. 또한 전공을 결정하고 입학하였더라도 전공 변경이 용이하다. 하버드대는 68.5%의 학생이 입학 당시 고려한 학부에서 전공을 선택하고, 31.5%가 초기 염두에 둔 전공과 다른 전공을 선택한다.[19] 그리고 하버드대는 입학 당시 80% 이상의 학생이 전공을 결정하지 않고 입학한다. 본인이 진학할 전공을 결정한 시기도 입학 전 19%, 1학년 27%, 2학년 초기 20%, 2학년 중반이 15%이다. 약 50% 이상의 학생이 2학년 때까지 전공을 정하지 않고 있다. 전공 선택 직전에 전공을 결정한 비율도 12%에 이르고, 아직도 전공에 대해 모르겠다는 비율도 7%에 달한다.[20]

교육부에 따르면 미국 스탠퍼드 대학은 7개 단과대 75개 학과 중 신입생 1,730명 모두가 전공을 정하지 않고 입학한 후 3학년에 진급하기 전까지 전공을 선택한다. 코넬 대학은 3,500명의 신입생을 단과대별로 모집하여 3학년 진급 시 전공을 정하며 전공별 균등 배정 노력을 기울인다.[21] 이처럼 미국의 많은 대학이 우리나라의 자유전공처럼 학생들을 위한 전공자유선택제를 옵션으로 하여 전공 미결정 학생들의 다양한 상황과 현실을 고려하며 운영하고 있다. 미국의 각 대학은 전공 미결정 학생들을 위한 상담, 멘토링 등의 프로그램을 운영하며 관리하고 있다. 다음의 <표 V-1>에는 미국 전공자율선택제 운영 사례를 정리해 놓았다.

▶ **표 V-1 미국 전공자율선택제 운영 사례**

구분	코넬대 (광역 모집 단위)	미시간대 (광역 모집 단위)	스탠퍼드대 (전체 통합선발)
모집 학생 수	• 3,500명 내외 • 단과대 8개, 학과·부 80개	• 7,000명 내외 • 단과대 14개, 학과·부 164개	• 학부 1,730명 • 단과대 7개, 학과 75개
모집 단위	• 단과대별 모집	• 단과대별 모집	• 전원 자유전공 모집
전공 선택	• (시기) 3학년 진급 시 • (제한) 전공별 균등 배정 노력, 일부 전공 선수 과목, GPA 등 요구	• (시기) 2학년 진급 시 • (제한) 전공 고유 진입 요건 충족 시 결정	• (시기) 1학년 또는 2학년 • (제한) 전공별 인원 제한: 특정 과정 선이수 등 요구
학생 지원	• 단과대별 상담 인력 배치	• career service center	• 학부 코디네이터 배치
융합 교육	• 복수전공은 단과대 내 • 부전공은 단과대 간	• 복수전공 가능	• 복수전공 이수 가능

출처: 이데일리(2024)[22]

자유전공의 대표적 모델로는 사립의 브라운대학과 하버드대학, 주립의 펜실베이니아주립대학을 들 수 있다. 이들 대학의 교육과정 운영, 전공 선택 절차, 진로상담 지원 체계를 살펴보고자 한다.

1) 브라운대학교(Brown University)[23]

브라운대학교(1764년 설립)는 미국 자유전공 모델이자 효시라고 할 수 있다. 특히, 개방형 교육과정(open curriculum)을 통해 학사 운영의 개방성과 유연성을 강조하고, 학생이 스스로 맞춤형 학습 경로를 설계하도록 장려한다. 즉, 학생에게 자기 교육의 설계자(The Architect of Your Own Education)가 되기를 요구하는 것이다.

브라운대학은 폭넓고 학제적인 연구 강조를 위해 '전공(Major)'보다는 '집중(concentrate)'이라는 용어를 사용하며, 80개 정도의 학문적 집중과정(academic concentrations)을 운영하고 있다. 집중과정은 통상 4학기(보통 2학년 봄학기) 중반까지 신청을 완료해야 하는데, 이때 전공 선언에 해당하는 일종의 학업 계약을 진행해 마감일 이전에 승인받아야 한다. 물론, 변경이 전면 금지되는 것은 아니다. 지도교수와의 협의를 통해 최소 3학년과 4학년에 한 번씩 수정할 수 있다.

또한, 2025년 기준 신입생 1,724명, 학생과 교수 비율을 6:1을 유지하고, 학부 수업의 69%를 20명 미만으로 운영하고 있다. 이로써 학생과 교수의 상호작용이 활발한 교육 환경을 갖추고 교육의 질을 관리하고 있음을 시사한다. 특히, 상담과 조언 체계인 자문 커뮤니티(Advising Community)를 정교하게 진행하고 있는데, 자세한 내용은 다음과 같다.

○ 1학년 학생을 위한 '마이클존 동료 상담 프로그램(Meiklejohn Peer Advising Program)'과 '탐색 자문가(exploratory advisor)' 운영

브라운대학교는 1학년 학생을 위한 동료 상담 프로그램을 진행하고 있다. 흔히 '마이크(Meik)'라고 불리는 동료 상담가들은 350명 규모의 2~4학년으로 구성되어 있으며, 모든 신입생에게 과목 선택, 학업, 외부 활동 등에 대한 조언을 해준다.

또한, 학생의 교육 경로에 대해 폭넓은 관점을 제공하고자 교수 혹은 관리자로 구성된 탐색 자문가(exploratory advisor)를 배치한다. 이처럼 한 학생에게 다양한 역할과 경험을 지닌 파트너(동료 상담가, 탐색 자문가)를 배정함으로써 학교생활에 필요한 부분을 다각적으로 지원하고 있다.

○ 2학년 학생을 위한 매칭 멘토링 프로그램(MAPS, Matched Advising Program for Sophomores)

2학년 학생과 3, 4학년 멘토를 매칭하여 일대일 혹은 그룹 상담을 제공한다. 매칭 시 유사한 학업, 전공, 진로에 대한 관심사를 중심에 두고 매칭한다. 멘토인 3, 4학년 학생들은 2학년 멘티 학생들의 전공 선택, 연구 기회, 인턴십, 미래 계획에 대해 상담을 해준다. 이 프로그램에서는 2학년 학생을 위한 워크숍, 학업 및 진로 정보 박람회, 여러 리소스를 제공한다. 전공 선택, 목표설정, 진로 탐색, 연구경험, 인턴십 정보와 기회를 제공한다.

○ 3학년 학생을 위한 집중 상담자(concentration advisor) 지정 및 진로 탐색센터 상담

브라운대학의 3학년 학생들은 대부분 집중과정, 우리나라로 말하면 전공을 정한 학생들이다. 이들은 학업에 집중하고, 졸업까지의 시간을 어떻게 보낼지 고민하며 시간을 보낸다. 이에, 학교는 지도교수(집중 상담가)를 배정하여, 학위 취득까지의 과정을 관리하도록 한다. 만약 학생이 취업을 고민하고 있다면, 진로 탐색센터(Center for Career Exploration)에서 상담가와 졸업 후의 삶에 대해 점검하는 시간을 갖는다. 또한, 3학년 학생들은 전공 그룹(DUG)에 참여하여 리더십 역할을 수행하며 교수진 및 후배들과 소통하며 관계를 형성한다.

○ 4학년 학생을 위한 졸업 및 펠로우십 상담 지원

4학년 학생들은 비교적 학교생활을 길게 보내 상담이 필요 없다고 생각할 수 있다. 그러나 이 시기 학생들은 사회 진출을 앞두고 있기 때문에, 미래에 대한 고민이 더 깊을 것이다. 이에 브라운대학은 지도교수와 학과 조교를 중심으로 학위 취득 요건에 대한 점검을 진행한다. 나아가, 대학원 진학, 국내외 독립 연구 지원을 위한 장학금 등 정보를 제공한다.

브라운대학은 자칫 소홀할 수 있는 3~4학년 학생을 위한 가이드북(Reflection Guide for Juniors & Seniors)을 제공한다. 주로 '졸업까지의 탐색', '나의 가치와 목표 및 계획 설정' 등의 내용을 중심으로 학생들의 진로 방향 설정에 도움을 주고자 한다.

▶ **그림 V-2** 브라운대학 3~4학년 학생들을 위한 가이드북(Reflection Guide for Juniors & Seniors)

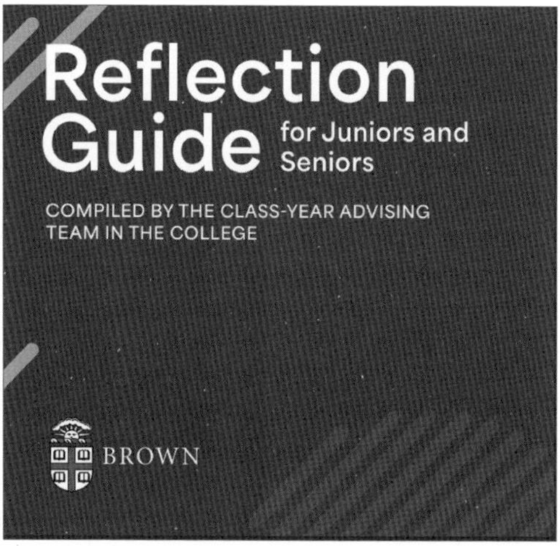

출처: Brown College(2024)[24]

○ 교육과정 자원 센터(CRC, Curricular Resource Center)

브라운대학은 전공 결정 없이 입학하여 개방형 교육과정으로 스스로 교육과정을 구성하고 책임지는 것은 쉽지 않은 일이다. 이에 브라운 대학은 교육과정 자원센터를 설치하여, 학생들이 개방형 교육과정을 실천할 수 있도록 지원하고 있다. 이 센터에는 동료(peer), 전임 자문가(full-time advisors), 코치(coaches), 멘토(mentors), 교육자(educators) 등 다양한 구성원이 배치된다. 이들은 교육과정 설계를 돕고, 학업 향상을 위한 학습 전략 등을 제안한다. 나아가 학생설계전공 학생을 지원하고, 독립 연구를 지원하는 역할을 한다. 세부 프로그램으로는 학생들의 학업 여정과 능력개발을 돕는 학업 코칭·참여 지원(AcCES, Academic Coaching, Engagement and Support), 기존 전공이 아닌 학생 설계 전공(IC, Independent Concentration)이나 독립연구(IS, Independent Studies) 지원이 있다.

한편, 국내 대학교의 학생회와 유사한 커뮤니티인 학부생 모임(DUG, Departmental Undergraduate Groups)도 존재한다. 이들은 전공 커뮤니티를 구축하고, 전공 가이드를 주도적으로 진행하는 등의 활동을 담당한다. 특히 '집중 선언의 날(CDD, Concentration Declaration Day)'을 운영하고 있는데, 선후배와 교수가 모여서 서로 교류하고, 신입생에게 전공 세미나와 전공학과 정보를 제공한다. 이후에는 학생 스스로가 집중과정을 선택하고, 공식적으로 학술 커뮤니티에 합류한다는 선언을 한다.

이외에도 브라운대 학생들의 진로 성장을 돕는 진로 탐색 센터(Center for Career Exploration), 지역사회 교류와 체험학습을 돕는 스웨어러 센터(Swearer Center for Public Service), 학부생의 지적 성장과 학업적 조언을 돕는 학업 상담 학장(Academic Advising Deans)을 운영하고 있다.

2) 하버드대학교(Harvard University)[25]

1636년에 설립된 하버드대학교는 미국에서 가장 오래된 대학이며, 매년 약 1,650명 신입생이 무전공으로 학부대학(College)으로 소속된다. 하버드대는 '많은 것을 조금씩 알고, 어떤 것은 잘 아는 사람(men who know a little of everything and something well)'을 길러내는 자유교육의 가치를 강조하며, 전공 선택 전 다양한 분야를 경험하고 관점을 넓히는 것을 핵심 목표로 삼는다.

하버드대는 브라운대처럼 '전공'이라는 표현 대신에 '집중(concentration)' 과정을 운영한다. 학부의 50개 학문 분야에서 3,700개 이상의 과목이 운영된다. 하버드 칼리지에서는 학생들이 '집중(전공)' 분야를 선택하는데, 다른 집중 과정을 복수로 선택할 수도 있고 자신만의 전공 과정을 설계할 수 있는 특별 전공(special concentration)을 선택할 수도 있다. 특별 전공은 우리나라의 학생설계전공이라 할 수 있다. 집중 과정은 대부분 학제적이고 융합적인 분야라고 할 수 있다. 예를 들면 인간진화생물학(Human Evolutionary Biology), 역사와 과학(History and Science), 연극-무용-미디어(Theater, Dance & Media) 등이 있다.

학생의 전공별 인원 제한은 없지만 일부 전공, 예를 들면 공학 전공을 위해서는 수학을 수강해야 하는 등 선수과목 이수 제도가 있다. 또한 학생 학력 수준 파악을 위한 수학, 글쓰기 등의 배치시험을 통해 학생 수준에 맞는 맞춤형 교육을 제공하고 있다. 일부 인기 강좌를 제외하고 하버드대의 강좌당 평균 학생수는 12명이다. 한 학기에 개설된 약 1,300개의 강좌 중 1,000개 이상이 20명 이하로 운영된다. 학생 대 교수 비율은 7:1에 불과하여 학생과 교수 간에 밀착 지도와 상담이 원활하게 이뤄지는 환경이다.

하버드대에서는 비선호 학문의 문제점을 다차원적으로 해결하기 위해 노력하고 있다. 대학의 일차적 목표는 다양한 학문에서 지식을 생산하는 것이므로, 학생수가 적은 학과도 기본적으로 유지한다. 교양교육의 핵심이라고 할 수 있는 인문학 보호를 위해 인문학과 과학, 예술이 결합하는 학제적 전공 개설을 하고 있다. 물론, 전공자율선택제 아래 인기학과 쏠림과 전공 선택의 가변성이 전혀 없는 것은 아니지만, 학생의 사고 폭과 자기 이해도를 높여주는 순기능도 하고 있다.[26]

실제로 하버드대 약 3분의 1 학생이 전공을 결정한 이후 변경한다. 입학 당시 고려한 전공을 선택하는 비율은 68.5%이고, 다른 전공으로 변경한 비율은 31.5%이다.[27] 전공 변경은 학과 지도교수와 상의하여 진행하면 가능하다.

▸ **그림 V-3** 하버드대학교 학사지도체계

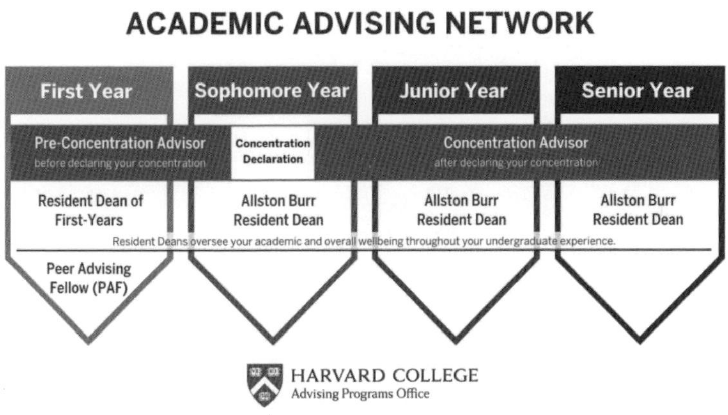

출처: Harvard College(n.d)[28]

1학년의 전공 탐색을 위한 교과 및 상담 네트워크

1학년은 전공인 집중과정을 결정하기 전 단계이다. 1학년 학생들은 1학년 세미나, 교양과 전공기초과목 수강 등을 통해 전공에 대한 정보를 획득한다. 특히 1학년 세미나 과목은 예를 들면 '논란 속의 낙태(Abortion in Controversy)', '예술은 정의에 영감을 줄 수 있을까?(Can Art Inspire Justice?)'와 같은 주제 등 129개 강좌가 개설되어 있다. 이 과목은 1학년 신입생만 참여할 수 있는 소규모 토론형으로 운영되고 정원은 최대 15명이라 교수·학생 간 긴밀한 소통이 가능하다.

교과목뿐만 아니라 체계적인 상담 지원을 통해 1학년 학생들은 진로와 전공에 대한 정보를 얻는다. 1학년에는 사전 전공 자문관(Pre-Concentration Advisor), 즉 1학년 지도교수가 배정되어 전공 확정 전까지 학업 상담을 담당한다. 이뿐만 아니라, 신입생은 기숙사에 거주하며 감독관(Proctor)의 개별 지원과 신입생 기숙사 학장의 관리를 받는다. 상급생 멘토인 동료상담 펠로우(PAF, Peer Advising Fellow)도 배정되어 대학 생활 적응과 학업·활동 기회를 돕는다. 학업네트워크에 대한 내용은 다음과 같다.

▶ **그림 V-4** 하버드대 1학년 상담 네트워크

○ 사전 전공 자문관(Pre-Concentration Advisor)

사전 전공 자문관(Pre-Concentration Advisor)은 전공 확정 이전의 지도교수이다. 이들은 입학부터 전공 선언까지의 학업 계획을 함께 설계하고 전공(Concentration) 탐색을 중심으로 상담한다. 하버드대의 커리큘럼·학사 정책·마감 일정 등 필수 정보를 제공하며, 교수진·행정과의 소통을 지원한다. 전공 선언이 이루어지는 2학년 가을(통상 10월 말까지 약 3학기)까지 학생을 지도한 뒤, 이후 관리는 전공 지도교수(Concentration Advisor)에게 인계한다.

○ 감독관(Proctor)

감독관(Proctor)은 신입생의 대학 적응과 커뮤니티 형성을 지원하는 역할을 한다. 감독관은 약 65명으로 1학년 기숙사에 거주하며 학생들과 정기적으로 소통하는 것이 필수이다. 1인당 20~40명의 학생을 맡아 정기적으로 소통한다. 입학식 전후에는 8~10명을 개별 상담하고, 학기 중에는 학업 상담·생활 지도·자원 연계(학업지원센터, 정신건강서비스 등)를 수행한다. 감독관은 신입생 담당 학장(Resident Deans of First-Year Students)과 수시로 협업하며, First-Year Experience Office(FYE)에서 임용되어 연 단위 재계약으로 운영된다.

○ 1학년 기숙사 학장(Resident Deans of First-Year Students)

1학년 기숙사 학장은 신입생들의 기숙사 생활뿐만 아니라 학업, 사회생활, 교과 외 활동을 지원한다. 1학년 주임학장, 학생처장 등 4명이 임명되어 있다. 이들 외에 기숙사감(Residential Staff)을 두고 대학원생 감독관들이 조언하며 신입생의 적응과 학업 과정에 대한 특별 지도제를 운영하고 있다.

○ 선배 자문단(Peer Advising Fellow)

선배 자문단은 신입생 상담 네트워크에 학생의 관점을 반영한다. 본인의 학업 경험을 바탕으로 과목 선택이나 평가에서의 성공뿐만 아니라 실패와 실수담도 공유한다. 사실 교수나 박사 이상의 전문가들이 학생들의 눈높이에 맞춰 조언을 할 수 있는 것은 제한적일 수 있다. 이러한 부분은 선배 자문단이 적절히 메워 주고 더 효과적으로 상담 역할을 해줄 수 있다. 선배 자문단은 2~4학년의 선배로 구성되며 약 6~11명의 담당 학생을 관리한다. 약 4주마다 담당학생(PAFees)을 만나며 학기 과정, 마감일, 리소스 등에 대해 자신의 학업 경험을 활용하여 돕는다.

선배 자문단은 대학원 과정 중인 감독관들과 협업하여 신입생의 생활 및 학업 조언을 제공한다. 학업 생활 탐색, 교과 과정과 비교과 활동 균형, 전공으로의 이행 조언 등의 역할을 한다. 어떤 과목이 적합하고 이들 과목들은 어떻게 평가하는지에 대한 정보도 제공한다. 선배 자문단은 기숙사에서 감독관과 협력하여 학생들과 친밀한 관계와 유대감을 형성하며 공동체를 구축하는 역할을 한다.

2학년을 위한 상담 네트워크

2학년은 집중과정을 이수하는 시기로서, 보통 가을학기에 전공 선언(Concentration declaration)을 한다. 이를 위해 학생들은 전공 분야의 상담 네트워크를 지원받는다. 전공을 확정하기 전까지는 '전공 전 지도교수(Pre-Concentration Advisor)'를 통해 전공 선택과 이에 필요한 과목 설계, 전공 지도교수와의 연결 등을 지원받는다. 전공을 선택한 이후에는 새로운 전공의 지도교수가 배정되어 전공 요건 및 진로 계획 등 교과와 비교과 활동 기회를 제공받는다.

특히, 하버드대는 전체 학부생의 98%가 12개 기숙사 중 한 곳에 거주하기 때문에 기숙사 생활과 기숙사의 여러 인력 지원이 중요하다. 2학년 학생들도 기숙사에 거주하므로, 기숙사의 사감과 기숙(혹은 비기숙) 튜터로부터 추가 지원을 받는다. 지도 튜터는 대학 학부과정에 대한 전문 지식을 지니고 있으며, 학생들의 과목 선택, 진로 선택, 룸메이트 갈등 등 다양한 문제에 대해 자유롭게 상담할 수 있다.

전공 선언기를 위한 상담 네트워크 및 전공 탐구 프로그램

전공 선언 시기에는 전공 지도교수뿐만 아니라 튜터, 코디네이터의 협력적 네트워크를 통해 학생을 지원한다. 전공 지도교수는 전공 입문과 기초과정-심화과정-논문 등 졸업과정의 세 단계에 걸친 전공 과정에 대한 안내를 한다. 또한 전공 분야의 진로 지도도 제공한다. 하버드대는 개인별 대응을 넘어 팀 기반 접근을 채택하며, 학부학업 책임자(DUS), 주임 튜터, 학부 프로그램 코디네이터 등 다양한 인력을 통해 상담을 적극 권장한다.

또한, 하버드대학교는 매년 봄학기 4주 동안 전공 탐색과 정보 제공을 위해 전공 탐구 프로그램(The Exploring Fields of Study program)을 운영한다. 이 기간에는 약 50개 전공과 49개 부전공에서 행사를 주최하여, 학생이 관심 있는 전공을 탐구할 기회를 제공한다. 모든 1학년 학생은 반드시 최소 1회 상담을 받아야 하며, 복수 분야 상담을 권장한다. 특히, 전공 선택 전에는 △학문적 관심사와 장기 진로 목표 정립, △연구 기회, 필수 과목 및 논문 요구 사항을 포함한 집중 경험 점검, △전공 요건 이수를 위한 4년 계획 수립을 수행하도록 안내한다.

브라운대와 하버드의 공통점은 두 가지다. 첫째, 학년별 상담 지원 체계가 제도적으로 구성되어 일회성 상담이 아니라 학년 단계에 맞춘 지속 지원이 이뤄진다. 둘째, 교수와 직원뿐 아니라 선배(동료 상담자)까지 참여해, 전문가의 관점과 학생 눈높이의 조언을 병행한다.

3) 펜실베이니아주립대학교(Penn State: The Pennsylvania State University)[29]

펜실베이니아주립대는 1855년에 설립되었다. 펜실베이니아주 전역에 20개의 캠퍼스[30]를 지닌 대규모 주립대학이다. 학부생은 42,223명에 이르고 학생 대 교수 비율은 14:1이다. '하나의 대학, 20개의 캠퍼스(One University, Twenty Campuses)'로 운영되고 있다. '단일 대학(One University)' 철학을 강조하고 있으며, 유니버시티 파크(The University Park campus)가 행정과 연구의 핵심으로 본 캠퍼스 역할을 하고 있다.

▸ **그림 V-5** 펜실베이니아주립대학 20개 캠퍼스 지도

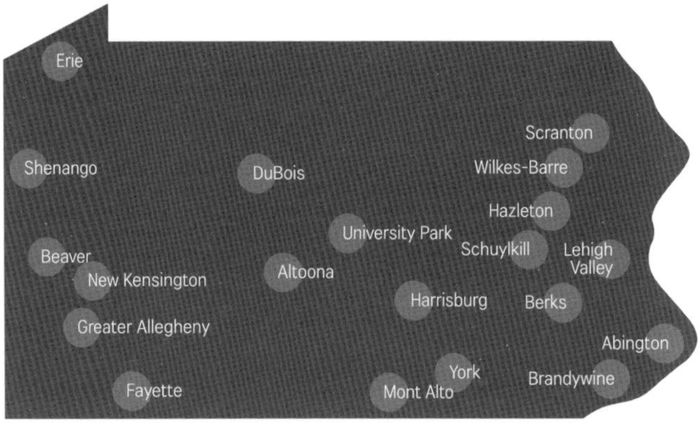

출처: Pennsylvania State University(2025)

교양 교육은 학부 과정의 핵심으로 삼고 있다. 펜실베이니아주립대의 교양 교육은 의사소통과 데이터 문해력의 탄탄한 기초(Strong

Foundations), 지적 호기심에 따른 변혁적 탐구(Transformative Exploration), 다양한 관점에서 지식을 종합하는 통합 학습(Integrative Learning)을 강조하고 있다. 직업이 역동적으로 변하고 진로가 예측 불가능해짐에 따라, 비판적 사고 역량과 회복탄력성을 갖춘 인재 양성을 위해 교육하고 있다.

펜실베이니아주립대는 특별하게도, '펜스테이트 2+2(Penn State 2+2 Plan)' 제도가 있다. 약 60%의 학생들이 이 경로를 선택한다. 첫 2년은 기숙사가 보장된 연방 캠퍼스에서, 나머지 2년은 유니버시티 파크 캠퍼스에서 이수한다. 펜스테이트 2+2는 '유연성과 기회(Flexibility & Opportunity)'를 확대하여, 개인 상황에 맞는 캠퍼스를 선택할 수 있고, 본교 입학이 어려운 학생들에게도 본교에 입학할 수 있는 가능성을 열어준다.

또한, 학생들은 지역 캠퍼스 생활을 통해 등록금, 생활비 등 비용을 절감할 수 있고, 캠퍼스별 특화된 활동과 이벤트를 즐기고 소규모 수업을 받을 수 있다는 장점이 있다. 물론, 모든 학생이 본교에서 이수할 수 있는 것은 아니다. 전공의 요건에 따라 당락이 결정된다.

1지망 캠퍼스에서는 일반 교양과 전공 필수 과목을 이수한다. 특히, 펜스테이트(Penn State)는 교양 교육은 학부 과정의 핵심으로서, 의사소통과 데이터 문해력 기초, 지적 탐구를 위한 전환학습, 다양한 관점을 위한 통합 학습을 강조하고 있다. 이는 직업세계가 역동적으로 변하고 진로가 예측 불가능해짐에 따라, 비판적 사고 역량과 회복탄력성을 갖춘 인재 양성을 목적으로 하고 있기 때문이다.

2학년 2학기에는 학업 상담자와 상의하여 2지망 캠퍼스로 이동 절차를 밟는다. 펜실베이니아주립대는 3학년 때부터 공식적으로 전공 과정을 시작하는데, 275개 이상에 이른다. 이 중 35개의 전공(전기공학, 건축학 등)은 직접 입학을 허용하고, 그 외는 단과대학이나 학부대학에 전공 전(pre-major) 상태로 입학한다. 학생들은 3~5학기 사이에 진입 요건을 충족하면, 전공을 등록한다. 모든 학생의 수용이 어려울 경우, 전공의 입학 정원 제한(Administrative Enrollment Controls)을 둘 수 있는데, 다음과 같다.

▶ **표 V-2 펜실베이니아주립대학의 정원 제한 전공의 진입 조건**

- 정원 제한 전공 진입 조건 (예. 회계학)
  - 일정 학점 이상 취득 (36~59학점 이수)
  - 특정과목 이수 (영어, 수학, 통계, 회계 등 C학점 이상 이수)
  - 학점 평균 기준선 이상 (학점 평균 3.20 이상)
  - 학점 평균 2.00 미만 학생 입학 불가 (동일)
  - 여석 발생 시, 평균학점 순 선발 (학점평균 GPA 순으로 선발)
  - 해당 학부(혹은 단과대) 재학 (경영대 재학)

*4개 단과대학 중 18개 전공(회계학, 경영학, 마케팅 전공, 커뮤니케이션 대학 등)이 입학 정원에 제한을 둘 수 있음.

○ 학부대학(Division of Undergraduate Studies, DUS) - 학부전공탐색 지원처

펜실베이니아주립대의 학부대학(DUS)은 학생들의 학업과 진로를 탐색하는 것을 돕고 전공 전환을 지원하는 사명을 지니고 있다. 1973년도에 학부대학이 설립되어, 학부대학 소속 전문 어드바이저 27명이 본 캠퍼스에 근무하고 있다. 학부대학은 전공 탐색과 학업 상담이라는 두 축을 맡아, 초기 전공을 결정하지 못한 학생을 위하는 학부로 한국의 자유전공학부와 매우 유사하다. 희망 전공이 명확해도 입학 요건을 충족하지 못하면 일정 기간 학부대학에 소속될 수 있다. 영향

평가서(Impact Statement)에 따르면 학부대학은 펜실베이니아주립대에서 가장 큰 모집 단위로, 등록 비율은 본 캠퍼스 약 22%, 지역캠퍼스는 50%까지 이른다.

학생들은 대체로 2학년 말까지 학부대학에 소속되며, 단과대학·전공의 자격 요건을 충족하는 즉시 해당 단과대학이나 전공으로 전환할 수 있다.[31]

수많은 전공 중에서 자신에게 맞는 전공을 선택하는 일은 쉽지 않다. 펜실베이니아주립대 신입생 중 약 80%가 전공 선택에 대해 불확실성을 갖고 있다. 이를 지원하기 위해 단과대별로 상담 센터를 두고 있으며 각 센터에는 학부대학 소속 코디네이터가 배치되어 있다. 학생들은 이들과의 상담을 통해 전공·관심 분야를 탐색하고, 자신의 강점·흥미를 진단해 개별 학업 계획을 수립한다.

전공탐색은 '탐색(Explore) → 경험(Experience) → 결정(Decide)'의 단계로 진행된다. 탐색은 자기성찰 평가를 통해 관심사, 가치관, 역량을 점검한다. 경험은 전공과 진로 관련 체험 기회를 통해 적합성을 검증한다. 마지막으로 축적된 정보와 경험을 바탕으로 전공을 결정한다. 이를 위해서 학부대학은 홀랜드 직업적성검사를 진행하여, 학생의 직업에 대한 이해와 판단을 돕는다. 또한, 커리어 서비스센터의 전문 상담을 연계해 진로·경력 설계를 지원하고 있으며, 이 밖에도 교내 상담센터와 대학원생 튜터링 등 보조 지원도 제공한다.

○ 1학년 참여 프로그램

교육과정에 신입생 세미나가 포함된 캠퍼스의 모든 신입생들은 '1학년 참여 프로그램(First-Year Engagement Program)'을 이수해야 한다. 1학년 참여 프로그램의 예시로는 '대학 생활 대처법: 1학년 전환 세미나(Coping with College: A First Year Transition Seminar)', '미래를 키우는

1학년 세미나(Growing Your Future: First-Year Seminar)' 과목처럼 대학 생활 안내와 진로 관련 과목부터 '효과적 연설(Effective Speech)', '천문학 세미나(First-Year Astronomy Seminar)' 등 과목들이 있다.

○ 전공 탐색 및 진로 · 학업 지원

펜스테이트 학생들의 전공과 진로를 지원하기 위해 교양 과목을 탐색하여 관심사를 선택하도록 하고, 다양한 전공 예시를 제공한다. 나아가 학생들의 성공적인 취업을 위해 기업 유형, 취업 전략을 제공한다.

또한, 효과적인 진로 결정 시스템을 등록하여 진로 개발의 내·외부 요인을 탐색토록 하며, 코디네이터와의 대면 면담을 통해 고민을 해결할 수 있도록 돕는다. 특히, 학업 지원을 위해서는 '전공에 대한 신화'에 대해 전반적으로 설명하고(<표 V-3> 참고), 전공의 해설을 직접적으로 설명하고 있으며, 직업 핸드북을 통해 많은 직업에 대한 직무, 급여, 전망을 제공하고 있다.

▶ 표 V-3 펜실베이니아주립대의 '전공에 대한 신화' 안내

<전공에 대한 신화> Myths about majors

신화 #1 전공을 알아보는 가장 좋은 방법은 관련 수업을 수강하는 것이다.

➡ 입문 과목 수강은 전공을 이해하는 한 가지 방법일 뿐, 탐색 초기 단계의 최선책은 아닐 수 있다. 일부 과목은 전공의 전반을 제시하는 데 구조적 한계가 존재한다.

신화 #2 전공 선택 이전, 교양과목을 모두 이수해야 한다.

➡ 펜실베이니아주립대학교는 교양과목의 선택권이 있다. 다만, 전공에 따라 교양영역을 충족하는 요건이 다르기 때문에, 전공을 탐색하는 동안 교양과목을 매우 신중하게 선택해야 한다.

신화 #3 **전공 선택과 진로 선택은 같다.**

➡ 전공 선택과 진로 선택은 연관되지만, 직결되지는 않는다. 예컨대, 연극·인류학 전공자가 모두 비슷한 직업을 택할 것이라 예상하기 쉽지만, 실제로는 비즈니스·교육·군 복무 등 다양한 분야로 진출한다.

신화 #4 **전공을 선택하면 다른 전공은 모두 포기해야 한다.**

➡ 사실이 아니다. 복수전공, 부전공 등을 통해 둘 이상의 관심사를 결합할 수 있다. 이때, 추가 학점 부담이 비교적 크지 않다. 또는 학부 전공과 다른분야의 석사과정으로 전환할 수 있다.

신화 #5 **전공이 앞으로의 삶을 결정한다.**

➡ 여러 연구에 따르면 대학 졸업 후 10년 이내에 상당수가 전공과 직접 관련 없는 직무에 종사한다. 현재 존재하는 직업 중 일부는 변경되고, 일부는 사라질 수 있어 특정 직업에 맞춘 교육이 적합한 교육인지 알 수 없다. 따라서, 변화하는 시대에 대응할 수 있도록 '글쓰기, 말하기, 비판적 사고, 문제 해결' 능력 등을 개발해야 한다.

출처: Pennsylvania State University(2025)[32]

3 우리나라 대학에서는 자유전공을 어떻게 운영하나? (한국의 자유전공 운영 대학 사례)

1) 서울대[33]

설립 시기와 비전

서울대 자유전공학부는 2009년 설립되었다. "경계를 넘어 미래로"라는 비전하에, 기존의 분절된 학과 중심 교육에서 벗어나 학생 개개인의 적성과 관심 분야에 맞게 기초교육과 융합교육을 통해 글로벌 인재로 양성하는 것을 목표로 하고 있다.

모집 단위 · 규모 및 특성

서울대 자유전공학부의 25년 경쟁률은 수시 10:1, 정시 3.13:1이다. 26학년도 선발 인원은 117명이다. 학생부종합전형에서 68명을 선발하고, 정시에서 49명 선발한다. 서울대 (학부대학)광역은 26학년도 선발정원이 36명인데, 모두 정시에서만 선발한다. 서울대 '자유전공학부'는 소속이 '자유전공학부'로 유지되며, '(학부대학)광역'은 전공 진입 시 해당 단과대학 전공으로 소속이 변경된다는 것이 가장 큰 차이점이다. 또한, 자유전공학부는 10개 단과대학 중에서 전공을 선택할 수 있으나, (학부대학)광역은 7개 단과대학 내에서만 전공 선택이 가능하다는 차이점이 있다(자유전공학부 선택 가능 10개 단과대학: 인문대학, 사회과학대학, 자연과학대학, 경영대학, 공과대학, 농업생명과학대학, 미술대학, 생활과학대학, 음악대학, 첨단융합학부 / (학부대학) 광역 선택 가능 7개 단과대학: 인문대학, 사회과학대학, 자연과학대학, 경영대학, 공과대학, 농업생명과학대학, 생활과학대학).

▶ **표 V-4 서울대 자유전공 모집단위**

대학	모집단위	유형	'25 경쟁률		'26 선발 정원	수시				정시
						교과	종합	논술	기타	
서울대	자유전공학부	1	수시	10	117	-	68	-	-	49
			정시	3.13						
	(학부대학) 광역	1	수시	-	36	-	-	-	-	36
			정시	-						

전공 선택

서울대 자유전공학부는 다른 대학의 자유전공학부와 다른 점이 많다. 1년 후에 다른 전공으로 학적을 이동하지 않고 자유전공학부에 4년 동안 학적을 둔다. 즉 졸업까지 자유전공학부 소속을 유지한다. 그래서 자유전공학부 4년제로 불린다. 서울대 자유전공학부 학생들도 다른 전공을 선택할 수 있는데 정규 2개 학기 이상 이수하고 총 24학점 이상 취득하면 전공선택 자격 요건이 부여된다. 2개 학기 이상 이수한 이후부터 4학기 이전까지 전공을 선택한다.

서울대 자유전공학부는 대부분의 전공 선택이 가능하다. 국가에서 자격증을 관리하는 의치대, 약대, 간호대, 수의대, 사범대를 제외한 전공을 선택할 수 있다. 전공 학과의 입학 정원과 무관하게 평균학점에 상관없이 전공을 택할 수 있다. 그리고 전공별로 1회 전공 변경이 가능하다. 복수전공이 필수는 아니지만 2개 이상 전공을 이수할 것을 권장받는다. 자유전공학부에서 제1전공으로 학생설계전공을 이수하는 것도 가능하다.

서울대 자유전공학부의 전공 선택 변화를 5년 단위로 살펴보면 흥미로운 점들이 발견된다. 2011~2015년에는 사회대, 경영대, 자연대의 선택이 높았다. 하지만 2021~2023년도에는 공학의 전공 선택 비율이 예년에 비해 급격하게 높아졌다. 인문대와 사회대는 계속 감소 추세이다. 반면, 공학은 계속 증가 추세임을 확인할 수 있다. 학생설계전공은 2개 이상 학문을 융합한 학제적 교육과정을 학생 스스로 구성하여 주전공으로 이수할 수 있다, 학위는 문학사, 이학사, 공학사 취득이 가능하며 졸업장에 학생설계전공명이 병기된다. 학생설계전공이 아닌 일반 전공의 자유전공학부 학생의 졸업장은 "서울대학교 학부대학 자유전공학부 ○○○전공 ○학사(문학사, 공학사, 이학사 등)"

로 수여된다. 한편, 자유전공에서 학생설계전공으로 졸업하는 학생은 해당 학생설계전공명을 붙인다. 예를 들면, 국제개발협력학 학생설계 전공의 경우 "서울대학교 학부대학 자유전공학부 국제개발협력학(문학사)"으로 발급된다.

▶ **그림 V-6** 서울대 자유전공학부 5년 단위 전공선택 변화 추이

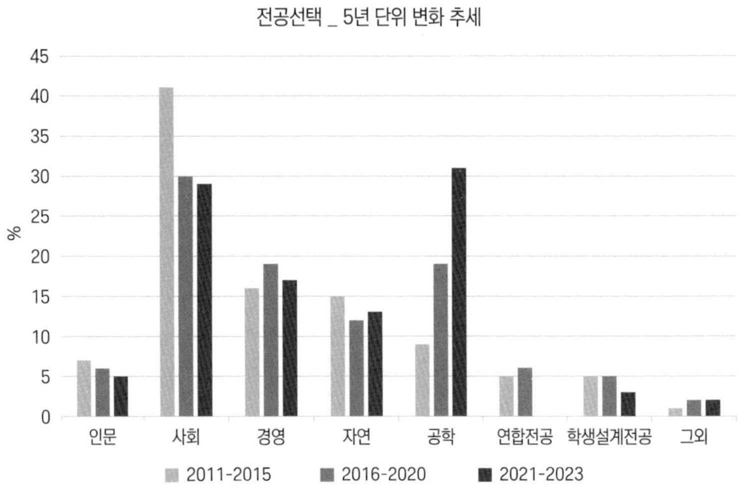

출처: 양일모(2023)[34]

▶ **표 V-5** 서울대 자유전공 단과대별 주전공 분포 추이

	2012	2013	2014	2015	2016	2017	2018	2019	2020	2021	2022	2023	누계
인문	17	27	15	17	17	15	13	17	12	21	14	8	193
사회	105	111	87	98	85	71	74	71	52	95	91	47	987
자연	49	27	22	33	54	18	22	24	22	36	40	25	372
공과	19	22	16	48	50	47	30	37	60	74	85	85	573
경영	36	58	36	44	44	48	44	40	46	47	53	41	537

	2012	2013	2014	2015	2016	2017	2018	2019	2020	2021	2022	2023	누계
농업생명	0	0	0	1	-1	1	1	0	3	2	3	1	11
생활과학	2	-2	0	1	-1	4	2	2	-1	1	2	3	13
미술	6	1	2	-2	3	3	3	5	0	3	1	0	25
음악	1	0	2	0	0	-1	0	-1	0	0	1	1	3
연합	12	12	19	14	9	18	12	15	19	9	0	12	151
학생설계	11	12	10	19	14	11	16	8	5	9	11	10	136
합계	258	268	209	273	274	235	217	218	218	297	301	233	3,001

출처: 서울대학교 자유전공학부(2024)[35]

교육과정 및 교육관

서울대 자유전공학부는 전공과목 18학점을 포함하여 총 135학점 이상을 취득해야 졸업이 가능하다. 서울대 자유전공학부의 전공 교육과정을 살펴보면 1학년 1학기에 전공설계 1과 주제탐구세미나 1을 수강한다. 전공설계는 2학년 1학기에도 개설되어 있으며, 학생설계전공을 주전공으로 하는 학생은 필수로 이수해야 한다. 1학년 전공설계 과목은 대학 생활, 전공 선택, 진로 설계 등에 대해 탐색하고, 2학년 전공설계 과목은 자유전공 졸업생들의 특강, 학사지도교수(객원교수) 면담 등을 통해 본격적인 전공 및 진로에 대해 고민하고 설계하는 시간을 갖는다. 주제탐구세미나 1, 2가 1학년에 개설되어 있는데 서울대 자유전공학부의 대표 교과목이다. 주제탐구세미나는 문명, 지식, 행복, 네트워크 등 큰 주제를 전공이 서로 다른 3명의 교수진이 함께 수업을 진행하며 다양한 시각과 관점으로 주제에 대해 토론하고 발표하는 시간이다. 즉 대주제에 대한 3인 교수 합동 강의이자 융합 세미나 시간이다.

서울대 자유전공학부는 다채로운 비교과 프로그램을 운영하고 있다. 매년 1~2회 전공 박람회를 개최하고 있으며, 멘토링과 학술제를 운영하고 있다. 국제 프로그램으로는 중국, 일본, 싱가포르의 대학들과 캠퍼스 아시아 프로그램에 참여하고 있다. 그리고 국내 현장체험학습, 기업현장 실습을 교과수업인 전공설계, 국내현장학습 교과목과 연계하여 실시하고 있다.

▶ 표 V-6 서울대 자유전공학부 교육과정

학년/학기	1학기	2학기
1	전공설계 1 주제탐구세미나 1	주제탐구세미나 2
2	주제심화세미나 전공설계 2	주제탐구세미나 3 주제심화프로젝트
3	자율연구 1 현장학습 1	자율연구 2 현장학습 2 고전탐구세미나
4	인문예술융합세미나, 사회과학융합세미나, 자연과학융합세미나, 글로벌융합세미나, 사회공헌프로젝트, 종합설계	

학생진로상담 및 지원체제

서울대 자유전공학부는 다른 대학의 자유전공학부에 비해 많은 교육과 상담 인력을 채용하고 있다. 전임교수만 10명이고, 겸무교수 5명, 학사지도교수(객원교수) 2명을 두고 있다. 물론 미국의 주요 대학에 비해서는 교수진과 상담인력이 많지는 않지만, 한국 대학의 상황에서는 학생 교육과 상담 측면에서 가장 나은 여건의 교육환경이라 할 수 있다.

서울대는 학생들의 교육과정 상담 지원 기구가 있다. 바로 '전공설계지원센터(Academic Advising Center)'가 있다. 전공상담교수(객원교수)는 센터장 포함해서 총 10명이다. 센터장 1명, 인문·사회계열 3명, 이공계열 4명, 그리고 자유전공학부 2명이 있다. 서울대 전공설계지원센터는 2022년에 설립되었다. 학생들에게 학사 정보와 상담을 제공하여 학생 적성에 맞는 자기주도적 학업 및 전공설계를 할 수 있도록 돕고 있다. 전공 설계는 학생의 학문적 관심과 희망하는 진로에 맞춰 어떤 교과를 수강할지, 어떤 전공을 선택하여 구성할지 등에 대한 내용이다. 즉 전공설계지원센터는 학업 이수와 전공 선택 전반의 과정을 돕는 역할을 한다. 구체적으로는 자유전공학부의 학생설계전공뿐만 아니라 복수·부전공과 같은 다전공, 융합전공 등 전공의 경계를 넘나드는 전공설계와 학업계획을 지원한다. 자유전공은 전공 선택과 학생설계전공 선택 시 교과목 구성 등 다른 일반 전공보다 학생이 생각하고 선택할 요소가 많기 때문에 전공설계지원센터의 역할이 크다.

거버넌스

서울대 자유전공학부의 초기 거버넌스는 하나의 자유전공학부가 독립적 단과대 역할을 하였다. 그런데 2025년 서울대 학부대학이 설립되며 그 거버넌스가 좀 달라지고 있다. 공식적으로 학부대학장이 있고 그 하에 자유전공학부장이 있으며, 산하기구로 전공설계지원센터를 비롯해 교육운영개발센터, 글쓰기지원센터 등 총 5개 센터를 두고 있다.

새롭게 신설된 '학부대학'에는 전공을 자유롭게 선택할 수 있는 무전공이 두 개 모집단위에서 선발된다. 그중 하나가 기존부터 유지되어온 '학부대학 자유전공학부'이고, 다른 하나가 '학부대학 광역'이다. 두 모집단위의 가장 큰 차이는 전공선택 범위인데, 자유전공학부가 학부대학 광역 모집에 비해 더 많은 단과대에서 전공선택이 가능하다. 이처럼 서울대 자유전공학부는 '학부대학' 체제로 거버넌스가 변경되었다.

2) 강원대[36]

설립 시기와 비전

강원대 자유전공학부는 2019년에 설립되었다. 다양한 학문을 융합하고 새로운 가치를 창출할 수 있는 역량을 지닌 인재 양성을 목표로 하고 있다. 교육의 핵심 키워드로 '융합과 연결', '문제해결', 그리고 '혁신과 창업'을 제시하고 있다. '융합과 연결'은 인문계열과 자연계열을 넘나드는 횡단형 학습과 교차 진학 및 융합 수업, '문제해결'은 참여형 프로젝트식 수업으로 액션러닝, 디자인씽킹 등 문제해결형 방법론 기반을 제공한다. '혁신과 창업'은 이론 중심 학습에서 벗어나 체험 및 실험탐구학습을 통해 단일 전공이 아닌 다전공의 방향성을 제시한다.

모집 단위 · 규모 및 특성

강원대에는 캠퍼스별 자유전공학부와 단과대별 자유전공학과가 있기 때문에, 춘천의 자유전공학부만을 제시하고자 한다. 강원대 자유전공학부는 인문계열과 자연계열로 구분하여 선발한다. 2025년 자유전공의 인문계열 경쟁률은 수시 11.13:1, 정시 6.22:1로서 자연계열 경쟁률보다 약간 높다. 2026학년도 선발 정원은 자유전공(인문계열) 49명, 자유전공(자연계열) 48명으로 총 97명이다. 2025학년도의 77명에 비해서 모집인원이 대폭 증가하였다. 특히, 수시 학생부종합전형 중 10명(계열별 5명)을 미래인재면접전형으로 선발하여 교과 성적이 부족하더라도 면접에서 만회하며 도전해볼 수 있는 기회가 생겼다.

▶ **표 V-7 강원대 자유전공 모집단위**

대학	모집단위	유형	'25 경쟁률		'26 선발 정원	수시				정시
						교과	종합	논술	기타	
강원대	자유전공학부 (인문계열)	1	수시	11.13	49	24	17	-	-	8
			정시	6.22						
	자유전공학부 (자연계열)	1	수시	10.06	48	23	17	-	-	8
			정시	5.29						

전공 선택

강원대 자유전공학부는 1년제와 4년제를 동시에 운영하고 있다. 1학년 말에 일반 전공을 선택해서 진급하는 학생과 자유전공에 남아 학생설계전공을 이수할 학생으로 구분된다. 이는 전적으로 학생들의 희망에 의해 이뤄지며, 학생설계전공은 학생의 학업의지와 교육과정 구성을 토대로 심의를 거쳐 선발한다. 2024학년도부터 자유전공학부 4년제 학생설계전공을 운영하여 24년 9명, 25년 9명의 학생이 자유전공학부에서 학생설계전공을 이수하고 있다.

▶ **그림 V-7** 강원대 자유전공학부 진급 과정

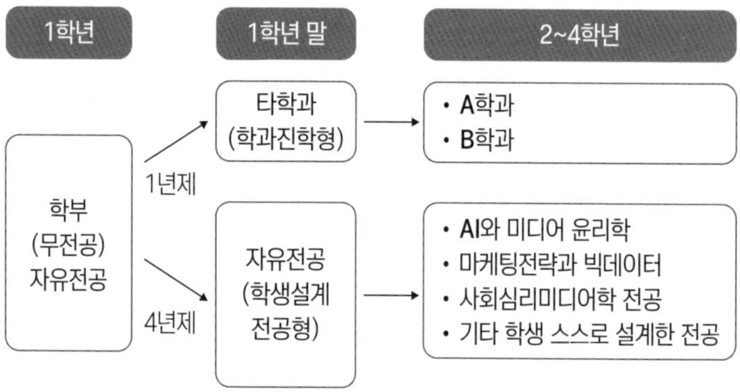

강원대 자유전공학부는 그동안 학생들의 2학년 전공 선택에서 쏠림 현상이 크지 않았다. 2024년은 21개 전공 내외로 학생들이 진학하였고, 계열별 10개에서 15개 내외의 전공을 선택하고 있다. 인문계열은 행정학, 회계학, 경영학, 미디어커뮤니케이션학과를 연도별로 가장 많이 진학하였다. 자연계열은 컴퓨터공학과, 전기전자공학과를 가장 선호하였다. 인문계열에 비해 자연계열이 좀 더 몇몇 학과로 집중되는 경향이 나타난다. 하지만, 최근으로 올수록 특정 전공에 집중되는 경향이 완화되고 있다. 2024학년도에 학생들이 많이 진학한 학과 순으로 살펴보면 인문계열에서는 미디어커뮤니케이션학과 4명, 경영학 4명, 영상문화학과에 3명이 진학을 하였다. 자연계열에서는 전기전자공학과 9명, 컴퓨터공학과 6명, 산림경영학전공 6명이 배정되었다. 최대로 진학한 학과나 두 번째, 세 번째로 많이 진학한 전공의 인원 차이가 크지 않다. 이를 통해 학생들의 특정 전공에 대한 쏠림이 크지 않고 진학 전공이 다양하게 분포되고 있음을 알 수 있다.

▶ 표 V-8 강원대 자유전공 연도별 최대 진학 학과와 진학 인원

(단위: 명)

연도 계열	2020	2021	2022	2023	2024
인문 (명)	행정학전공 (13)	회계학전공 (10)	경영학전공 (10)	행정학전공 (7)	미디어 커뮤니케이션 학과 (4)
자연 (명)	컴퓨터공학과 (25)	컴퓨터공학과 (18)	컴퓨터공학과 (16)	전기전자공학과 (10)	전기전자공학과 (9)

교육과정 및 교육관

강원대 자유전공학부는 1학년 때 4과목을 이수한다. 진로와 전공 탐색 관련해서는 1학기에 '진로탐색과 꿈설계' 과목, 2학기에 '전공설계' 과목을 이수한다. 1학기에 비해 2학기에는 특정 전공을 알아가고 다전공을 설계해보는 시간을 갖는다. 그리고 '과학기술과 상상력', '지역문제해결을 위한 미래소셜벤처' 수업을 통해 과학기술의 발전과 지역문제해결을 위한 자기주도적이고 도전적 자세를 기른다.

자유전공학부에서 학생설계전공을 선택한 학생들은 2학년 이후의 교육과정을 이수한다. 학생설계전공 학생들은 졸업학점이 120학점이다. 자유전공학부에서 전공필수로 12학점을 이수하며 각자 설계한 전공 교육과정과 교양 영역에서 학점을 이수한다. 자유전공학부에 2~4학년에 개설된 과목을 간략하게 살펴보면 다음과 같다. '주제탐구세미나'는 다각적 관점으로 주제에 대해 탐구하는 토의·토론 수업을 한다. '창의적문제해결방법론'은 디자인씽킹, 액션러닝 등의 방법론을 활용해 학생들이 스스로 문제를 발견하고 해결해나가는 실습형 과

목으로 운영한다. 인문학과 자연과학의 융합과 문제해결을 위한 실습과 탐구 등 강원대 자유전공학부에서 지향하는 '융합과 연결', '문제해결', '혁신과 창업'을 위한 과목을 운영하고 있다.

▶ **표 V-9 강원대 자유전공학부 교육과정**

학년/학기	1학기	2학기
1	진로탐색과꿈-설계 과학기술과상상력	전공설계 지역문제해결을위한 미래소셜벤처
2	주제탐구세미나 I 주제탐구세미나II	창의적문제해결방법론 사회혁신과체인지메이커
3	인문학과과학의쟁점	현장실습탐구
4	창업및미래설계	자율연구

강원대 자유전공학부는 교육과정의 교과목 외에도 다양한 비교과 프로그램을 운영하고 있다. 크게 전공탐색 프로그램, 진로상담 프로그램, 글로벌 리더십 프로그램으로 분류할 수 있고 대표적인 프로그램을 다음의 표에 제시하였다. 전공탐색 프로그램은 '전공설계' 교과목과 연계하여 학생들의 다전공 이수와 교육과정 디자인을 위한 '융합·학생설계전공 공모전'을 매년 2학기에 운영하고 있다. 타 학과와 연계한 부스형 전공 설명회를 개최하여 다양한 학과의 정보를 얻고 소규모로 질의응답하는 시간을 갖는다. 진로상담 프로그램은 선배학생들의 멘토링, 진로상담코디네이터와 하는 맞춤형 진로상담, 그리고 자문위원 교수와 자유전공 교수와 함께하며 전공 대화 상담을 나누는 브라운백 미팅을 갖는다. 글로벌리더십향상 프로그램은 대학교류와 글로벌기업을 탐방하는 글로컬 패스 파인더, 글로벌 넥서스 프로그램을 운영하고 있다. 그리고 국제기구 경험을 쌓고 타교 자유전공학부

학생들과 네트워킹을 갖는 프로그램도 지원하고 있다.

▶ 표 V-10 강원대 자유전공학부의 비교과 프로그램

항목	특성	프로그램명	내용	운영 실적
전공 탐색 프로그램	- 교과연계	융합·학생설계전공 공모전	개인(팀) 단위로 2개 이상 전공을 융합하여 교육과정 설계 공모전	총 49팀(57명) 참여
	- 타과연계	부스형 전공 설명회	각 학과(전공) 부스를 설치해 다양한 학과(전공)정보 제공	1학기 19개 학과 2학기 16개 학과
	- 지역연계	진로특강상담 시리즈	다양한 분야 전문가의 특강을 통해 진로 정보 제공 및 이후 상담	총 3회 운영 166명 참여
진로 상담 프로그램	- 학생(선배)의 상담	멘토링	자유전공학부 출신 재학생 멘토와 신입생 멘티가 팀을 이루어 멘토링	신입생 57명 참여
	- 진로코디네이터의 상담	맞춤형 1:1 진로상담	진로상담코디네이터와 1:1 상담을 통해 개인 맞춤형 진로설계 지원	2학기 총 87회
	- 교수의 상담	브라운백 미팅	자유전공학부 자문위원 교수와 미팅을 통해 진로 및 전공 대화 상담	총 3회 운영 총 70명 참여
글로벌리더십 프로그램	- 대학교류	글로컬 패스파인더 프로그램	싱가포르, 일본의 해외 대학 교류와 글로벌 기업 현장 탐방	자유전공학부 재학생 15명
	- 글로벌기업 탐방	글로벌 넥서스 프로그램	미국, 유럽의 글로벌 융합 산업의 트렌드 체험	학생설계전공 8명 참여
	- 국제기구경험	유엔협회세계연맹 대학생대표단	UN 국제기구 현지 경험을 통한 글로벌 리더로서의 역량 증진	학생설계전공 1명 참여
	- 네트워킹 리더십	타 대학 연합 포럼	타 대학 자유전공학부 학생들과의 네트워킹 리더십 향상 및 진로설계 경험 공유	4개 대학 참여 (학생 약 30명)

학생진로상담 및 지원체제

강원대 자유전공학부는 안정적인 교육 환경을 구축하고 있다. 전임교수가 5명으로 학생의 교육과 진로 상담을 체계적으로 하고 있다. 교수진은 인간공학, 심리상담, 과학사, 교육학 등을 전공하여 학생들의 상담과 진로를 지도할 수 있는 체제를 갖추었다. 그리고 진로상담코디네이터 1명과 조교 1명이 자유전공 프로그램 운영과 전공 선택, 교육과정 상담을 맞춤형으로 진행하고 있다. 진로상담코디네이터는 한 학기에 80회 이상의 진로상담을 통해 학생의 진로상담 고민 해결을 하며 교수와 호흡을 맞추며 학생 지도를 하고 있다.

학과 교수 외에 겸임교수와 자문교수가 30명 이상이 활동하고 있어 브라운백 미팅 등 학생들의 다양한 전공 탐색과 정보 지원을 위해 노력하고 있다. 자문교수는 컴퓨터공학, 사학 등 다양한 학내 교수진으로 구성하여 자유전공학부 내에서 모두 소화할 수 없는 전공의 정보와 진로에 대한 자문을 받고 있다. 학교 차원에서는 교양교육원 연구교수의 프로그램 지원과 취창업지원관을 통한 미래 취업에 대한 상담을 받고 있다.

거버넌스

강원대 자유전공학부는 독립학부로서 교양교육원 산하에 속해 있었다. 자유전공과 교양교육은 교육과정과 강의 구성에 연계되는 부분이 많아 유기적으로 협력하였다. 특히 자유전공학부 설립 초기에 교양교육원의 연구교수와 직원이 자유전공학부 진로프로그램 운영과 행·재정 업무에 큰 도움을 주었다.

이후 2025년 9월부터 자유전공학부는 신설된 '글로벌미래융합대학'의 단과대 소속으로 거버넌스가 변경되었다. 행정조직인 교양교육원보다는 교육조직인 단과대에 소속되어 다전공 학생 진로교육과 융합교육의 선도 역할을 하는 것이 필요하다는 판단 때문이었다. '글로벌미래융합대학'은 자유전공학부와 글로벌융합학부, 미래융합가상학과, 융합학과 대학원으로 구성되어 글로벌 및 다전공 인재양성 체계 구축과 융합교육 체계화를 목표로 하고 있다.

3) 전남대[37]

설립 시기

전남대 자율전공학부는 2010년에 설립되었다. 국립대에서는 서울대 다음으로 설립되어 지금까지 자유전공 운영을 유지하고 있는 대학으로 자유전공 운영의 역사와 경험이 있다. 설립 취지는 '특성화된 학문횡단형 교육 프로그램' 운영으로 '융·복합적 문제에 대한 종합적 사유 능력 함양'을 하는 것이다. 교육 목표는 '다양한 학문 영역 간 소통 능력을 갖춘 통섭형 인재 양성'으로서 전통적 학과 교육 체제를 넘어 학생 주도적으로 전공을 설계할 수 있는 혁신적 교육 모델을 구축하는 것을 삼고 있다.

모집 단위 · 규모 및 특성

전남대 자유전공은 모집단위가 4년과 1년으로 구분된다. 자유전공(4년)의 25년 입시 경쟁률은 수시 10.82:1, 정시 4.39:1이다. 26년 선발인원은 54명인데 수시의 교과전형에서 25명, 종합으로 12명 선발한다. 정시에서는 17명 선발한다. 한편 자율전공(1년)의 25년 입학 경쟁률은 수시 11.77:1, 정시 3.92:1이다. 26학년도 선발정원은 전체 59명으로 수시 교과전형에서 48명, 정시에서 11명 선발한다.

▶ 표 V-11 전남대 자유전공 모집단위

<table>
<tr><th rowspan="2">대학</th><th rowspan="2">모집단위</th><th rowspan="2">유형</th><th rowspan="2" colspan="2">'25 경쟁률</th><th rowspan="2">'26 선발
정원</th><th colspan="4">수시</th><th rowspan="2">정시</th></tr>
<tr><th>교과</th><th>종합</th><th>논술</th><th>기타</th></tr>
<tr><td rowspan="4">전
남
대</td><td rowspan="2">자율전공
(4년)</td><td rowspan="2">1</td><td>수시</td><td>10.82</td><td rowspan="2">54</td><td rowspan="2">25</td><td rowspan="2">12</td><td rowspan="2">-</td><td rowspan="2">-</td><td rowspan="2">17</td></tr>
<tr><td>정시</td><td>4.39</td></tr>
<tr><td rowspan="2">자율전공
(1년)</td><td rowspan="2">1</td><td>수시</td><td>11.77</td><td rowspan="2">59</td><td rowspan="2">48</td><td rowspan="2">-</td><td rowspan="2">-</td><td rowspan="2">-</td><td rowspan="2">11</td></tr>
<tr><td>정시</td><td>3.92</td></tr>
</table>

전공 선택

전남대 자율전공학부는 4년제 운영을 하고 있다. '자율전공(1년제)'는 모집단위를 구분하여 모집하고 있다. 자율전공학부(1년)은 다른 대학과 유사하게 1학년 이수 후 본인 희망에 따라 전공을 선택하여 타 전공으로 진입한다. 전남대 자율전공학부는 4년제를 핵심으로 하고 있기에 자율전공(4년제)를 중심으로 설명하겠다. 전남대 자율전공학부(4년)은 주전공을 학생설계전공으로 선택한다. 학생설계전공은 3개 이상 학과(학문) 융합을 토대로 학생이 원하는 교과과정을 구성하여 융복합 전공을 구성하여 이수한다. 그리고 전남대 자율전공학부(4년) 학생들은 학생설계전공 외에 1개 이상 다른 전공을 복수전공으로 의무적으로 이수해야 한다. 일반적으로 1~2학년에 전공을 탐색하고 3~4학년에 복수전공을 선택·이수하는 시기를 갖는다. 구체적으로 학생설계과정의 이수 과정을 살펴보면 1학년은 전공탐색 시기, 2학년 1학기에는 전공계획서를 제출한다. 4학년 1학기에 전공보고서를 제출하며, 전공 변경은 최대 1회 허용된다.

자율전공학부(4년) 학생은 복수전공이 의무이기 때문에 미이수 시 졸업이 불가하다. 그리고 복수전공으로 공과대학 소속 전공을 신청하는 경우 신청 전까지 반드시 '선수과목'을 이수해야 한다. 그만큼 공과대 전공을 복수전공으로 희망하는 학생들은 1~2학년 때 교육과정 구성과 시간 관리를 잘해야 한다.

교육과정 및 교육관

전남대 자율전공학부(4년)의 교육과정은 전공필수 학점이 10학점이다. 전남대 자율전공학부의 교육과정은 서울대 자유전공학부의 전공필수 과목명과 유사하다. 주제탐구세미나 과목은 다양한 학문 분야에 대한 분석과 방법론을 이해하여 타 학문의 관계성을 파악하고 이를 활용하는 능력을 강화하는 목적을 지니고 있다. 이 수업은 특강, 분반·통합활동, 전체발표로 구성된다. 전공설계 과목은 2학년 2학기 개설 과목이었으나, 2022년부터 2학년 1학기 개설로 당겨졌다. 그 이유는 학생설계전공과 복수전공 등에 대한 고민과 교육과정 구성이 늦어지는 것보다는 좀 더 일찍 시작하는 것이 좋다는 판단 때문이다.

▶ 표 V-12 전남대 자율전공학부(4년) 교육과정

학년 학기	전공필수과목		전공필수 학점 합계
	과목명	학점	
1-2	주제탐구세미나1	3	10
2-1	전공설계	1	
2-1	주제탐구세미나2	3	
2-2	주제심화세미나	3	

전남대 자율전공학부의 비교과 프로그램은 학업과 관련하여 '학술소모임', '국내·외기획탐사'가 있다. 학술소모임은 전공과 관심 주제

관련 독서토론 등 정기적으로 논의를 한다. 국내기획탐사는 전공과 진로탐색 관련 주제를 바탕으로 현장실습과 글로벌 감각을 배양하는 목적을 지니고 있다. 진로탐색 관련하여서는 명사와 선배를 초청하여 학생들과 의견을 교류하는 '톡톡(Talk-Talk)', 기업에 대해 사전 조사와 분석을 하고 채용 정보를 탐색하는 취업동아리와 취업탐방이 운영되고 있다.

학생진로상담 및 지원체제

전남대 자율전공학부의 교수진은 6명이다. 과학기술사, 수학, 디지털문화콘텐츠 등의 교수진으로 구성되어 있다. 그런데 자율전공 소속 전임교수는 2명만 있고, 다른 교수들은 책임지도교수로 적시되어 있다. 전남대 자율전공학부의 역사와 4년제 학생설계전공 학생 인원에 비해서는 전임교수진이 많지 않다는 판단이 든다.

거버넌스

전남대 자율전공학부는 별도 독립 학부로 운영되고 있다. 2025년 이전에는 자율전공학부 내에서 4년제와 1년제가 같이 운영되었다. 그런데 교육부의 자유전공 확대 기조 이후 2025년부터 1년제는 교육혁신본부에서, 4년제는 기존의 자율전공학부에서 운영하는 것으로 분리되었다. 자율전공학부(4년)의 학부장은 자유전공학부장이며, 자율전공학부(1년)의 학부장은 교육혁신본부장이다. 홈페이지도 두 곳이 아예 분리되어 있다. 이처럼 동일한 자유전공학부 명칭으로 1년제와 4년제의 학내 운영 주체가 다른 것은 자유전공학부가 발전 확대되는 데 있어 운영상의 과도기 모집이라 생각한다. 학생 모집인원이 크게 늘어나는 것에 비해 전임교수와 운영 인력은 제한되어 있고 교수와 상담 인력의 추가 충원에 어려움이 있는 경우가 많기 때문에 분리하여 운영하는 것으로 판단된다.

4) 이화여대[38]

설립 시기와 비전

이화여대 자유전공학부는 스크랜튼학부이다. 스크랜튼학부는 이화여대의 설립자인 미국 선교사 메리 스크랜튼의 정신을 기념하기 위해 설립되었다. 설립시기는 2007년이며 2009년에 스크랜튼학부 자유전공생이 처음으로 입학하였다. 스크랜튼학부의 비전은 “인성과 지식을 겸비한 사회 각 분야의 전문인력 양성”이다. 기초학문을 강화하고 다학제적 교육을 통해 학생들의 잠재력 발휘와 창의적 능력을 배양하고자 하는 교육 목표를 설정하고 있다.

모집 단위 · 규모 및 특성

이화여대의 대표적 자유전공학부는 스크랜튼학부이다. 그 외에 인문계열과 자연계열로 추가적으로 자유전공을 모집하고 있다. 먼저 스크랜튼학부는 25년 입시경쟁률이 32.56:1이다. 26학년도 선발인원은 40명이고 수시의 종합전형으로 27명, 논술전형으로 13명을 선발한다. 인문계열 25년 입학 경쟁률은 2.91:1, 자연계열 입학 경쟁률은 2.94:1이다. 인문계열은 173명, 자연계열은 147명을 전원 정시로 선발한다.

▶ 표 V-13 이화여대 자유전공 모집단위

대학	모집단위	유형	'25 경쟁률		'26 선발 정원	수시				정시
						교과	종합	논술	기타	
이화여대	스크랜튼학부	1	수시	32.56	40	-	27	13		-
			정시	-						
	인문계열	1	수시	0	173	-	-	-	-	173
			정시	2.91						
	자연계열	1	수시	0	147	-	-	-	-	147
			정시	2.94						

전공 선택

이화여대 스크랜튼학부는 다른 대학과 같이 1학년 말에 주전공을 선택한다. 스크랜튼학부는 문과와 이과의 장벽을 두지 않고 학생들이 교차진학이 가능하다. 예를 들면 인문계열 학생도 공학을 주전공으로 할 수 있으며, 자연계열 학생도 국문학을 주전공을 선택할 수 있다. 전공 선택에는 학점 제한이 없이 희망하는 대로 전공을 진학할 수 있다.

그리고 학생설계전공을 복수전공으로 이수함으로써 융합적이고 자기 주도적인 학습을 한다. 즉 스크랜튼학부에 입학한 학생은 Honors Program(명예 프로그램)의 일환으로 학생설계전공을 이수해야 한다. Honors Program은 자유전공 입학생과 1학년 말에 자유전공 이외의 희망자 중 선발하여 운영한다. 융합적 학문 트랙인 5개 세부 전공 트랙이 있고 이 중 하나를 스크랜트학부 재학생이 학생설계전공으로 선택할 수 있다. 5개 트랙은 통합적문화연구, 디지털 인문학, 사회과학이니셔티브, 과학융합, 사회와정의 트랙이다. 예를 들면 회계학을 주전공으로 택한 학생이 "통합적 문화연구" 트랙을 학생설계전공으로 택할 수 있다. 5개 트랙 외에 다른 전공을 원하는 경우 학생 스스로 학생설계전공 구성이 가능하다.

교육과정 및 교육관

스크랜튼학부의 전공 교육과정은 트랙전공, 전공기초, 고등연구로 구성된다. 트랙전공은 18학점, 전공기초는 6학점, 고등연구는 12학점을 이수해야 한다. 트랙 전공은 트랙별 필수과목과 선택과목이 있다. 전공기초는 각 트랙의 공통 과목 성격인데 '국제 사회와 리더십' 등 4개 과목 중 2과목을 선택할 수 있다. 마지막으로 고등연구는 각 트랙 공통 과목으로, '리더를 위한 과학' 등 5과목 중 3과목을 선택해서 이수한다.

이화여대 스크랜튼학부는 비교과프로그램으로 특별 프로그램을 운영하고 있다. 먼저 Scranton Honors Thesis Symposium(논문 발표 심포지엄)을 통해 학생과 지도교수의 협력적이고 자율적 연구를 통해 논문을 작성하고 심포지엄에서 발표하는 프로그램이다. 학생이 발표한 논문 중에서 우수 논문을 선정해 상패를 수여하고 ATE Journal에 수록되는 학술 활동으로 이어진다. 한편 해외연수 관련하여 교환학생으로 선발되는 학생들에게 해외연수 장학금을 지급하고 있다.

학생진로상담 및 지원체제

이화여대 스크랜튼학부 소속의 전임교수는 4명이다. 추가적으로 트랙별로 교수진을 임명하여 이들을 합하면 총 19명의 교수진이 있다. 스크랜튼학부 소속의 전임교수 외에 다른 교수들은 일종의 겸임교수 역할을 한다고 볼 수 있다.

스크랜튼학부 학생들의 전공 선택과 진로상담을 위해서 자체적으로 운영하는 프로그램들이 있다. 먼저 '학문 간 담 낮추기'는 1학년 학생들과 교수들이 정기적으로 모여 전공 탐색뿐만 아니라 융복합적 학문 추구가 왜 필요한지를 논의하는 시간이다. '스크랜튼 세미나'는 1명의 지도교수가 약 5명의 학생을 대상으로 진행한다. 이는 학교 생활 관련 학사 안내와 주전공 선택 상담 지도 역할을 한다. 교수뿐만 아니라 학생들이 참여하는 프로그램도 여러 가지 있다. 먼저 Scranton Sisters Program은 스크랜튼학부의 선후배 가교 프로그램이다. 2학년생과 1학생들이 2:2 혹은 3:2로 한 팀을 이루어 전공에 대한 멘토링과 학교생활 조언 등을 나누는 스크랜튼학부만의 독특한 선후배 가교 프로그램이다. 대학원생 튜터 프로그램도 있는데 이는 대학원생 튜터가 수학 기초를 지도하며 전공 교차 선택의 어려움을 해소하기 위한 목적이다. 그리고 해외연수 프로그램 운영을 통해 학생들의 국제적 감각 향상을 위해 노력하고 있다.

거버넌스

이화여대 스크랜튼학부는 단과대인 스크랜튼대학에 위치해 있다. 스크랜튼대학은 3개 학부를 두고 있다. 자유전공인 스크랜튼학부와 뇌·인지과학부, 국제학부(국제학전공, 글로벌한국학전공)이다.

5) 세종대[39]

설립 시기와 비전

세종대 자유전공학부는 2024년에 신설된 무전공 트랙으로, 1학년 동안 전공을 정하지 않고 폭넓은 기초교육을 받은 뒤 원하는 전공을 선택할 수 있도록 도입되었다. "S value up design"을 바탕으로 'Student value up, Sejong value up, Society value up'을 실현하여 "융합적 사고와 창의적 도전으로 세상에 가치를 더하는 미래융합형 인재 양성"을 목표로 하고 있다. 세종대 자유전공학부는 1학년 후 전공 진입을 목표로, 특정 전공에 얽매이지 않고 폭넓은 교양과 전공기초 교육을 실시하며, 이를 바탕으로 적성과 관심에 맞는 전공을 100% 자율적으로 선택하도록 지원한다.

모집 단위 · 규모 및 특징

세종대 자유전공학부는 2025학년도 신입생 223명을 최초로 선발하며 시작되었다. 세종대 자유전공학부는 2025학년도에는 수시 학생부교과(지역균형)으로만 선발하였으며 경쟁률은 13.07:1이다. 26학년도에는 선발인원을 233명으로 확대하고 입학전형도 다양화하여 학생부교과(지역균형)전형에서 153명, 논술우수자전형에서 40명을 선발하고, 정시에서 40명을 선발한다.

▶ **표 V-14 세종대 자유전공 모집단위**

대학	모집단위	유형	'25 경쟁률	'26 선발 정원	수시				정시
					교과	종합	논술	기타	
세종대	자유전공학부	1	13.07	233	153	-	40	-	40

전공 선택

세종대 자유전공학부는 1학년 말에 주전공을 선택한다. 전공 선택은 1학년 2개 학기를 모두 이수하고 24학점 이상을 취득한 학생을 대상으로 하며, 1학년 말 지도교수 상담과 전공탐색 교과 수강을 거쳐 다음 학년 시작 전에 확정된다. 25학년도 입학생은 8개 단과대학, 32개 학과·전공 중에서 선택할 수 있으며, 26학년도 입학생부터는 첨단융합계열이 신설되어 8개 단과대학, 38개 학과·전공으로 확대된다. 예체능계열, 계약학과 등 일부 단과대학과 학과를 제외하면 8개 단과대학의 30여 개 전공을 100% 자율적으로 선택할 수 있으며, 성적이나 정원 제한이 없어 모든 학생이 희망 전공으로 진입할 수 있다는 점이 특징이다.

교육과정 및 교육관

교육과정은 교양 중심의 융합교육과 전공탐색을 결합한 1학년 전용 커리큘럼으로 구성된다. 대표 교과목으로 융합적 사고와 창의적 도전으로 세상에 가치를 더하는 미래융합형 인재양성을 위해 새잎창의세미나와 새잎융합세미나를 운영한다. '새잎창의세미나'에서는 필독서나 주요 역사적 사건을 선정하여 내용을 각색하고 영상콘텐츠를 제작하는 프로젝트 기반 학습(PBL)을 진행하며, 1학기 말에는 'SMART 영상제'를 통해 학생들이 제작한 영상 작품을 공개하고 시상 및 장학금을 지급한다. '새잎융합세미나'는 다학제적 융합 프로젝트 수행을 중심으로 운영되며, 2학기 말 'S Value-up Day'에서 결과물을 발표하고 시상 및 장학금을 지급한다.

학생들의 전공 및 진로 탐색을 지원하기 위해, 1학기에는 자기 이해와 진로 설계를 다루는 '세종인을위한진로설계' 과목이, 2학기에는 전공별 정보와 탐색 활동을 심화하는 '세종인을위한전공탐색' 과목이 운영된다. 데이터기반 전공탐색을 지원하기 위해 2학기에는 신입생 AI 전공적성검사를 실시한다.

희망계열별 학문기초교양과 전공기초과목을 운영하고 있으며 이공계열 진학 희망자를 위해 전공기초 선수 교과 교양 과목인 미적분학입문, 통계학입문, 물리학입문을 추가로 개설하여 운영하고 있다. 이와 함께 비교과로 학생들의 기초학력증진을 위해 예비대학에서부터 7개 교과목 온라인 프로그램을 운영하고 있으며 STAR기초학력프로그램을 운영하여 문제해결 강의 및 튜터링을 제공하고 있다.

학생진로상담 및 지원체제

세종대 자유전공학부 소속의 교수는 전임교원 5명, 초빙교원 2명으로 총 7인이다. 교육학, 심리학, 천문학, 물리학 등 다양한 전공 배경을 가진 교수진으로 구성되어 있다.

세종대 자유전공학부는 지도교수제를 중심으로 7개 분반 체제로 구성되어 있다. 1학년 동안 담당 지도교수가 정기적으로 개별 또는 소그룹 상담을 진행하며, 관심 전공 학과의 전공 Academic Advisor 교수 및 학생들과 연계하기도 한다.

다양한 전공을 가지고 있고 성적이 우수한 Sejong Honors Program에 소속되어 있는 선배들이 자전학부 학생들의 멘토가 되어 분반마다 전공이 다양한 선배 5-6명이 배정되어 신입생멘토링 프로그램을 운영하고 있다. 전공설명회 및 전공박람회와 브라운백전공탐색간담회 등 희망 학과 및 전공에 대해 알아보고 탐색할 수 있는 다양한 비교과 행사를 진행한다.

거버넌스

자유전공학부의 운영은 대양휴머니티칼리지(교양대학) 산하 학부로 구성되었다. 학장, 교무부처장, 교육혁신부처장, 학부장 등으로 구성된 자유전공학부운영위원회를 두고 있으며, 교양대학과 단과대학 간 긴밀한 협력을 통해 1학년 무전공 교육과정을 운영한다. 자유전공학부 전담 직원이 학사업무와 학생 상담을 지원하며, 전공설계지원센터, 교수학습개발센터, 학생생활상담소, 학생경력개발지원센터와 협력하여 학생상담과 전공탐색 및 지원, 진로상담을 기획·운영한다.

6) 한동대[40]

설립 시기

한동대는 1995년 개교하였다. 개교 초기부터 지금까지 입학생들을 모두 무전공 형태의 자유전공으로 선발하고 있다. 약 30년 동안 학생들의 전공 선택을 존중하는 자유전공 체제를 운영해온 것이다. 교육 목표는 "기독교 정신, 학문적 탁월성, 세계시민 소양, 그리고 훌륭한 기독교적 인성, 특히 정직과 봉사의 희생정신을 겸비한 민족과 세계를 변화시키는 새로운 지도자를 배출한다"이다. 세부목표는 '글로벌화', '창의융합을 바탕으로 한 학문적 탁월성', '인성·영성 교육'을 세부 목표로 삼고 있다.

한동대는 아래의 그림과 같이 "I"자형 교육 모델을 운영한다. '인성 및 기초 교육'을 근간으로 하여 '전문성 교육'과 '국제화 교육'을 실시한다. 특히 '전문성 교육'에는 수요자 중심의 전공선택과 설계권을 부여하고 멀티 플레이어가 되기 위한 복합전공 교육을 강조하고 있다.

▶ **그림 V-8 한동대 교육 모델**

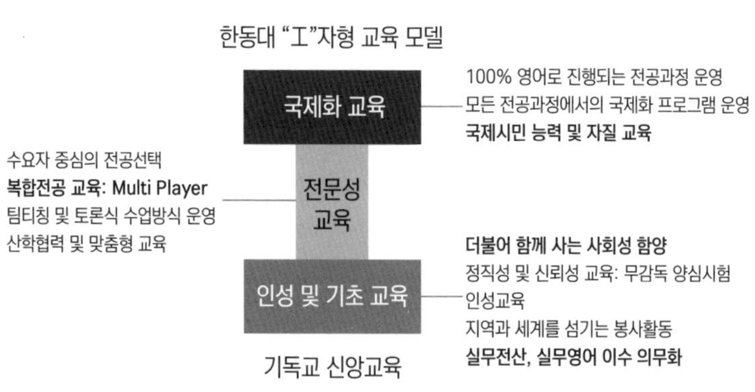

모집 단위 · 규모 및 특성

한동대는 입학정원 729명 전체를 자유전공으로 선발한다. 즉, 전 모집단위를 자유전공으로 선발한다. 입시에서 정시모집은 30명만 선발하고 나머지 인원은 모두 수시모집으로 선발한다. 수시의 교과전형 235명, 종합전형 507명, 기타 14명이다. 이 선발인원은 정원 외 인원 57명이 포함되어 있어 전체 선발정원보다 많다. 2025년 수시 경쟁률은 4.11:1이고 정시 경쟁률은 4.04:1이었다.

▶ **표 V-15** 한동대 자유전공 모집단위

대학	모집단위	유형	'25 경쟁률		'26 선발 정원	수시				정시
						교과	종합	논술	기타	
한동대	전 모집단위	1	수시	4.11	786 (정원 외 포함)	235	507	-	14	30
			정시	4.04						

전공 선택

한동대 입학생들은 모두 무전공 무학부로 입학한다. 한동대는 13개 학부 33개 전공을 운영하고 있는데, 모든 학부와 전공을 학생의 희망에 따라 자유롭게 선택할 수 있다. 1년 동안 전공 탐색 시간을 갖고 기존 전공을 선택하거나 여러 전공을 융합한 학생설계전공을 선택한다.

한동대는 '학부 간 복수전공(연계전공)'을 권장하고 있다. '학부 간 복수전공(연계전공)'은 '제2전공을 소속학부 전공이 아닌 타 학부 전공으로 이수하는 것'이다. 한동대는 인문계열 학부 전공과 이공계열 학부 전공을 이수하는 학부 간 복수전공(연계전공)을 신청하는 학생에게는 등록금 감면 지원을 해주고 있다. 이는 타 계열을 교차하는 융합교육과 다학제적 학습을 활성화하기 위한 것이다. 한편, 같은 소속학부 내에서 제1전공과 제2전공의 순서를 변경하는 것이 '전공변경'이다. 전공선택만이 아니라 전과와 전공변경을 학생 적성과 희망에 따라 최대한 존중하여 운영하고 있다. 심지어 졸업 이전까지 제한 없는 전공변경을 허용하고 있기도 하다.

한동대는 전공 쏠림이 상대적으로 적은 것을 알 수 있다. 다음의 그림처럼 전산전자공학부, 상담심리공학부가 상대적으로 인기가 많았지만 10%대밖에 되지 않았다. 다른 대학의 특정 전공과 학부에 50% 이상 집중되는 것에 비해서는 상당히 양호한 상황이다. 한편 학생의 선택을 받지 못해 폐지된 전공은 하나도 없었다. 이러한 결과가 나타난 이유는 한동대의 학생 중심적 학사 운영 방식 때문이다. 한동대는 최소 2개 전공을 동시에 선택하는 복수전공 이수를 원칙으로 하며 언제든 전과와 전공변경을 가능하도록 하니 학생들이 자신에게 적합한 전공을 선택하기 때문에 오히려 지나친 전공 쏠림 현상이 나타나지 않았다. 계열 간 교차진학도 활발한데 문과학생의 이공계열 선택비율은 36.6%, 이과학생의 인문계열 선택비율은 14.8%로 많은 학생들이 다른 계열의 전공을 선택하여 공부하고 있다. 또한 학생수가 증가한 전공은 그에 맞춰 교수 지원, 공간과 예산 추가 지원을 하고 있다.

그리고 2년 연속으로 이수 학생 수가 80명이 되지 않는 전공은 폐과 처리되도록 학칙에 규정하고 있다. 이러한 상황이 발생하면 다양한 전공의 융합과 전공 인큐베이터 역할을 하는 '창의융합교육원'에 소속된다. 이후 추가 수요가 생기면 다시 전공으로 승격되는 방식으로 운영되고 있다. 이는 학생 및 사회 수요를 적극 반영하는 유연하고 자율적인 학사 운영 방식이라 할 수 있다.

▸ **그림 V-9** 한동대 전공 이수 현황(2021~2023)

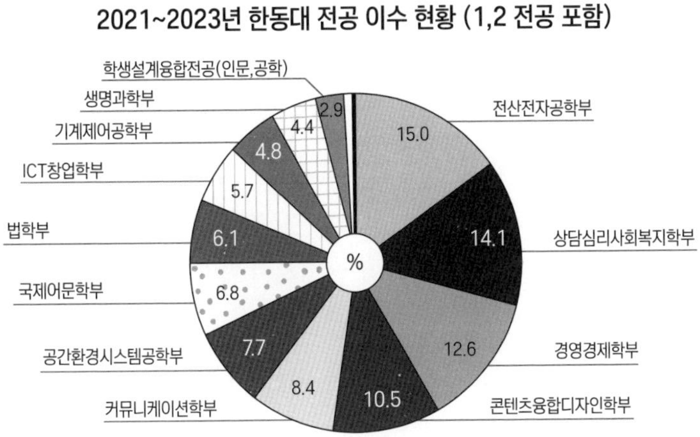

출처: 한동대학교(2024)[41]

교육과정 및 교육관

한동대는 기초학문(인문학, 자연과학)과 글쓰기를 포함하여 실무영어, ICT융합기초(컴퓨터프로그래밍)를 필수로 이수하고 있다. 글로벌리더십학부에서 1학년 전체 학생을 대상으로 기초 교양교육과 소양교육을 하고 있다. 전공별로 하나의 기초과목이 교양 교육과정으로 포함되어 학생들이 전공의 기초과목을 교양 개념으로 수강하며 전공 탐색을 하고 있다. 신입생을 대상으로 진로탐색 교과목을 운영하며 전공탐색을 돕고 있다.

한동대는 모듈(Module) 교육과정을 활발히 운영하고 있다. 모듈 교육과정은 소단위전공(마이크로디그리 과정)으로서 적은 학점으로 다양한 전공 분야의 과정을 이수할 수 있다. 모듈 교육과정을 이수한 학생에게는 이수모듈명이 졸업증명서와 성적증명서에 표기되며 별도 이수증을 부여한다. 모듈은 특정 전공 분야의 전공교과목으로 구성된

전공모듈과 2개 이상의 다학제적 교과목으로 구성된 융합모듈이 있다. 전공모듈은 전공별로 제공되는데 예를 들면 건설공학 전공에서 제공하는 공간 디자인 모델, 도시환경공학 전공에서 제공하는 도시설계 모델 등이 있다. 융합모듈의 예시로는 상담심리사회복지학부의 범심리 모듈(한국법+상담심리학), 전산전자공학부의 웹·앱 개발 모듈이 있다. 또한 모듈 교육과정을 바탕으로 소단위전공(12학점)을 3개 선택하여 이수하는 모듈형 설계전공을 운영하며 학생들의 융복합 역량 향상을 추진하고 있다. 이처럼 한동대는 복수전공(학부 내, 학부 간 연계전공), 모듈형설계전공, 학생설계융합전공(최소 3가지 이상 주제 융합해 스스로 전공 설계), 글로벌융합전공(영어)(최소 2가지 이상의 주제를 융합해 영어 100% 교과목으로 스스로 전공 설계) 등 다양한 융합전공 체제를 운영하고 있다.

학생진로상담 및 지원체제

한동대는 매년 학교 차원에서 두 번 학부별 전공설명회를 운영하고 있다. 그리고 추가적으로 전공별로 설명회와 캠프를 운영하고 있다. 한동대의 특징으로는 '팀제도'를 운영하고 있다. 한 팀에 1~4학년 학생들이 약 35명 정도가 구성되어 다양한 전공에 속한 선배와 동료를 만나 실제적인 정보를 습득한다. 이를 통해 소속감 문제가 자연스럽게 해결된다. 교수들마다 팀을 맡아 팀 학생들과 전공 학생들을 상담한다.

한동대학은 학생들이 책임감 있고 숙고하는 전공 선택을 돕기 위해 '전공선택 숙려제도'를 운영하고 있다. 학생들이 전공 선택 시 팀 담임 교수와 해당 전공 학부장의 상담과 진로 지도를 받은 후 학업계획서를 작성·제출하도록 하고 있다. 이는 학생 자신의 진로 계획과

신중한 전공 선택이 가능하도록 돕는다.[42]

그리고 한동대는 진로 탐색 및 경력 개발 시스템을 운영하고 있다. Academic Advisor의 상담뿐만 아니라 전공별로 어떻게 이수하고 어떤 교과목을 이수하는지를 돕는 E-Academic Advisor를 운영하고 있다. 또한 한동대를 졸업한 대학원생과 고학년 학부생을 선발하여 '학생 학사지도사(SAA, Student Academic Advisor)'로 위촉하여 후배들에게 전공 경험과 정보를 공유하고 제공하는 역할을 하고 있다.[43]

거버넌스

무전공으로 입학한 한동대 학생들은 1학년 시기에 글로벌리더십학부에 소속되어 기초 교양 교육을 받는다. 글로벌리더십학부는 일반 전공학부와 동등한 위계를 가지며 교양교육을 전담하고 있다. 글로벌리더십학부는 대학 차원에서 리버럴 아츠 칼리지(Liberal Arts College) 교육 모델을 지향하며, 자유전공으로 입학한 신입생들이 탄탄한 기초학문의 토대 위에 전공지식을 쌓을 수 있도록 지원하고 있다. 글로벌리더십학부 과정을 마친 학생들은 2학년에 자신이 원하는 전공과 학부로 진학한다. 한동대는 전공별 정원이 정해져 있지 않다. 학생들의 자유로운 전공 선택에 따라 전공별로 학생수가 계속 변동된다. 이를 반영한 학부별 자원(교수채용, 예산, 공간) 배분 제도를 학교 차원에서 운영하고 있다. 학생 수가 증가하는 전공의 교육의 질이 하락하지 않고 계속 유지될 수 있도록 관리하고 있다.[44]

7) 한양대[45]

설립 시기와 비전

한양대의 자유전공학부는 '한양인터칼리지'로 불린다. 한양인터칼리지는 자유전공이 확대되면서 2025년에 설립된 신생 학부이다. 앞서 소개한 서울대, 전남대, 이화여대에 비해서는 역사가 짧다. 그럼에도 학교 측에서 한양인터칼리지에 대한 특성화를 위해 노력하고 있다. 한양인터칼리지의 교육철학은 "경계를 초월한 현상학적 경험으로 세상을 바꾸는 글로벌 탐험가"이다. 인재상으로는 "안전지대에서 벗어나 미지의 것을 수용할 수 있는 인재"를 삼고 있다. 세상과 사회가 안고 있는 문제를 체인지메이커(Changemaker)로서 주도적으로 변화를 실행하는 행동 역량을 강조한다.

모집 단위 · 규모 및 특성

한양대 자유전공의 모집단위는 3개로 구분되며 총 선발인원은 245명이다. 인터칼리지(인문), 인터칼리지(자연), 인터칼리지(인문, 자연)이다. 인터칼리지(인문)은 25년 입학경쟁률이 73.09:1이다. 26학년도 선발 정원은 35명이고 수시에서 종합전형 20명, 논술전형 15명을 선발한다. 인터칼리지(자연)은 25년 입학경쟁률이 73.65:1이다. 26학년도 선발정원은 110명이고 수시의 종합전형으로 75명, 논술전형으로 35명을 선발한다. 인터칼리지(인문, 자연)은 25년 경쟁률이 수시 19.63:1, 정시 21.02:1이다. 26학년도 선발정원은 100명이고 수시의 교과전형으로 40명, 정시에서 60명을 선발한다.

▶ **표 V-16 한양대 자유전공 모집단위**

<table>
<tr><th rowspan="2">대학</th><th rowspan="2">모집단위</th><th rowspan="2">유형</th><th rowspan="2" colspan="2">'25 경쟁률</th><th rowspan="2">'26 선발 정원</th><th colspan="4">수시</th><th rowspan="2">정시</th></tr>
<tr><th>교과</th><th>종합</th><th>논술</th><th>기타</th></tr>
<tr><td rowspan="6">한양대</td><td rowspan="2">인터칼리지 (인문)</td><td rowspan="2">1</td><td>수시</td><td>73.09</td><td rowspan="2">35</td><td rowspan="2">-</td><td rowspan="2">20</td><td rowspan="2">15</td><td rowspan="2">-</td><td rowspan="2">-</td></tr>
<tr><td>정시</td><td>-</td></tr>
<tr><td rowspan="2">인터칼리지 (자연)</td><td rowspan="2">1</td><td>수시</td><td>73.65</td><td rowspan="2">110</td><td rowspan="2">-</td><td rowspan="2">75</td><td rowspan="2">35</td><td rowspan="2">-</td><td rowspan="2">-</td></tr>
<tr><td>정시</td><td>-</td></tr>
<tr><td rowspan="2">인터칼리지 (인문, 자연)</td><td rowspan="2">1</td><td>수시</td><td>19.63</td><td rowspan="2">100</td><td rowspan="2">40</td><td rowspan="2">-</td><td rowspan="2">-</td><td rowspan="2">-</td><td rowspan="2">60</td></tr>
<tr><td>정시</td><td>21.02</td></tr>
</table>

전공 선택

한양대 인터칼리지 학생들은 일반 학과로 진학할 수도 있고 인터칼리지에 남아 인터칼리지의 다학제적 교육과정을 이수할 수 있는 것이 특징이다. 한양인터칼리지 학생 중 일반 학과로 진학을 하는 학생들은 1학년 말에 전공 선택을 한다. 그리고 졸업 시까지 한 번 변경할 수 있는 기회를 부여하고 있다. 즉 재학기간 중 총 2회의 전공선택 기회가 부여된다. 주전공 선택 시 별도의 인원 제한은 없다. 학생이 선택한 전공이 교육소속이 되고, 전공 선택과 관계없이 한양인터칼리지가 행정소속이 된다. 마지막 4학년 때 모든 학생이 인터칼리지에 모여 내 전공이 다른 전공과 어떻게 협업할 수 있는지를 공부하는 12학점의 통합적 교육과정을 운영한다.

졸업요건은 한양인터칼리지에 개설되어 있는 주전공(프로그램) 외에 1개 이상의 부전공을 이수해야 한다. 또는 기존 학부(과)를 주전공으로 선택하는 경우에도, 인터칼리지 교육과정에서 제공하는 융합 교육 트랙을 부전공 이상으로 이수해야 한다. 즉 다전공 이수가 의무이다. 한양인터칼리지가 제공하는 학부 전공 트랙(프로그램)에는 미래반도체공학, 융합의과학, 인지융합과학, 미래사회디자인이 있다.

교육과정 및 교육관

한양인터칼리지는 1학년 때 융합기초교육을 100% 영어로 진행하며 프로젝트식 수업을 한다. Life Project(1학기, 2학기) 수업은 학생이 학업뿐만 아니라 개인적인 성장과 목표 설정을 통해 의미 있는 삶을 설계할 수 있도록 돕는 것을 목적으로 한다. 즉 인생 마인드셋 디자인 교육과정으로 칭한다. System Thinking and Design Thinking 수업은 융합적 시각과 태도 함양을 위해 과학적 추론 과정을 통해 사회의 복잡한 문제를 해결하고자 한다. Make Core 수업은 총 3개의 관점(Visual Prototyping, Functional Prototyping, Virtual Prototyping)을 통해서 창의적 대안개발을 수행하고, 이를 통해서 타 교과목 프로젝트에서의 실전적 적용을 목표로 한다. Unified Systems Science 과목은 채식주의와 환경윤리 등 주제에 대해 물리-화학-생명-심리라는 다중렌즈를 통해서 분석하고 논의하는 과정을 거친다. Calculus in Contexts 수업은 도전적인 방식의 수학 교육을 통해 수학이 주는 유용성을 인식하도록 한다.

그리고 한양인터칼리지의 특화 프로그램으로 '인터칼리지 bootcamp'를 운영한다. 단순히 비교과 프로그램이 아니라 정규 교육과정의 사전 필수 단계이다. 다양한 학문적 관점과 기술을 융합하여 복잡한 문제를 다루는 알고리즘적 사고체계를 학습한다.

▶ 표 V-17 한양인터칼리지 총 이수 학점

구분	학점	비고
졸업학점	140	한양인터칼리지 신입생 공통 적용
주전공 이수	48	한양인터칼리지 신입생 공통 적용
부전공 이상 이수	24↑	한양인터칼리지 신입생 공통 적용
프로젝트 1,4학년	16	한양인터칼리지 신입생 공통 적용 (전공 이수 학점 미포함)
프로젝트 2,3학년	6	한양인터칼리지 프로그램을 주전공으로 선택 시 필수 이수 (전공 이수 학점 포함)
교양필수	36	한양인터칼리지 신입생 공통 적용 (1학년 공통 교육과정)
핵심교양	4	한양인터칼리지 신입생 공통 적용
사회봉사	1	한양인터칼리지 신입생 공통 적용 (1-4학년 중 필수 이수)
커리어개발2	1	한양인터칼리지 신입생 공통 적용 (3학년 2학기, 주전공에서 이수)

학생진로상담 및 지원체제

한양인터칼리지는 라이프디자인센터를 운영하고 있다. 인터칼리지 자유전공 학생들의 전공 선택과 수강 신청을 돕는 조직이다. 이 센터엔 라이프 어드바이저라 불리는 전문 연구원과 행정원이 근무하고 있다. 라이프 어드바이저는 자유전공 학생뿐만 아니라 한양대 재학생 전체의 상담 지원을 맡고 있기도 하다. 한양인터칼리지의 교수진은 총 36명이다. 그런데 대부분 겸임교수로 보이며, 인터칼리지학부로 명시된 교수는 5명이다.

거버넌스

한양인터칼리지는 단과대 차원의 학장, 학부장 체제이다. 단과대 형태의 거버넌스는 운영이 체계적이고 학내 영향력이 큰 경우가 많다. 한양인터칼리지의 많은 학생의 관리와 지원을 돕기 위해서는 여러 인력과 자원이 필요하기 때문이다. 한양인터칼리지의 위원회는 단과대학 필수위원회, 주전공선택제도위원회, 학부교육과정 위원회를 두고 있다.

4 미국과 우리나라의 자유전공 차이는? (미국과 한국의 자유전공 운영 비교)

미국과 한국에서 자유전공이 운영되는 사례를 살펴보았다. 미국은 우리나라에 비해 여러 가지 상황과 맥락이 다르기 때문에 운영되는 방식도 다르다. 몇 가지 핵심적 요소를 토대로 미국과 한국의 자유전공 특징을 비교하여 살펴보도록 하겠다.

▶ 표 V-18 한국과 미국 대학의 자유전공 비교

구분		한국	미국
모집 단위·규모 및 특성	모집단위 및 규모	• 학과, 단과대 (학과 분리모집) • 소수	• 대학 전체, 단과대 (광역 모집단위, 전체통합선발) • 다수(혹은 전체)
	모집 특성	• 독립적, 부속적	• 보편적, 개방적 (전체 자유전공+일부 직속전공)
전공 선택	전공 선택 시기	• 1학년(일부대학은 2학년) • 고정적	• 2, 3학년 • 유연성

구분		한국	미국
	전공 선택 제한	• 유형1: 모든 전공 선택 • 유형2: 단과대 내 선택 (150% 제한 가능)	• 대체적으로 진입인원 제한 없음 • 일부 전공은 학점, 사전 수강 과목 등 진입 조건 제시
	특정 전공 쏠림	• 심함	• 집중상황 일부 있음
교육 과정 및 교육관	교육 과정	• 진로탐색 교과 등 전공선택 초점(예. 진로탐색)	• 진로탐색 및 상호작용 강조 (예. 1학년 세미나)
	교육관	• 여전히 전공중심교육관	• 자유교양교육 및 학제적 교육관
학생 지원 체제	진로상담 체제 및 연계	• 1학년 집중 • 연계 부족 (학년 간, 교양-전공 간)	• 학년별 지원 체제 • 유기적 어드바이징 (학부-전공, 지원 인력 간)
	교육 환경 (인력)	• 교수 대비 학생수 과다 • 상담 지원 인력 제한	• 교수 대 학생 비율 낮음 • 진로학업자문관(학사지도교수), 튜터 등 진로상담인력 확보 지원
거버넌스	운영 체제	• 별도 학과 체제	• 학부대학 체제

먼저 모집단위와 규모이다. 한국은 자유전공을 모집할 때 학부나 학과 단위의 별도 모집을 취한다. 기존의 ㅇㅇ전공처럼 하나의 독립적 단위로 자유전공을 모집한다. 기존의 학과와 전공에 직접적으로 입학하는 비율이 85%에 이른다. 85%는 교육부가 정책 사업에서 재정적 인센티브 지급을 위한 자유전공 모집 비율 기준선이다. 예를 들면 A대학의 신입생 모집규모가 3,000명이고, 15%를 자유전공으로 선발한다면 자유전공 모집 인원은 450명이다. 그에 비해 미국은 대

학 전체나 단과대 차원의 신입생 선발 방식을 택한다. 즉 전체 통합 선발이나 광역 모집단위 방식이다. 하버드대, 브라운대, 스탠퍼드대는 거의 모든 신입생을 전공 미결정 상태의 자유전공으로 모집한다. 펜실베이니아주립대도 기본적으로 일부 전공을 제외하고는 전공 미결정 상태로 입학한다. 전공을 결정하고 입학해서도 그 전공을 변경하는 것이 자유롭고 유연하다. 한편, 우리나라도 한동대, 과학기술원(KAIST 등), 덕성여대 등이 신입생 전원을 무전공으로 선발하고 있기는 하지만 대체적으로 우리나라 대학의 자유전공은 학과(학부) 단위로 선발을 하거나 여전히 여타 전공 체제에 비해 부속적인 면이 있다. 한편 미국은 기본적 전제가 전공 미결정 상태를 인정하는 보편성과 개방성을 지니고 있고, 일부 특정 전공만 직접 입학하는 구조를 지니고 있다.

둘째, 전공 선택 부분이다. 한국의 자유전공은 전공 선택 시기가 1학년으로 고정되어 있다. 한국은 전공선택에 있어 유형1 자유전공은 대학 전체 전공에서, 유형2는 해당 단과대 혹은 학부에서 전공 선택이 가능하다. 유형2의 자유전공은 최대 인원 150%까지 제한을 하기도 한다. 한편 미국은 4학기인 2학년을 마치는 시점에 전공을 선택하기에 한국보다 훨씬 시기적으로 여유가 있어 다양한 탐색과 경험을 가질 수 있다. 전공을 빨리 정하면 3학기도 가능하고, 늦어지면 3학년에도 전공 결정이 가능하다. 그리고 미국은 전공 선택에 있어 대체적으로 제한을 두지 않는 것을 원칙으로 하고 있다. 하지만 펜실베이니아주립대의 일부 전공처럼 학생이 몰려 교수진과 공간의 제한을 받는 곳은 특정 과목 이수와 학점으로 전공 진입 인원 제한을 두기도 한다. 특정 전공 선택의 쏠림 현상은 한국이 심하다. 최근에는 이공계의 컴퓨터공학과를 많은 학생들이 선택하고 있고 경영학과는 인문사회계열의 전통적인 인기학과이다. 이러한 현상에 대해 한국은 기초 학문 고사에 대한 심한 위기감과 거부감이 있다. 현실적으로 학생의 선택을 받지 못하면 학과의 존폐가 달려 있고, 특히 사립대학교는 인기 없는 전공을 폐과하기도 하기 때문이다. 한편 미국은 경영학과와 같이 학생들이 많이 선호하는 전공이 있지만 우리나라에 비해 쏠림 현상이 심하지는 않다. 시대 변화와 취업 상황 등을 고려하여 학생들이 STEM(Science, Technology, Engineering, and Mathematics) 분야 전공 등 일부 전공을 더 많이 택하긴 하지만, 우리나라처럼 극소수의 인기학과에 쏠림이 일어나지는 않는다. 하버드대 연구 보고서[46]에 나타난 것처럼, 학생들의 전공 선택과 일부 전공으로 집중되는 것을 자연스럽게 받아들인다. 그리고 학교 측에서는 당연히 학생의 선택을 많이 받지 못한 전공이라도 기초학문 보호와 학문의 다양성 차원에서 기본적인 강의와 역할을 하고 있다.

셋째, 교육과정과 교육관 측면의 다름이 있다. 한국의 자유전공은 전공을 일시적으로 유예하며 잠시 물을 가두는 저수지 모델에 가깝다. 자유전공은 특정 전공을 택하기 위한 전 단계이자 도구로 여겨지며, 전공 중심의 시각에 잡혀 있는 경우가 많다. 한편 미국은 기본적으로 학부대학 모델에 기초하고 있다. 특정 전공에 바로 진입하는 것보다는 보편적인 교양교육과 학제적 시각과 경험을 갖추는 것을 강조한다. 하버드대학, 브라운대학, 펜실베이니아주립대학 모두 학부대학의 위상이 높고 교양교육을 중심에 두고 학부 학생들을 교육하고 있다. 전 하버드 총장인 애벗 로렌스 로웰(Abbott Lawrence Lowell)이 강조한 교양교육과 여러 학문을 두루 경험하며 지적 호기심을 갖는 자유교육의 정신이 강조된다. 하버드대를 비롯한 미국의 많은 명문 대학은 이런 정신하에 학생 중심의 교육적 책임과 유연성에 기반한 교육관을 두고 있다.

구체적으로 교육과정을 살펴보면 한국의 자유전공은 대체적으로 진로탐색 중심 교과를 제공하고 있다. 1학기에는 대학 생활 적응에 초점을 두고, 1학기에는 진로 설계에 초점을 두고 운영을 하는 대학이 많다. 해당 과목은 대학의 자유전공의 모집 인원에 따라 다르긴 하지만, 대부분 소규모 수업보다는 대규모 수업으로 운영되는 경우가 많다. 한편 미국은 진로탐색 관련 교과목을 포함해서 1학년 세미나 교과를 활발히 운영한다. 하버드대, 펜실베이니아주립대 사례에서 1학년 세미나 교과는 기본적으로 학생과 교수의 상호작용이 활발하도록 과목당 학생 수 비율을 소수로 제한을 하기도 한다. 심지어 하버드대는 1학년 세미나 교과는 전임교수가 수업을 맡아야 하며 한 강좌당 수강 인원을 최대 15명 이내로 제한하고 있다. 이는 다른 과목에 비해 수강 학생 인원을 더 낮춰 학생과 교수의 활발한 토론과 상호작용을 촉진하고 있다.

넷째, 학생 지원 체제이다. 한국은 자유전공이 이제 막 활성화되는 상황이기 때문에 진로상담 지원 체제가 1학년에 집중되어 있다. 1학년의 두 학기 만에 학생들이 전공을 선택해야 하는 압박이 있기 때문에, 이 시기에 많은 지원 프로그램이 집중된다. 그리고 전공 선택 전인 자유전공과 전공 선택 후인 진입전공 간의 상담이나 정보 연계는 미흡한 편이다. 가장 심각한 문제는 학생 수 대비 교수와 각종 상담 인력이 너무나 적어 많은 학생을 모두 관리하기가 어렵다. 한국은 자유전공의 지도교수 대비 학생수가 약 1:25로 교수 한 명이 지도할 학생이 많은 편이다. 한국은 교수뿐만 아니라 진로학업자문관(학사지도교수) 및 행정 지원 인력이 적기 때문에 좀 더 밀착적인 학생 지도가 어렵다.

한편 미국은 학년별 지원 체제가 체계적으로 갖춰져 있으며, 진로학업자문관 인력이 학생 상담에 큰 역할을 하고 있다. 브라운대나 하버드대를 보면 1학년은 물론이고 2학년, 이후 졸업할 때까지 학년별로 학생에 대한 체계적 상담 지원 시스템이 제공되고 있다. 그리고 많은 지원 인력이 투입되어 1학년 학생들과 교감을 갖고 커뮤니티를 형성하고 있다. 미국의 하버드대는 학생 대 교수 비율이 7:1, 브라운대는 6:1로 한국 대학들에 비해 훨씬 교수 대 학생 비율이 낮다. 그만큼 학생-교수 간 상호작용과 밀착도가 높을 가능성이 크다. 특히 진로학업자문관(Advisor) 인력이 많이 확보되어 있고 학생이 언제든 편안하게 상담을 요청하고 받을 수 있도록 시스템화되어 있는 것이 큰 강점이다. 학생들의 적응과 전공 탐색을 위한 지원 인력은 학부 1학년 지도교수와 전공지도교수 간에, 그리고 진로학업상담자문관, 튜터, 기숙사사감, 학장 간에 유기적 자문이 이뤄지고 있다.

마지막으로 거버넌스 차원에서 차이가 있다. 한국의 자유전공은 별도의 학과 체제이다. 물론 단과대 차원에서 자유전공을 뽑는 경우는 전공별 공동 관리 체제로 단과대 소속이라 할 수 있다. 유형1의 자유전공은 모든 전공을 진입할 수 있으므로 독립적 전공 체제로 학생을 선발한다. 학교별로 이를 관리하는 거버넌스는 다양하다. 어떤 대학은 독립학부 차원의 개별 전공으로 존재하고, 서울대와 같은 곳은 단과대 차원의 위상을 갖기도 한다. 하지만 많은 자유전공의 거버넌스 체제는 기존의 단과대-전공 간의 탄탄한 체제에 비해 약한 경우가 많다. 미국은 학부대학 체제의 거버넌스로 운영되는 곳이 많다. 특히 하버드대는 학부대학이 학부생 전체의 교육과정을 설계 운영하고, 학부생의 학업과 진로를 관리하는 핵심이다. 펜실베이니아주립대도 DUS라는 학부대학이 교양교육과 학부생의 생활과 기초교육을 담당하는 중요한 역할을 맡고 있다.

이러한 차이는 어디에서 기인할까? 왜 미국에서 자유전공 교육 취지가 원활할까? 대학 비교교육 연구자인 김지현[47]과 신의항[48]은 몇 가지 주요 요인을 제시하고 있다.

첫째, 미국은 학생의 주도적이고 책임 있는 역할을 강조하는 교육철학을 지니고 있다. 학생중심교육의 문화가 대학 전반에 퍼져 있다. 단순히 학생의 자유와 선택만을 강조하는 것이 아니다. 학생 스스로 자신의 교육에 책임을 지고 교육과정 구성과 전공 선택에 임하는 학생의 책임 있는 자세를 강조한다. 브라운대학의 개방형 교육과정이나 서부의 캘리포니아 대학에서 이러한 특징이 강하게 나타난다.[49] 브라운대는 학생 자신이 자신에게 필요한 것이 무엇인지 가장 잘 알기에 '학생 자신이 교육의 설계자'라는 기조를 중심에 두고 있다. 이러한 교육철학은 자유전공이나 학생설계전공처럼 자신의 이해와 파악을 바탕으로 미래를 설계해나가는 학습 체제에 가깝다. 이는 대부분의 교육과정을 편성하고 던져주는 고착적인 전공 시스템과는 차이가 있다. 이러한 교육 철학은 입학 및 입학 후 전공 진입 시 학생의 선택을 존중하고 넓은 선택의 폭을 제공하는 제도로 이어진다. 입학 시에도 전공 결정, 미결정 그리고 갭이어 등 다양한 통로와 기회가 주어지고, 입학 후에도 전공 선택 시기와 변경 등에 있어 유연성이 있다. 이는 학생의 자유를 존중하되 학생도 학업과 삶에 주체적으로 책임을 다하는 학생 중심 교육의 교육관과 그를 실현하는 대학의 문화에 기인한다고 할 수 있다.

둘째, 미국은 보편적인 교양교육과 자유학예교육을 강조하는 학부대학 체제이다. 우리나라는 학부 과정에서 입학부터 전공을 일찍 결정해 한 우물을 깊게 파는 개별 전공 체제가 공고하게 굳어져 있다.

그에 비해 미국은 학부교육에서 직업교육을 1학년부터 바로 진입하는 체제는 극히 드물다. 심지어 미국의 역사가 깊은 명문대학들은 법학, 의학, 교육학 등 전문적 전공이 학부과정에 설치되어 있지 않다. 인문학, 자연과학, 예술 등을 두루두루 접하고 경험하며 보편적 교양과 넓은 시야를 확보하는 자유학예교육이 강조되고 있다. 브라운대학을 비롯한 하버드대, 펜실베이니아주립대 등에서 교양교육은 학부 교육과정에서 1/3을 차지한다. 이러한 학부 과정의 교양교육과 학생들의 적응과 진로탐색을 총괄하는 역할을 지닌 곳이 학부대학이다. 미국의 이러한 특성 때문에 우리나라보다 자유전공이 훨씬 체계적이고 내실 있게 운영될 수 있다.

셋째, 미국은 고용 시장과 기업 채용의 문화가 전공의 기술자보다는 학제적인 지식과 경험을 갖는 인재를 선호한다. 물론 우리나라 기업도 변화되고 있지만, 얼마 전까지만 해도 인문계열에서는 '경영', '법학' 등 선호하는 전공이 공공연하게 있었다. 심지어는 일부 전공 외에는 지원할 수조차 없기도 하였다. 기업 채용 시 특정 전공을 취업 지원서에 기입하고 그에 대한 전문성을 강조하는 산업시대의 문화가 여전히 있다. 하지만 미국에서는 일찍이 학부 전공 분야보다는 특색 있는 교육경험과 인턴십 등을 채용 시 중요하게 삼는 경우가 많다. 기업 현장에 바로 투입하여 소위 써먹을 수 있는 인재가 아니라 기초교육이 잘 되어 있고 여러 분야를 두루 경험하여 남과 다른 인재를 더 중시한다. 구체적 임무 관련한 기술은 직장 교육을 통해 충분히 가르칠 수 있다고 믿는다. 이러한 고용 시장과 기업 채용의 문화는 자유전공처럼 학제적이고 융합적인 경험과 지식을 쌓는 대학의 교육 체제를 활성화한다.

넷째, 미국은 대학 자율성의 오랜 역사와 충분한 재정 지원이 교육 환경을 조성하고 있다. 미국 대학들은 우리나라보다 오랜 역사가 있으며 대학의 자율성을 존중하고 보장하는 문화가 있다. 이 역사 속에서 브라운대처럼 모델이 되고 사회와 학문의 기둥이 되는 대학이 자리 잡고 있다. 유명 사립대들은 동문들과 사회 각층의 후원금이 있으며, 주립대는 연방정부와 주정부의 재정 지원 속에서 안정적으로 운영되고 있다. 물론 최근에는 미국의 정치 상황이나 대학의 여건이 예전과 달라지는 면도 있지만, 우리나라의 열악한 고등교육 구조에 비해서는 훨씬 단단하고 양호하다. 미국 대학의 역사와 재정 구조는 자유전공과 같은 전공 미결정 학생에 대한 존중과 인정, 그리고 다채롭고 전문성 있는 인력 지원이 가능하게 만든다.

미국과 한국의 자유전공 운영 역사와 교육관의 차이는 있다. 고등교육의 오랜 역사를 지닌 미국도 전공 미결정 학생에 대한 이해와 노하우를 여전히 쌓아 나가는 과정이다. 색채와 요구가 다양한 각양각색의 학생을 지원하는 것은 그만큼 재정의 소요뿐만 아니라 학사구조의 복잡성이 초래될 수밖에 없다. 이를 단칼에 해결할 수 있는 정답은 없다.

하지만 분명한 것은 있다. 미국이나 한국, 어느 나라에서도 학생은 '흔들리며 피는 꽃'이라는 거다. 이리저리 흔들리며 삐뚤빼뚤 성장하는 게 대학생활이고 삶이다. 처음부터 자신의 삶과 진로에 대해 고민이 없는 학생은 있을 수 없다. 때로는 전공을 정해 쉽고 빨리 길을 걸어가는 사람이 부럽기 마련이다. 그게 정석처럼 보이기도 한다. '이런 트렌디한 전공으로 진로를 설정해 취업을 하면 성공하고 부자가 될 수 있다'는 콘텐츠가 우리를 혹하게 한다.

그러나 빨리 가는 것처럼 보이는 이들도 내적으로 흔들린다. 조금 빨리 길을 들어섰더라도 다시 되돌아보며 되돌아가는 경우가 흔하다.

우리 학생들이 '성급한 전공 선택의 강요'로 스트레스가 되지는 않는지, 다양한 탐색과 사고를 할 수 있는 시간을 부여하고 있는지를 살펴봐야 한다. 또한 좋아하는 일과 학문에 몰입을 경험할 수 있는 기회를 학생들에게 제공하고 있는지를 곰곰이 되돌아봐야 한다. 학생의 성장과 삶의 과정을 인정하고 이해하는 것이 자유전공의 출발점이고 가치이다. 학생을 이해하고 인정할 때 학생 중심의 교육관과 대학 자체의 자율성에 기반한 유연한 자유전공 운영이 가능할 것이다.

나의 자유전공 성장 스토리

부록

'자유전공학부'가 열어준 기회의 문

서울대 자유전공학부(정치학 전공) 3학년 ○○○

고등학교 시절, 저는 하고 싶은 것이 너무 많았던 학생이었습니다. 대학 진학을 위해 학과를 결정해야 할 고3이 되었을 때, 저는 여전히 더 많은 것들을 경험하고 싶었습니다. 그러다 서울대학교에 '자유전공학부'라고 하는, 대학에 들어가서 전공을 결정할 수 있는 신기한 학부가 있다는 것을 알게 되었습니다. 원서를 쓰는 마지막 날까지 고민한 끝에, 나에 대해 좀 더 알고 공부해봐야겠다는 결심이 들어 자유전공학부 지원을 결정하였습니다.

자유전공학부가 열어준 수많은 기회들은 제 자신을 이해하고 진로를 결정하는 데 큰 도움이 되었습니다. 1년 반이라는 긴 시간의 고민 끝에 제가 첫 번째로 선택한 전공은 정치학이었습니다. 이 전공은 저 개인의 가치관을 가장 중점으로 고려하여 내린 결정이었는데, 여기에는 "공익 추구가 사익 추구가 되는 사람이 정치학을 해야 한다"라고 하셨던 제 지도교수님의 영향을 많이 받았습니다. 이번 학기(3-2)에 저는 경제학 전공으로 2전공 진입을 결정하였습니다. 기존에 관심이 있던 여러 전공들의 강의를 직접 수강해본 끝에, 이미 진입한 정치학 공부를 하며 가장 부족함과 아쉬움을 느꼈던 부분을 배우기로 결정하였습니다.

제가 체감하는 자유전공학부의 장점은 글로써 다 열거하기 어려울 정도로 많이 있습니다. 2024년 실시한 「서울대학교 자유전공학부 학생총조사」 결과, 응답자 중 70%가 자전 교육에 만족하고 있다고 답하였고, 선택의 가장 주요한 이유는 "다양한 관심사를 가진 학생들과 교류할 수 있어서"였습니다. 자유전공학부는 나와 다른 배경과 관심사, 전공을 가지고 있는 사람들을 가장 많이 만날 수 있는 곳입니다. 자유전공학부에서 개설되는 주제탐구세미나, 전공설계 등의 고유한 수업들은 학생이 어떤 전공에 진입하더라도, 생소한 학문을 어떻게 받아들일 것이며 나와 생각이 전혀 다른 사람들과는 어떻게 소통해야 하는지에 대한 능력을 길러줍니다. 누군가는 다전공을 하는 자유전공학부를 두고 '전문성 없는 학생들을 양산해낸다'라고 이야기하곤 하지만, 저는 그렇게 생각하지 않습니다. 자유전공학부는 먼저, 학문적 융합 능력을 길러 다양한 분야에 대한 인사이트를 바탕으로 창조적 혁신을 이끌어내는 데 특화되어 있습니다. 이러한 측면에서 자유전공학부가 오늘날 가장 필요한, 새로운 전문성을 길러내고 있다고 확신합니다.

저는 자유전공학부를 선택한 것에 아주 만족하고 있습니다. 생각지도 못했던 다양한 사람들을 만나며 좋은 교류를 하였고, 이것은 자유전공학부에 오지 않았다면 절대 경험하지 못할 일들이었습니다. 저는 자유전공학부가 열어준 무한한 기회의 장에서 저의 대학 생활과 앞으로의 진로를 스스로 개척해갈 수 있었습니다.

자유전공을 통해 찾은 나의 길

이화여자대학교 컴퓨터공학과 3학년 OOO

2023년 3월, 저는 이화여자대학교 스크랜튼학부(자유전공)에 입학했습니다. 저는 처음부터 진로가 명확했던 건 아니었습니다. 이전에 다른 학교에 진학했었지만 전공이 저와 잘 맞지 않아 다시 수능을 도전하게 되었고, 원서 접수를 할 때 "이번에도 잘못된 선택을 하면 어떡하지?" 하는 두려움이 가장 컸습니다. 그때 언니가 저에게 자유전공학부에 들어가서 1학년 때 여러 학과를 경험해보고, 잘 맞는 학과를 선택하라고 조언해 주었습니다. 다양한 수업을 직접 들어보고 나와 맞는 길을 찾을 수 있다는 점이 매력적이었고, 주전공을 정한 이후에도 스크랜튼학부 트랙을 통해 복수전공이 가능하다는 점이 마음에 들어 결국 이화여자대학교 스크랜튼학부에 진학하게 되었습니다.

입학 후 1학년은 말 그대로 탐색의 시간이었습니다. 전공을 정할 때 저는 두 가지를 가장 중요하게 생각했습니다. 첫 번째는 내가 이 분야에 흥미를 느끼는가, 두 번째는 그 흥미를 기반으로 내 미래를 설계할 수 있는가였습니다. 단순히 취업이 잘 된다는 이유로 선택하기보다는, 오래 공부해도 지치지 않고 즐길 수 있는 분야인지가 더 큰 기준이었습니다.

이런 생각을 가지고 여러 수업을 들어보았습니다. 저는 원래 이과적 성향이 강했고, 중학교 때 정보 수업을 재밌게 들었던 기억이 남아 있어서 컴퓨터공학과 전자전기 관련 수업을 중심으로 경험해 보았습니다. 그 과정에서 컴퓨터프로그래밍및실습 수업이 가장 흥미 있다고 생각했습니다. 과제를 해결할 때마다 얻는 성취감이 컸고, '이게 내가 잘할 수 있고 더 깊게 공부하고 싶은 분야구나'라는 확신이 점점 생겼습니다. 동시에 저는 대학원 진학에도 관심이 있었기 때문에 이 흥미가 오래 이어갈 수 있는 열정인지 생각했습니다. 2학기에도 컴퓨터공학과 수업을 들어보면서 그 과정이 저에게 확신으로 이어져, 2학년 진입 전 주전공으로 컴퓨터공학과를 선택하였습니다.

그 과정에서 스크랜튼학부의 환경은 제게 큰 힘이 되었습니다. 모두가 같은 고민을 안고 있었기에 동기들과 전공 선택에 대해 자연스럽게 이야기를 나눌 수 있었습니다. 이후 각자 다른 학과로 진학한 뒤에도 스크랜튼학부 수업에서 다시 만나 서로의 전공과 관심사를 공유하며 제 시야를 넓힐 수 있었습니다. 특히 1학년 세미나 수업은 한 교수님과 열 명 남짓한 학생들이 함께 교류하며 미래 계획을 세우는 시간으로, 이 과정을 통해 교수님과 가까워지고 전공과 진로에 관한 구체적인 조언을 얻을 수 있었습니다. 이런 경험은 제 선택에 든든한 기반이 되었습니다.

저는 주전공을 컴퓨터공학으로 정했지만, 여러 분야에 대한 지식을 쌓고 싶어서 스크랜튼학부에서는 사회과학이니셔티브 트랙을 택했습니다. 컴퓨터공학에 대해 배움과 동시에 사회 현상을 이해하는 시각을 기르고 싶었기 때문입니다. 덕분에 전공 공부가 단순히 학문적 성취로 끝나는 것이 아니라, 더 넓은 맥락에서 의미를 찾는 경험이 되고 있습니다.

이런 경험들이 쌓이면서, 처음 스크랜튼학부에 입학했을 때는 “혹시 전공이 또 나랑 안 맞으면 어떡하지?”라는 불안감이 들었는데 이제는 “내가 어떤 선택을 해도 결국은 배우고 성장할 수 있다”는 자신감을 얻었습니다. 자유전공은 저에게 단순히 전공을 선택할 시간만 준 것이 아니라, 탐색의 과정 자체가 하나의 성장임을 깨닫게 해주었습니다.

성장으로 이어지는 자유

국립부경대학교 미디어커뮤니케이션학부 휴먼ICT융합전공 4학년 OOO

고등학교 재학 당시 저는 "자유전공"이라는 제도에 대해서 자세히 알지 못하였습니다. 인터넷을 통해 대학교 정보를 찾아보던 중 "부경대 글로벌자율전공학부"를 알게 되었고, 1학년 동안 다양한 경험을 하고 그것을 바탕으로 2학년 때 자신의 전공을 정한다는 점에서 매력을 느끼게 되었습니다. 그 결과 저는 부경대 글로벌자율전공학부에 입학하게 되었습니다.

저는 1학년 기간 동안 경영학과와 미디어커뮤니케이션학부 사이에서 많은 고민을 했습니다. 결국 저는 2학년이 되었을 때 미디어커뮤니케이션학부의 "휴먼ICT융합전공"을 선택하였고, 선택한 가장 큰 이유는 "학문의 실용성"이었습니다. 저는 배운 것을 바로 적용하고자 하는 성격이 강해서 그런지 경영학과에서 배우는 이론 중심의 학문에는 그다지 확신이 들지 않았지만 휴먼ICT융합전공에서 배우는 UX/UI, 유저 리서치, 데이터 분석 등에는 '바로 적용하여 나의 성장을 확인할 수 있겠구나' 하는 확신이 들었습니다.

자유전공은 제가 스스로에 대해 더욱 깊이 이해할 수 있게 해주었습니다. 1학년 기간 동안 2학년 전공 선택을 위해 많은 경험을 하고 수업을 들으면서, 이전에는 알지 못하였던 스스로가 추구하는 가치를 찾아낼 수 있었습니다. 앞서 말한 '학문의 실용성'이 그 결과입니다. 이전 저는 매우 이론적인 내용을 좋아한다고 스스로 생각하고 있었습니다. 하지만 1학년 당시 경영학과의 이론적인 수업과 미디어커뮤니케이션학부의 실용적 수업을 같이 들어보면서 기존에 가지고 있던 저의 믿음이 사실은 스스로가 추구하는 가치와 맞지 않음을 알게 되었습니다. 이 과정을 통해 저는 '나는 나 자신을 잘 모를 수도 있겠다'라는 깨달음을 얻었습니다. 그로 인해 더욱 다양한 서적과 수업, 경험을 통해 본인 스스로가 추구하는 가치에 대해 찾아가고 싶은 열정을 가지게 됐습니다.

이뿐만 아니라 특히 동기 학우들이 서로 다른 전공을 선택한다는 점도 저에게는 배움을 주었습니다. 특히 제가 선택한 전공인 "휴먼ICT융합전공"과 밀접한 관련이 있는 경영학과, 컴퓨터공학과를 선택한 학우들과의 교류를 통해 각자에게 필요한 스펙이나 능력들을 공유할 수 있었습니다. 또한, 학습 네트워크를 형성하여 같이 성장하는 자리를 자유전공이라는 제도 덕분에 만들어 낼 수 있었습니다. 이를 바탕으로 남들보다 1년 늦게 전공을 선택했음에도, 스스로가 놀랄만한 성장을 이루어냈습니다.

자유전공의 생활을 돌이켜보면 후회가 없었던 것은 아니었습니다. 1학년 당시에는 소속감을 느끼지 못해 불안감을 가졌던 적이 있었고, 전문성이 부족하다는 인상을 받기도 하였습니다. 하지만 이는 한순간의 불안감이었습니다. 소속감을 느끼지 못하는 것은 스스로에 대해 고민하고 넓은 시야를 가질 수 있는 기회였습니다. 전문성이 부족하다고 느끼는 것은 스스로 탐색하고 네트워크를 형성하고자 하는 의지가 생긴 것이었습니다. 즉, 지금 생각해보면 제가 느낀 불안감들은 자유전공만이 주는 강점이었습니다. 자유전공 덕분에 저는 넓은 시야를 통해 스스로에 대해 질문하고 탐색하며 성장하는 학생이 될 수 있었습니다.

정해진 길이 아닌 스스로 답을 모색하는 곳, 자율전공학부!

전남대학교 자율전공학부(공익과 사회 전공) 2학년 OOO

고등학교 시절 나는 공부만 잘하면 어디든 갈 수 있고 무엇이든 될 수 있다는 어른들의 말씀에 따라 무작정 공부만 했었다. 그렇기에 고등학교 3학년 수시 원서를 쓸 시기에 내 인생에서 최대의 고비가 찾아왔다. 나는 딱히 원했던 진로도 없었고 나에게 맞는 적성 또한 무엇인지조차 알지 못했기 때문에 내 미래에 대해 막연한 생각만 들 뿐이었다. 그래서 무작정 지원한 학과가 자율전공학부였다. 누군가에겐 나의 이러한 결정이 도피처이자 차선책으로 보였을진 모르겠지만, 지금 나에게 있어 이 선택은 내 진로 탐색에 가장 효과적인 길이었다.

입학 후 1학년 때는 자율전공학부의 장점을 최대한 활용하여 여러 분야의 수업을 수강했다. 경영학, 교육학, 지리학 등 타 학과 학생이라면 쉽게 시도하지 못할 타 전공 수업을 자유롭게 경험하며 나의 적성이 무엇이며 어떤 분야에 흥미가 있는지 탐색할 수 있는 시간을 가졌다. 처음에는 막막했고 두려웠으며 미래로 향하는 방향이 불분명해 보였지만, 이 시기가 없었다면 나는 오히려 특정 전공에만 갇혀 학문을 탐색하는 것에 대한 넓은 시야와 가치관을 가질 수 없었을 것임이 분명했다. 학과의 장점은 바로 이것이었다. 체계적인 진로 탐색 과정을 통해 '이 분야가 내 적성에 맞다'라는 경험적 데이터를 스스로 쌓을 수 있고, 진로와 미래의 윤곽을 확고히 할 수 있다는 것이다.

입학 전에는 확연한 미래를 꿈꾸지 못했던 자들이 모이는 곳, 그곳이 바로 자율전공학부였다. 그렇지만, 입학 후에 내가 경험한 자율전공학부는 학부생들이 진로와 미래를 펼칠 수 있도록 그 누구보다 열정적으로 도모하는 곳이었다. 학부에서 정기적으로 심포지엄이나 진로 탐색 특강 등을 통해 나는 교수님과 선배님들의 전공 선택 과정,

진로 결정 경험, 그리고 그 과정에서 겪었던 시행착오들을 들을 수 있었다. 나에게 단순 정보 전달을 넘어선 나의 꿈과 미래를 실제로 구체화시킬 수 있는 기회가 찾아온 것이다.

나는 2학년 생활을 마치며 자율전공학부의 학부생으로서 어떤 삶을 살아왔느냐에 대해 돌이켜 생각해 보았다. 나는 학부에서 요구하는 복수전공도 행정학과로 선택하여 수업을 들었고, 학부 자체 시스템인 '자기설계전공' 중 '공익과 사회'를 계획하여 별다른 문제 없이 전공을 이수하고 있다. 나는 자율전공학부가 단순히 늦게 전공을 선택하는 제도가 아니라, 스스로 학문을 탐색하고 학과를 넘나들며 진로를 주체적으로 설계하는 훈련의 장이라는 걸 깨달았다. 결국 가장 중요한 '나'라는 정체성을 찾게 된 강점을 지닐 수 있었다.

자율전공학부는 내게 끊임없이 질문할 시간을 주었고, 방황과 고민을 두려워하지 않는 용기를 주었다. 그리고, 학문을 자기 주도로 설계할 수 있는 주체성을 길러주었다. 자율전공학부에서의 성장은 곧 내 진로를 스스로 설계할 수 있는 힘과 꿈을 가질 수 있었던 내 인생의 가장 큰 터닝포인트라고 생각한다.

22살이 된 지금 나는 자율전공학부 덕에 공공 분야와 인적자원개발을 결합한 진로를 구체적으로 준비하고 있다. 학부모와 대입을 준비하는 고등학생들이 자율전공학부란 진로 유예를 위한 곳이라고만 생각할 수 있겠지만, 다양한 전공 수업과 맞춤형 상담 및 선후배 멘토링 등을 통해 학생들이 스스로 본인의 적성을 검증하고 미래를 구체적으로 설계할 수 있는 체계적이고 자기 주도적인 제도라는 것을 알아주었으면 한다. 이 과정을 통해 나와 같은 학생들이 한 전공에만 국한되지 않고 융합적 사고와 자기 주도성을 바탕으로 하여 더 넓은 진로의 가능성을 확보할 수 있다는 것을 말이다.

어쩌다 자유전공, 마침내 내 길

강원대학교 학부 졸업, 데이터사이언스학과 석사과정 OOO

저는 현실과 타협해 지원한 곳이 바로 자유전공학부였습니다. 당시에는 그저 '어떻게든 컴퓨터공학과로 갈 수 있는 길'이라고 생각했습니다. 입학 초기부터 제 목표는 컴퓨터공학과에 진학하는 것이었습니다. 1학년 때부터 컴퓨터공학과 필수수업을 들었습니다.

하지만 예상치 못한 어려움이 닥쳤습니다. 막상 컴공 수업을 들으니 생각했던 것과 달랐습니다. '내가 정말 이 길에 재능이 있는가?'라는 근본적인 의문이 들었고, 내가 생각한 미래와 현실 사이의 괴리감에 혼란스러웠습니다.

그러던 중 조교 선생님께 학과 진학 상담을 받았습니다. 조교 선생님은 제 성격과 성향을 들어보신 후, '산업공학'이라는 전공을 추천해 주셨습니다. 사실 그 분야에 대해 깊이 생각해보진 않았지만, 설명을 들을수록 흥미가 생겼습니다. 하지만 그때의 저는 여전히 '유망한 전공'이라는 단어에 사로잡혀 있었습니다. '산업공학이 재미도 있어 보이고 나랑 잘 맞을 것 같기도 하지만, 역시 미래에는 컴퓨터공학이 더 유망하지 않을까? 취업을 잘하려면 컴공에 가야 하지 않을까?' 하는 생각에 결국 1지망은 컴퓨터공학, 2지망은 전자공학(역시 취업 등의 이유로), 그리고 3지망으로 산업공학을 적었습니다.

결과는 참 아이러니했습니다. 그렇게 방황하던 중 우연히 한 연구실을 알게 되었고, 제 삶의 방향은 또 한 번 바뀌게 되었습니다. 놀랍게도 그 연구실은 저에게 가장 잘 맞는다고 상담받았던 산업공학의 인간공학과 제가 원래 관심이 있었던 컴퓨터공학이 결합된 분야였던 겁니다. 결국 저는 이 연구실에서 석사 과정까지 밟게 되었습니다.

지금 돌이켜보면 자유전공학부를 선택했던 것을 후회하진 않습니다. 제게 주어진 고민과 방황의 시간이 결국 제가 가장 잘 맞는 길을 찾을 수 있는 토대가 되었다고 생각하기 때문입니다. 하지만 그렇다고 만족만 하는 것도 아닙니다. 그저 막연히 '유망할 것 같아서', '나중에 취업을 잘 할 수 있을 것 같아서' 했던 선택들 때문에 불필요한 시행착오를 겪으며 허비한 시간이 많다고 생각합니다.

저는 한때 미래를 생각하며 소위 사회에서 말하는 '유망한' 분야를 좇았습니다. 그러나 아무리 유망한 분야라도 내가 흥미를 느끼지 못하고 재능을 발휘할 수 없다면 아무 의미가 없다는 것을 뒤늦게 깨달았습니다. 오히려 남들에게 덜 유망해 보여도 내가 재미를 느끼고 잘할 수 있다고 생각하는 분야를 찾아가는 것이 훨씬 더 중요하다고 생각합니다. (그냥 하는 소리가 아니라 진심입니다.)

저는 자유전공학부에서 방황하고 고민하며 제 자신을 조금 더 알아갈 수 있었습니다. 자유전공학부는 '정해진 길'을 안내해 주지는 않습니다. 하지만 다양한 수업과 프로그램을 통해 내가 어떤 사람인지, 무엇을 할 때 즐거운지 발견할 수 있는 간접적인 '기회'를 제공해줍니다. 그 시간을 잘 활용하여 자신만의 길을 주체적으로 찾아가는 시간을 가지면 좋을 것 같습니다.

애정하는 나의 자유에게

강원대학교 자유전공학부(마케팅전략과 빅데이터 전공) 3학년 OOO

저는 고등학교에서 강원대학교로 진학할 당시에, 타 대학들에 자유전공학부에 설계전공 시스템이 있다는 것을 깨닫고, 강원대학교에도 설계전공이 도입된다는 사실을 접하면서 처음부터 설계전공으로 가려는 목적으로 자유전공학부에 입학하였습니다. 관심사가 하루에도 몇 번씩이나 바뀌고, 하나의 도전에만 안주하지 않는 저에게 딱 맞는 대학생활을 이뤄낼 수 있을 것 같아 이 전공을 선택하였습니다.

저는 지금 '마케팅전략과 빅데이터'라는 전공을 이수하고 있습니다. 전공명 그대로 마케팅이라는 학문과 데이터분석이라는 분야를 함께 엮어 제작하게 되었습니다. 전 저의 대학생활을 제가 스스로 할 수 있는 첫 번째 '선택과 집중'이라고 생각했습니다. 인생에 한 번뿐인 대학생활에서 '내가 가장 하고 싶고, 배우고 싶고, 성장시키고 싶은 면이 무엇일까?'라고 생각했을 때 대답할 수 있는 두 가지가 마케팅과 데이터분석이었고, 그 길을 열어줄 수 있는 것이 학생설계전공이었습니다.

저는 학생설계전공으로 진출하면서 가장 재밌었던 기억이 하나 있습니다. 바로 전공 커리큘럼을 제작했을 때입니다. 강원대 자유전공학부 학생설계전공학생들은 2학년부터 졸업까지 본인 전공에 적합한 전공들로 구성된 커리큘럼을 제작합니다. 무작정 백지상태로 시작하는 게 어렵기도 하니까, 1학년 2학기에 자유전공학부 내에서 전공설계공모전을 열어 학생들의 참여를 도모합니다. 저는 해당 공모전에서 우수상을 받았고, 상을 받은 바로 그 전공을 다듬어 현재 저의 '마케팅전략과 빅데이터'가 되었습니다. 그 기억이 저에겐 너무 재밌고, 스스로 졸업 때까지의 저를 계획하면서 성장할 수 있던 첫 번째 발걸음이었습니다. 아무래도 이렇게 만들어낸 전공이다 보니, 더욱 애정도 갑니다. 저는 교내에서 전공트랙을 가장 사랑하는 학생이라고 자신 있게 말씀드릴 수 있습니다.

저는 학생설계전공으로 진학하고 나서 학과를 통해 경험할 수 있는 다양한 경험들을 통해 저의 시야를 넓힐 수 있었습니다. 저는 나아가는 힘을 기르게 되었습니다. 꿈이 그려졌다고 해서, 모든 것이 잘 풀린다고 생각하지 않습니다. 그걸 제가 해내야만 꿈에 가까워지고 이룰 수 있는 거니까요. 입학 직후의 저는 '꿈은 크고, 하라는 걸 잘하는 사람'이었다면, 설계전공에서 직접 배우고, 적극적으로 나서고, 활동하다 보니 지금의 저는 '꿈이 커서, 먼저 움직이는 사람'이 된 것 같습니다.

저에게도 자유전공학부로, 학생설계전공으로 진학하는 것이 불안했던 것처럼, 누군가에게도 이런 발걸음이 무거울 것이라는 것을 공감합니다. 정해지지 않은 것을 내 선택에 맡겨야 한다든지, 아무도 안 가본 길을 내가 먼저 걸어야 한다든지 하는 생각들도 한때는 들었지요. 시작할 땐 저와 같은 생각을 하는 학생들도 많았고, 여전히 아직 누군가는 그렇게 생각할 수도 있습니다. 하지만 그러한 불안함을 갖는 것이 저를 더욱 성장시킬 것이라고 생각합니다. 그러한 불안함이 저에게 더 추진력을 주었습니다. 남들이 걸어본 길 말고, 새로운 길을 한 번씩 걸어가 보는 것이 저는 너무 좋았습니다. 누군가 자유전공 학생설계전공이라는 길을 고민하고 있다면, 본인을 의심하지 말고 꼭 걸어가 보라고 말해주고 싶습니다.

미 주

Endnote

PART Ⅰ 자유전공 의미와 특징

1 한국대학교육협의회(2024). 2026학년도 대입정보 119: 대학입학 전형계획 주요사항. 한국대학교육협의회.

2 교육부(2024.6.25.). 내 꿈에 맞추는 나의 전공, 전공자율선택제! https://www.moe.go.kr/boardCnts/viewRenew.do?boardID=340&boardSeq=99198&lev=0&searchType=null&statusYN=W&page=1&s=moe&m=020201

3 교육부(2024.6.25.). 내 꿈에 맞추는 나의 전공, 전공자율선택제! https://www.moe.go.kr/boardCnts/viewRenew.do?boardID=340&boardSeq=99198&lev=0&searchType=null&statusYN=W&page=1&s=moe&m=020201

4 교육부(2024.1.31.). 2024년 대학혁신지원사업 기본 계획(1유형, 일반재정지원).

5 교육부(2024.6.25.). 내 꿈에 맞추는 나의 전공, 전공자율선택제! https://www.moe.go.kr/boardCnts/viewRenew.do?boardID=340&boardSeq=99198&lev=0&searchType=null&statusYN=W&page=1&s=moe&m=020201

6 양일모(2023). 서울대 자유전공학부의 경험과 과제. 제5회 KNU 교양교육 및 자유전공 혁신포럼 발표자료.

양일모(2024). 자유전공 제도의 허와 실. 영미문학연구, 57, 299-324.

양일모(2024). 자유전공 제도의 운영 및 발전 방향: 서울대학교 사례를 중심으로. (사)한국교육정책연구원 교육포럼 발표자료. 33-42.

7 오은주(2019). 자율전공학과 현황분석과 운영방안 연구. 예술인문사회 융합 멀티미디어 논문지, 183-191.

8 양일모(2024). 자유전공 제도의 허와 실. 영미문학연구, 57, 299-324.

9 양일모(2024). 자유전공 제도의 허와 실. 영미문학연구, 57, 299-324.

10 황인석(2024). 무전공입학시대, 고등교육에서 도덕윤리과교육의 역할-서울대학교 자유전공학부와 학부대학 출범 사례를 중심으로. 한국도덕윤리과교육학회 학술대회 자료집, 99-123.

11 오은주(2019). 자율전공학과 현황분석과 운영방안 연구. 예술인문사회 융합 멀티미디어 논문지, 183-191.

12 신철균(2025). 자유전공 운영 현황과 향후 과제. THE HRD REVIEW, 124, 88-110.

13 World Economic Forum(2020). Jobs of Tomorrow Mapping Opportunity in the New Economy. World Economic Forum.

14 경제인문사회연구회(2023). 재난과 안전: 글로벌 동향 및 시사점. Global Issue Brief, VOL.13, 5-6.

15 과학기술정책연구원(STEPI)(2024). 2024 국가난제 가이드북. 과학기술정책연구원.

16 김재인(2024). 경계를 뛰어넘고 세계를 확장하는 방법: 융합의 기술. 미래에셋증권매거진.

17 Autor D. H., & Price B.(2013). The Changing Task Composition of the US Labor Market: An Update of Autor, Levy, and Murnane(2003). MIT Working Paper. MIT Economics.

18 교육부(2023.6.29.). "대학의 담대한 혁신을 지원하기 위한 「고등교육법 시행령」 일부개정안 입법예고" 보도자료. 교육부.

19 정연재, 주소영, 이승엽(2023). 자유전공학부 운영 현황과 학생 특성 분석에 관한 연구. 문화와 융합, 45(12), 1227-1241.

20 법제처(2024.8.21.). 고등교육법 시행령. 대통령령 제34227호. 법제처 국가법령정보센터.

21 교육부(2024.1.31.). 2024년 대학혁신지원사업 기본 계획(1유형, 일반재정지원).

22 교육부(2023.6.29.). "대학의 담대한 혁신을 지원하기 위한 「고등교육법 시행령」 일부개정안 입법예고" 보도자료. 교육부.
교육부(2024.2.13.). "교육부 소관 3개 안건 국무회의 통과" 보도자료. 교육부.

PART Ⅱ 자유전공 교육과정과 학업 경로

1 하연섭(2024). 대학전공자율선택 확대 및 교육의 질 제고방안 연구. 연세대학교 산학협력단.

2 하연섭(2024). 대학전공자율선택 확대 및 교육의 질 제고방안 연구. 연세대학교 산학협력단.

3 서울대학교 자유전공학부. https://cls.snu.ac.kr/

4 서울대학교 자유전공학부. https://cls.snu.ac.kr/

5 한양대학교 인터칼리지. https://intercollege.hanyang.ac.kr/02_edu/edu01.html

6 방청록(2024). 한동대 전공자율선택제와 학생전공선택 지원체계. 한국교양교육학회 2024년 추계 전국 학술대회 발표자료집. pp.63-71.

7 방청록(2024). 한동대 전공자율선택제와 학생전공선택 지원체계. 한국교양교육학회 2024년 추계 전국 학술대회 발표자료집. pp.63-71.

8 방청록(2024). 한동대 전공자율선택제와 학생전공선택 지원체계. 한국교양교육학회 2024년 추계 전국 학술대회 발표자료집. pp.63-71.

9 장재호, 조예지, 홍석현(2021). 2020 대졸자직업이동경로조사 기초분석 보고서. 한국고용정보원.

10 방청록(2024). 한동대 전공자율선택제와 학생전공선택 지원체계. 한국교양교육학회 2024년 추계 전국 학술대회 발표자료집. pp.63-71.

PART Ⅲ 자유전공학생의 전공 선택과 생활

1 장재호, 조예지, 홍석현(2021). 2020 대졸자직업이동경로조사 기초분석 보고서. 한국고용정보원.

2 U.S.News.(2013.11.11.). Study: High School Grads Choosing Wrong College Majors. https://www.usnews.com/education/blogs/high-school-notes/2013/11/11/study-high-school-grads-choosing-wrong-college-majors

3 백지연(2024). 전공 자율선택제 운영 사례: 이화여자대학교. 전공자율선

택제 포럼 발표자료지(2회차). 교육부, 한국연구재단.

4 Harper, C. E., Orr, R., & Stolzenberg, E. B.(2023). Demographics, purpose, and dreams: Predicting entering college as an undecided major student. NACADA journal, 43(2), 136-145.

5 백지연(2024). 전공 자율선택제 운영 사례: 이화여자대학교. 전공자율선택제 포럼 발표자료지(2회차). 교육부, 한국연구재단.

6 대학교육연구소(2024.3.28.). '무전공제' 운영 대학 - 컴퓨터공학, 경영학 쏠림 극심 보도자료. (사)대학교육연구소.

7 대학교육연구소(2024.3.28.). '무전공제' 운영 대학 - 컴퓨터공학, 경영학 쏠림 극심 보도자료. (사)대학교육연구소.

8 대학교육연구소(2024.3.28.). '무전공제' 운영 대학 - 컴퓨터공학, 경영학 쏠림 극심 보도자료. (사)대학교육연구소.

9 권재혁, 박승훈(2023). 청년패널 조사 심층 분석: 코호트 변경에 따른 변화. 한국고용정보원.

10 최한준(2024). 학생시선으로 바라본 자유전공학부와 나의 미래: 자유전공 경험 및 과제. 강원대-국립강릉원주대 교양교육 및 자유전공 혁신포럼 발표자료집.

11 한요셉(2018). 대학전공분야 선택과 정부의 역할. 한국개발연구원.

12 국민대학교 전공자율선택제. https://www.kookmin.ac.kr/comm/menu/user/dd7cb9a511a0ca2d1b96a212799115e2/content/index.do

13 한요셉(2018). 대학전공분야 선택과 정부의 역할. 한국개발연구원.

14 신민주(2023). 대학생들의 진로탐색 활동을 통한 관점과 인식의 변화경험에 관한 질적 사례연구. 학습자중심교과교육연구, 23(15), 833-851.

15 김민선, 김민지, 이소연(2018). 대학생 진로상담 사례개념화 요소 도출에 관한 질적연구. 진로교육연구, 31(1), 103-130.

16 장재호, 조예지, 홍석현(2021). 2020 대졸자직업이동경로조사 기초분석 보고서. 한국고용정보원.

17 권재혁, 박승훈(2023). 청년패널 조사 심층 분석: 코호트 변경에 따른 변화. 한국고용정보원.

18 국민대학교 홈페이지. https://www.kookmin.ac.kr/comm/menu/user/dd7cb9a511a0ca2d1b96a212799115e2/content/index.do

1 신철균(2025). 자유전공 운영 현황과 향후 과제. THE HRD REVIEW, 124, 88-110. 신철균(2025) 원고의 일부를 인용 및 수정하여 Ⅳ장, Ⅴ장 등에 기술함.

2 뉴시스(2024.7.3.). 내년 대폭 확대되는데, 수험생 10명 중 4명 "무전공 입학? 잘몰라". https://www.donga.com/news/Society/article/all/20240703/125756450/1

3 한국대학교육협의회(2024). 2026학년도 대입정보 119-대학입학 전형계획 주요사항. 한국대학교육협의회.

4 남진숙(2024). 전공자율선택제(무전공제) 현황과 운영의 방향성. 교양교육연구, 18(5), 85-97.

5 조선에듀(2025.2.6.). 2025학년도 주요 18개 대학 '무전공' 경쟁률 현황·분석. https://edu.chosun.com/site/data/html_dir/2025/02/06/2025020680021.html?main_top

6 교육부(2024.5.29.). "2025학년도 대입전형시행계획 주요 사항 안내" 보도참고자료. 교육부.

7 교육부(2024.5.29.). "2025학년도 대입전형시행계획 주요 사항 안내" 보도참고자료. 교육부.

8 한국대학교육협의회(2024.1.31.). 2024 KCUE 대학총장설문(Ⅰ). 한국대학교육협의회.

9 조선에듀(2024.7.5.). 무전공 입학생 63% "무전공 선택 만족한다". https://edu.chosun.com/m/edu_article.html?contid=2024070580034
진학사(2025.9.19.). '무전공' 경쟁률, 2년차에는 어땠나? 서울 평균 22.18대 1. 진학사. https://www.jinhak.com/jh/high3/univ-entrance-info/ipsi-analysis/ipsi-strategy/100000246

10 조선에듀(2024.7.5.). 무전공 입학생 63% "무전공 선택 만족한다". https://edu.chosun.com/m/edu_article.html?contid=2024070580034

11 이투스교육평가연구소(2025.2.6.). '2025학년도 주요 18개 대학 무전공(1유형) 경쟁률 현황 및 분석'. https://www.etoos.com/report/

12 대학의 정시모집에서는 전형기간을 구분하여 3개의 군인 가군, 나군, 다군으로 모집하고, 수험생은 각 군별로 단 한 곳만 원서 접수가 가능하다.

13 University line(2025.2.7.). 무전공 첫 해 실제 지원율 낮았지만… "대학 입학해선 많이 만족해". https://www.usline.kr/news/articleView.html?idxno=28543

14 조선에듀(2024.7.5.). 무전공 입학생 63% "무전공 선택 만족한다". https://edu.chosun.com/m/edu_article.html?contid=2024070580034

15 University line(2025.2.7.). 무전공 첫 해 실제 지원율 낮았지만… "대학 입학해선 많이 만족해". https://www.usline.kr/news/articleView.html?idxno=28543

16 서울대학교 자유전공학부. https://cls.snu.ac.kr/

17 한양대학교 인터칼리지. https://intercollege.hanyang.ac.kr/02_edu/edu01.html

18 이화여자대학교 스크랜튼학부. https://scrantoncollege.ewha.ac.kr/scranton/index.do

19 하연섭(2024). 대학전공자율선택 확대 및 교육의 질 제고방안 연구. 연세대학교 산학협력단.

20 고려대학교(2025). 2025학년도 자유전공학부 제1전공 배정. 고려대학교.

21 조선일보(2024.4.20.). [김지수의 인터스텔라] "인생 전환, 극기나 포기 아닌 준비의 문제" 조앤 리프먼. https://biz.chosun.com/topics/kjs_interstellar/2024/04/20/3QWDDZGPIRBC7F36D6KGB7CJUA/

PART V 자유전공 국내외 대학 사례

1 신철균(2025). 자유전공 운영 현황과 향후 과제. THE HRD REVIEW, 124, 88-110.

2 Eagan, K., Stolzenberg, E. B., Ramirez, J., Aragon, M., Suchard, M., & Rios-Aguilar, C.(2016). The American freshman: Fifty-year trends, 1966-2015. Higher Education Research Institute, UCLA.

3 Eagan, K., Stolzenberg, E. B., Ramirez, J., Aragon, M., Suchard, M., & Rios-Aguilar, C.(2016). The American freshman: Fifty-year trends, 1966-2015. Higher Education Research Institute, UCLA.

4 Stolzenberg, E. B., Eagan, K., Romo, E., Tamargo, E., Aragon, M., Luedke, M., & Kang, N.(2019). The American Freshman: National Norms Fall 2019. Higher Education Research Institute, UCLA.

Stolzenberg, E. B., Aragon, M., Romo, E., Couch, V., Mclennan, D., Eagan, K., & Kang, N.(2020). The American Freshman: National Norms Fall 2019. Higher Education Research Institute, UCLA.

5 Eagan, K., Stolzenberg, E. B., Ramirez, J., Aragon, M., Suchard, M., & Rios-Aguilar, C.(2016). The American freshman: Fifty-year trends, 1966-2015. Higher Education Research Institute, UCLA.

6 Gordon, V. N.(1995). The undecided college student: An academic and career advising challenge(2nd ed.). Springfield, IL: Charles C. Thomas.

7 Guo, Y., Wang, S., Johnson, V., & Diaz, M.(2011). College students' stress under current economic downturn. College Student Journal, 45(3), 536- 543.

8 Stater, M.(2011). Financial aid, student background, and the choice of first-year college major. Eastern Economic Journal, 37(3), 321-343.

9 Gordon, V. N., & Steele, G. E.(2015). The undecided college student: An academic and career advising challenge(4th ed.). Charles C Thomas.

10 Eagan, K., Stolzenberg, E. B., Ramirez, J., Aragon, M., Suchard, M., & Rios-Aguilar, C.(2016). The American freshman: Fifty-year trends, 1966-2015. Higher Education Research Institute, UCLA.

11 신철균(2025). 자유전공 운영 현황과 향후 과제. THE HRD REVIEW, 124, 88-110.

12 민윤경(2022). 미국과 한국 대학의 전공 자유선택 제도 비교 분석. 비교교육연구, 32(1), 29-57.

13 백승수(2018). 국립 리버럴아츠칼리지 설립의 교육적 타당성 고찰. 교양교육연구, 12(5), 231-250.

14 하연섭(2024). 대학전공자율선택 확대 및 교육의 질 제고방안 연구. 연세대학교 산학협력단.

15 민윤경(2022). 미국과 한국 대학의 전공 자유선택 제도 비교 분석. 비교교육연구, 32(1), 29-57.

16 한국일보(2023.7.3.). 커리어와 전공 고려한 리버럴 아츠 칼리지 선택 중

요. http://www.koreatimes.com/article/1471672

17 미국의 종합대학도 초기에는 자유학예대학처럼 '전인적 인간 양성'을 목적으로 하였지만, 1862년 이후 토지무상보조대학(land-grant university)이 설립되며 '실용교육'이 확대되었다. 토지무상보조대학은 연방정부가 소유한 토지를 주에 제공하여 다양한 계층의 사람들에게 농업 및 기계 기술교육 등을 지원하는 대학으로, 1862년 모릴 법(Morill Act) 통과 이후 설립되기 시작하였다(민윤경, 2022; APLU, 2025).

18 Stolzenberg, E. B., Eagan, K., Romo, E., Tamargo, E., Aragon, M., Luedke, M., & Kang, N.(2019). The American Freshman: National Norms Fall 2019. Higher Education Research Institute, UCLA.

Harper, C. E., Orr, R., & Stolzenberg, E. B.(2023). Demographics, Purpose, and Dreams: Predicting Entering College as an Undecided Major Student. NACADA Journal, 43(2), 136-145.

19 하연섭(2024). 대학전공자율선택 확대 및 교육의 질 제고방안 연구. 연세대학교 산학협력단.

20 하연섭(2024). 대학전공자율선택 확대 및 교육의 질 제고방안 연구. 연세대학교 산학협력단.

21 조선일보(2024.2.4.). 美 스탠퍼드, 셋 중 한명이 컴퓨터 전공… 한국 대학도 무전공 선발 확대 가능할까. https://biz.chosun.com/topics/topics_social/2024/02/04/46RUS3UXGVGOBGP4FNKUJPRXPA/

22 이데일리(2024.1.19.). MIT 등 美대학 '무전공 입학' 보편화…30% 이상은 '3년 내 전과'. https://www.edaily.co.kr/News/Read?newsId=01292326638759360&mediaCodeNo=257

23 Brwon College(2024). Reflection Guide for Juniors & Seniors. https://college.brown.edu/seek-advising-support/types-advising-support/advising-year/reflection-guide-juniors-seniors

24 Brwon College(2024). Reflection Guide for Juniors & Seniors. https://college.brown.edu/seek-advising-support/types-advising-support/advising-year/reflection-guide-juniors-seniors

25 Harvard College(n.d). The Academic Adivising Network. https://advising.college.harvard.edu/advising-network/

26 하연섭(2024). 대학전공자율선택 확대 및 교육의 질 제고방안 연구. 연세

대학교 산학협력단.

27 하연섭(2024). 대학전공자율선택 확대 및 교육의 질 제고방안 연구. 연세대학교 산학협력단.

28 Harvard College(n.d). The Academic Adivising Network. https://advising.college.harvard.edu/advising-network/

29 펜실베이니아주립대학교. https://www.psu.edu/

30 펜실베이니아주립대학교는 20개 캠퍼스 중 학생수 감소에 따른 재정 문제로 2027년에 7개 지역캠퍼스를 폐교할 예정이다.

31 하연섭(2024). 대학전공자율선택 확대 및 교육의 질 제고방안 연구. 연세대학교 산학협력단.

32 펜실베이니아주립대 홈페이지. https://dus.psu.edu/myths-about-majors/

33 서울대학교 학부대학. https://www.snu.ac.kr/academics/undergraduate/snucollege
서울대학교 자유전공학부(2024). 2023학년도 자유전공학부 현황보고서. 서울대학교.
서울대학교 자유전공학부. https://cls.snu.ac.kr/

34 양일모(2023). 서울대 자유전공학부의 경험과 과제. 제5회 KNU 교양교육 및 자유전공 혁신포럼 발표자료 2023.

35 서울대학교 자유전공학부(2024). 2023학년도 자유전공학부 현황보고서. 서울대학교.

36 강원대학교 자유전공학부. https://liberal.kangwon.ac.kr/liberal/index.do
강원대학교 자유전공학부(2024). 2024학년도 자유전공학부 연차보고서.

37 전남대학교 자율전공학부. https://sdis.jnu.ac.kr/sdis/index.do

38 이화여자대학교 스크랜튼학부. https://scrantoncollege.ewha.ac.kr/scranton/index.do

39 세종대학교 자유전공학부. https://classic.sejong.ac.kr/classic/liberal/vision.do

40 한동대학교. https://www.handong.edu/
방청록(2024.9.12.). 한동대 전공자율선택제의 운영 성과와 과제. 전공자율선택제도: 무엇을 준비할 것인가. 성균관대 교육혁신 특별 포럼. https://www.youtube.com/watch?v=mRNcG6k36yY

한동대학교(2024). 한동대학교 진로가이드북. 한동대학교.

41 한동대학교(2024). 한동대학교 진로가이드북. 한동대학교.

42 방청록(2024). 한동대 전공자율선택제와 학생전공선택 지원체계. 한국교양교육학회 2024년 추계 전국 학술대회 발표자료집. pp.63-71.

43 방청록(2024). 한동대 전공자율선택제와 학생전공선택 지원체계. 한국교양교육학회 2024년 추계 전국 학술대회 발표자료집. pp.63-71.

44 방청록(2024). 한동대 전공자율선택제와 학생전공선택 지원체계. 한국교양교육학회 2024년 추계 전국 학술대회 발표자료집. pp.63-71.

45 한양대학교 인터칼리지. https://intercollege.hanyang.ac.kr/02_edu/edu01.html

46 하연섭(2024). 대학전공자율선택 확대 및 교육의 질 제고방안 연구. 연세대학교 산학협력단.

47 김지현(2009). 교육에서 주도성의 문제: 대학 '학생개설강의'의 교육적 의의와 함정. 교육원리연구, 14(1), 133-173.

48 신의항(2009). 자유전공제도에 대한 미국 대학교육체제의 시사점-국내외 현장학습을 중심으로-. 교양교육연구, 3(1), 61-87.

49 김지현(2009). 교육에서 주도성의 문제: 대학 '학생개설강의'의 교육적 의의와 함정. 교육원리연구, 14(1), 133-173.

참고문헌

References

경제인문사회연구회(2023). 재난과 안전: 글로벌 동향 및 시사점. 글로벌 이슈 브리프, 13, 5-6.

고려대학교(2025). 2025학년도 1학기 자유전공학부 제1전공 배정 기준(25학년부터 적용). 고려대학교.

과학기술정책연구원(STEPI)(2024). 2024 국가난제 가이드북. 과학기술정책연구원.

교육부(2023.6.29.). "대학의 담대한 혁신을 지원하기 위한 「고등교육법 시행령」 일부개정안 입법예고" 보도자료. 교육부.

교육부(2024.1.31.). 2024 대학혁신지원사업 기본 계획. 교육부.

교육부(2024.2.13.). "교육부 소관 3개 안건 국무회의 통과" 보도자료. 교육부.

교육부(2024.5.29.). "2025학년도 대입전형시행계획 주요 사항 안내" 보도참고자료. 교육부.

권재혁, 박승훈(2023). 청년패널 조사 심층 분석: 코호트 변경에 따른 변화. 한국고용정보원.

김경희(2022). 일본 대학의 후기교양교육 실태조사 연구 도쿄대학 사례를 중심으로. 교양교육연구, 16(1), 61-72.

김동규(2021). 인공지능(AI) 및 빅데이터 시대, 직업 세계는 어떻게 변화할까?. 2021 SUMMER. 통계교육원.

김민선, 김민지, 이소연(2018). 대학생 진로상담 사례개념화 요소 도출에 관한 질적연구. 진로교육연구, 31(1), 103-130.

김재인(2024). 경계를 뛰어넘고 세계를 확장하는 방법: 융합의 기술. 2024.1.2. 미래에셋증권매거진.

김지현(2009). 교육에서 주도성의 문제: 대학 '학생개설강의'의 교육적 의의와 함정. 교육원리연구, 14(1), 133-173.

김진희, 김미란, 양승실, 권진희, 이영민, 이희원(2017). 대학생의 생활과 문화: 학업과 진로를 중심으로. 한국교육개발원.

남진숙(2024). 전공자율선택제(무전공제) 현황과 운영의 방향성. 교양교육연구, 18(5), 85-97.

대학교육연구소(2024.3.28.). '무전공제' 운영 대학 - 컴퓨터공학, 경영학 쏠림 극심. 보도자료. 대학교육연구소.

민윤경(2022). 미국과 한국 대학의 전공 자유선택 제도 비교 분석. 비교교육연구, 32(1), 29-57.

방청록(2024). 대학교육의 환경변화와 교양교육(Ⅱ)-한국형 교양교육의 모색-. 한국교양교육학회 2024년 추계 전국학술대회 발표자료집. 2024.11.23. 한국교양교육학회.

백승수(2018). 국립 리버럴아츠칼리지 설립의 교육적 타당성 고찰. 교양교육연구, 12(5), 231-250.

백지연(2024). 전공 자율선택제 운영 사례: 이화여자대학교. 전공자율선택제 포럼. 2024.9.27. 교육부, 한국연구재단.

법제처(2024.8.21.). 고등교육법 시행령. 대통령령 제34227호. 법제처 국가법령정보센터.

서울대학교 자유전공학부(2024.8). 2023학년도 자유전공학부 현황보고서. 서울대학교.

신민주(2023). 대학생들의 진로탐색 활동을 통한 관점과 인식의 변화경험에 관한 질적 사례연구. 학습자중심교과교육연구, 23(15), 833-851.

신의항(2009). 자유전공제도에 대한 미국 대학교육체제의 시사점-국내외 현장학습을 중심으로-. 교양교육연구, 3(1), 61-87.

신철균(2025). 자유전공 운영 현황과 향후 과제. THE HRD REVIEW, 124, 88-110.

신철균, 김지혜, 유경훈(2021). 학생 시선으로 미래교육 바라보기: 학생 주도성 프로젝트를 중심으로. 교원교육, 37(2), 535-565.

양일모(2023). 서울대 자유전공학부의 경험과 과제. 제5회 KNU 교양교육 및 자유전공 혁신포럼 발표자료. 2023.11.30. 강원대학교.

양일모(2024a). 자유전공 제도의 허와 실. 영미문학연구, 57, 299-324.

양일모(2024b). 자유전공 제도의 운영 및 발전 방향: 서울대학교 사례를 중심으로. 현 정부의 고등교육 정책 평가와 개선방향: 글로컬대학 사업과 대학교육과정 혁신을 중심으로. 제4차 한국교육정책연구원 교육포럼. 한국교육정책연구원 발표자료.

오은주(2019). 자율전공학과 현황분석과 운영방안 연구. 예술인문사회 융합 멀티미디어 논문지, 183-191.

장재호, 조예지, 홍석현(2021). 2020 대졸자직업이동경로조사 기초분석보고서. 한국고용정보원.

전석진(2025). 전공자율선택제 운영의 과제와 제도적 개선 방향 탐색. 2024 고등교육현안분석 자료집. 한국대학교육협의회.

정연재, 주소영, 이승엽(2023). 자유전공학부 운영 현황과 학생 특성 분석에 관한 연구. 문화와 융합, 45(12), 1227-1241.

청년재단(2024). 2024 대학 자율전공선택 관련청년 인식조사 결과. 재단법인 청년재단.

최미리(2013). 한·미 주요 대학의 학사제도 및 교육과정 변천 연구: 1996년도부터 2013년도까지의 변천 과정을 중심으로. 학습자중심교과교육연구, 13(4), 275-303.

최한준(2024). 학생시선으로 바라본 자유전공학부와 나의 미래: 자유전공 경험 및 과제. 강원대-국립강릉원주대 교양교육 및 자유전공 혁신포럼. 고등교육 혁신의 Grand Design: 통합·연합대학의 교양교육 및 자유·무전공의 방향과 과제. 2024.6.20. 강원대학교, 국립강릉원주대학교.

하연섭(2024). 대학전공자율선택 확대 및 교육의 질 제고방안 연구. 한국연구재단.

한국대학교육협의회(2024). 2026학년도 대입정보 119-대학입학 전형계획 주요사항. 한국대학교육협의회.

한국대학교육협의회(2024.1.31.). 2024 KCUE 대학총장설문(I). 한국대학교육협의회.

한동대학교(2024). 한동대학교 진로가이드북. 한동대학교.

한요셉(2018). 대학전공분야 선택과 정부의 역할. 세종 한국개발연구원.

황인석(2024). 서울대학교 자유전공학부 현황과 과제. 2024 전국대학교 학사행정관리자협의회 세미나.

Autor D. H., & Price B.(2013). The Changing Task Composition of the US Labor Market: An Update of Autor, Levy, and Murnane(2003). MIT Working Paper. MIT Economics.

Eagan, K., Stolzenberg, E. B., Ramirez, J., Aragon, M., Suchard, M., & Rios-Aguilar, C.(2016). The American freshman: Fifty-year trends, 1966-2015. Higher Education Research Institute, UCLA.

Gordon, V. N.(1995). The undecided college student: An academic and career advising challenge(2nd ed.). Springfield, IL: Charles C. Thomas.

Gordon, V. N., & Steele, G. E.(2015). The undecided college student: An academic and career advising challenge(4th ed.). Charles C Thomas.

Guo, Y., Wang, S., Johnson, V., & Diaz, M. (2011). College students' stress under current economic downturn. College Student Journal, 45(3), 536-543.

Harper, C. E., Orr, R., & Stolzenberg, E. B. (2023). Demographics, Purpose, and Dreams: Predicting Entering College as an Undecided Major Student. NACADA Journal, 43(2), 136-145.

Scott, W. R. (2015). Higher Education in America: Multiple Field Perspectives. pp. 19-38. in Remaking College edited by Michael W. Kirst & Mitchell L. Stevens.

Stater, M. (2011). Financial aid, student background, and the choice of first-year college major. Eastern Economic Journal, 37(3), 321-343. https://doi.org/10.1057/eej.2009.41

STEPI(2024). 2024 국가난제 가이드북. STEPI 과학기술정책연구원.

Stolzenberg, E. B., Aragon, M., Romo, E., Couch, V., Mclennan, D., Eagan, K., & Kang, N. (2020). The American Freshman: National Norms Fall 2019. Higher Education Research Institute, UCLA.

Stolzenberg, E. B., Eagan, K., Romo, E., Tamargo, E., Aragon, M., Luedke, M., & Kang, N. (2019). The American Freshman: National Norms Fall 2019. Higher Education Research Institute, UCLA.

WEF(2020). Jobs of Tomorrow Mapping Opportunity in the New Economy. World Economic Forum.

<인터넷 자료>

교육부(2024.6.25.). 내 꿈에 맞추는 나의 전공, 전공자율선택제!. 교육부 홈페이지.
https://www.moe.go.kr/boardCnts/viewRenew.do?boardID=340&boardSeq=99198&lev=0&searchType=null&statusYN=W&page=1&s=moe&m=020201 (검색 일자: 2025.2.1.)

뉴시스(2024.7.3.). 내년 대폭 확대되는데, 수험생 10명 중 4명 "무전공 입학? 잘몰라". https://www.donga.com/news/Society/article/all/20240703/125756450/1

동아일보(2024.7.3.). 내년 대폭 확대되는데…수험생 10명 중 4명 "무전공 입학? 잘 몰라". https://www.donga.com/news/Society/article/all/20240703/125756450/1 (검색 일자: 2025.5.1.)

방청록(2024.9.12.). 한동대 전공자율선택제의 운영 성과와 과제. 전공자율선택제도: 무엇을 준비할 것인가. 성균관대 교육혁신 특별 포럼. https://www.youtube.com/watch?v=mRNcG6k36yY

이데일리(2024.1.19.). MIT 등 미대학 무전공 입학 보편화 ... 30% 이상은 3년 내 전과.
https://m.edaily.co.kr/news/Read?newsId=01292326638759360&-mediaCodeNo=257&utm_source=https://www.google.com/ (검색 일자: 2025.2.5.)

이투스교육평가연구소(2025.2.6.). 2025학년도 주요 18개 대학 무전공(1유형) 경쟁률 현황 및 분석.
https://www.etoos.com/report/ (검색 일자: 2025.2.10.)

조선일보(2024.4.20.). [김지수의 인터스텔라] "인생 전환, 극기나 포기 아닌 준비의 문제" 조앤 리프먼. https://biz.chosun.com/topics/kjs_interstellar/2024/04/20/3QWDDZGPIRBC7F36D6KGB7CJUA/

조선에듀(2024.7.5.). 무전공 입학생 63% "무전공 선택 만족한다".

https://edu.chosun.com/m/edu_article.html?contid=2024070580034 (검색 일자: 2025.1.20.)

조선에듀(2025.2.6.). 2025학년도 주요 18개 대학 '무전공' 경쟁률 현황·분석.
https://edu.chosun.com/site/data/html_dir/2025/02/06/2025020680021.html?main_top. (검색 일자: 2025.2.10.)

조선일보(2024.2.4.). 美 스탠퍼드, 셋 중 한명이 컴퓨터 전공… 한국 대학도 무전공 선발 확대 가능할까.
https://biz.chosun.com/topics/topics_social/2024/02/04/46RUS3UXGVGOBGP4FNKUJPRXPA/ (검색 일자: 2025.2.13.)

한겨레신문(2024.1.30.). 대학에 '무전공 25% 선발' 사실상 의무화.
https://www.hani.co.kr/arti/society/schooling/1126520.html (검색 일자: 2025.2.3.)

한국일보(2023.7.3.). 커리어와 전공 고려한 리버럴 아츠 칼리지 선택 중요.
http://www.koreatimes.com/article/1471672 (검색 일자: 2025.1.15.)

AP news(2016.5.3.). Things to know: the benefits of students taking a gap year.
https://apnews.com/general-news-united-states-government-f0fffb90da4348e3939973369ed27e10 (검색 일자: 2025.2.10.)

APLU(Association Public Land-Grant Iniversities, 2025). What is a land-grant university?.
https://www.aplu.org/about-us/history-of-aplu/what-is-a-land-grant-university/ (검색 일자: 2025.2.1.)

EBS(2024.3.22.). [무전공 기획] 국내 최초 무전공 한동대…전공 쏠림 왜 적었나?.
https://home.ebs.co.kr/ebsnews/menu1/newsAllView/60457735/H?eduNewsYn=N&newsFldDetlCd=

Harvard College(n.d). The Academic Adivising Network. https://advising.college.harvard.edu/advising-network/

Penn State New Kensington(2025). Undecided about a major? You're not alone.
https://newkensington.psu.edu/academics/success-center-overview/academic-advising/division-undergraduate-studies-dus (검색일자: 2025.2.5.)

The Harvard Crimson. Reform the Program in General: Distribution requirements are better than the current.
https://www.thecrimson.com/article/2015/5/11/staff-reform-general-education/

University line(2025.2.7.). 무전공 첫 해 실제 지원율 낮았지만… "대학 입학해선 많이 만족해".
https://www.usline.kr/news/articleView.html?idxno=28543 (검색일자: 2025.2.15.)

U.S.News.(2013.11.11.). Study: High School Grads Choosing Wrong College Majors.
https://www.usnews.com/education/blogs/high-school-notes/2013/11/11/study-high-school-grads-choosing-wrong-college-majors

〈대학 홈페이지〉

강원대학교 자유전공학부 홈페이지 https://liberal.kangwon.ac.kr/liberal/index.do.

국민대학교 홈페이지 https://www.kookmin.ac.kr/comm/menu/user/dd7cb9a511a0ca2d1b96a212799115e2/content/index.do

서울대학교 자유전공학부 홈페이지 https://cls.snu.ac.kr/

서울대학교 학부대학 홈페이지 https://snuc.snu.ac.kr/

세종대학교 자유전공학부 홈페이지 https://classic.sejong.ac.kr/classic/liberal/vision.do

이화여자대학교 스크랜튼학부 홈페이지 https://scrantoncollege.ewha.ac.kr/scranton/index.do

전남대학교 자율전공학부 홈페이지 https://sdis.jnu.ac.kr/sdis/index.do

한동대학교 홈페이지 https://www.handong.edu/

한양대학교 인터칼리지 홈페이지 https://intercollege.hanyang.ac.kr/02_edu/edu01.html

브라운대학교 홈페이지 https://www.brown.edu/

펜실베이니아주립대학교 홈페이지 https://www.psu.edu/

하버드대학교 홈페이지 https://www.harvard.edu/

전공을 선택하지 않을 용기: 자유전공 진로상담 가이드

초판발행 2025년 11월 11일

지은이 신철균
펴낸이 노 현

편 집 김다혜
기획/마케팅 허승훈
표지디자인 BEN STORY
제 작 고철민·김원표

펴낸곳 ㈜ 피와이메이트
서울특별시 금천구 가산디지털2로 53, 210호(가산동, 한라시그마밸리)
등록 2014. 2. 12. 제2018-000080호
전 화 02)733-6771
f a x 02)736-4818
e-mail pys@pybook.co.kr
homepage www.pybook.co.kr
ISBN 979-11-7279-172-8 93370

정 가 16,000원

박영스토리는 박영사와 함께하는 브랜드입니다.